Otto von Corvin

Pfaffenspiegel

Das Titelbild steht in keinem Zusammenhang mit dem Inhalt des Buches.

1. Auflage 04/2008

E-Mail: info@stephenson.de
Internet: www. Stephenson.de
Druck: Nørhaven Paperback A/S, DK-8800 Viborg
Printed in Denmark

ISBN 978-3-7986-0219-9
0145424 0000 • 334 Seiten

Otto von Corvin

Pfaffenspiegel

Historische Denkmale des christlichen Fanatismus

Originaltitel:
»Historische Denkmale
des Christlichen Fanatismus«
Gebauer'sche Buchhandlung, Leipzig 1845

Dank dem BRITISH MUSEUM, London
für die Überlassung des historischen Materials

Inhaltsverzeichnis

Einleitung

Hermann
Schla lerm an,
hat piepen, lat trummen,
Jesuiten sind kummen,
Met Speeren un Stangen
De Frieheit tau fangen.
(Volkslied)

Die Welt ist schon oft mit einem Narrenhaus verglichen worden. Der Vergleich ist für uns nicht schmeichelhaft, aber leider ist er passend. Schauen wir nur um uns! Wo wir hinsehen, finden wir die charakteristischen Kennzeichen eines Tollhauses; überall rennen wir gegen verschlossene Türen, überall erblicken wir vergitterte Fenster und drohend geschwungene Peitschen eines Aufsehers, wenn wir etwas zu unternehmen trachten, was gegen die Hausordnung verstößt. Doch das alles hat die Welt auch mit einem Zuchthause gemein; das Treffende des Vergleichs wird uns erst klar, wenn wir ihre Bewohner, die Menschen, in ihrem Treiben beobachten. Dort erblicken wir hochmütige Narren, die sich für die Herren der Welt halten und fest und steif glauben, Gott habe dieselbe mit allen Menschen nur zu ihrem Privatvergnügen geschaffen; vor ihnen liegen Millionen noch größerer Narren im Staube, die ihnen glauben und demutsvoll gehorchen.

Dort sitzt ein anderer und nennt sich Vizegott. Er liebt das Geld wie ein altrömischer Statthalter, und die Menge rennt herbei und füllt ihm die Taschen mit Gold, wofür er ihr Einlaßkarten – zum Himmel gibt! Dort knien Tausende anbetend vor einer Bildsäule, dort vor einer Schlange, dort vor einem Ochsen. Jene beten die Sonne an, diese den Mond.

Seht euch diese Leute genauer an, denn von ihnen handelt dieses Buch. Ihr findet unter ihnen Wahnsinnige von allen Graden, vom rasend Tollen bis zum armen Blödsinnigen, der unter Zittern und Zagen seinen Rosenkranz betet und beständig fürchtet, der Teufel möchte ihn holen. Wie mannigfach sind nicht die Äußerungen ihres Wahnsinns, oft grauenerregend, oft lächerlich, oft Abscheu und Zorn, oft mitleiderweckend. Diese Religionstollheit verdient schon eine genaue Betrachtung, denn sie ist über die ganze Erde verbreitet und hat unsägliches Elend über die Menschen gebracht. Und ist dann diese Krankheit unheilbar? O nein!, aber die Ärzte, die es vermöchten, sie zu heilen, meinen es nicht ehrlich, denn sie beuten dieses Übel des Menschengeschlechtes zu ihrem Vorteil aus und fürchten ihre Macht zu verlieren, wenn die Welt von diesem Joch befreit wird. Andere meinen es ehrlich; aber Machthaber fesseln ihnen nicht allein die Arme, sondern versiegeln ihnen auch den Mund.

Vor 2.000 Jahren wurde zum Glücke der tollen Menschheit der Welt ein Heiland geboren. Er war ein großer Arzt, und wer seine Mittel gebrauchte, der genas von der Religionstollheit, die schon von Anbeginn unter dem Menschengeschlechte wütete. Aber er fiel als ein Opfer seiner Menschenfreundlichkeit und wurde ans Kreuz gehängt.

Seine Schüler schrieben die Lehren des Meisters nieder, so gut sie dieselben begriffen, aber sie taten es in der überschwenglichen Ausdrucksweise des Morgenlandes, und das war es, was das Abendland noch toller machte, als es vorher war. Hier verstand man den Geist der Sprache nicht, man hielt sich an den Wortlaut, fing an zu drehen und zu deuteln, und in die ganze Heilmethode kam grenzenlose Verwirrung. Die gute Absicht des großen Arztes, die Menschheit aus den Fesseln des Wahns zu erlösen, ging verloren, die geistige Finsternis wurde immer dichter, und die Menschen sind nach 2.000 Jahren noch verrückter, als sie es vorher waren. Doch ich will diese Bildersprache aufgeben und sie denjenigen überlassen, welche eine Menge von der Romantik des Christentums zu fabeln wissen. Ich will nun weiter kein Blatt vor den Mund nehmen, sondern gerade und deutsch meine Meinung sagen.

Es ist meine ehrliche und aufrichtige Meinung, daß das Christentum unendliches Elend über die Welt gebracht hat. Das Gute, welches es erzeugte, wäre auf anderen Wegen gewiß weit herrlicher erreicht worden, und dann steht es mit dem Bösen, dessen Ursache es war, in gar keinem Verhältnis.

Rom und Griechenland sind ohne Christentum groß geworden, und welcher christliche Staat kann so herrliche Beispiele von Bürgertugend und wahrer Mannesgröße aufweisen? Was hätte aus dem trefflich begabten deutschen Volke werden können, wenn es sich auf ähnlichem Wege wie das griechische entwickelt hätte oder auch – wenn ihm Christi Lehre in ihrer reinen Gestalt überliefert worden wäre! Aber was hat die christliche Kirche mit Christus gemein? Er predigte die Freiheit – sie die Sklaverei. Was haben die Deutschen durch das von den Pfaffen verpfuschte Christentum gewonnen? – Sie, die sonst frei waren, wurden durch dasselbe Sklaven und sind es geblieben bis auf den heutigen Tag. Statt hölzerner und steinerner Götzenbilder, die keinen Schaden taten, bekamen sie lebendige Pfaffen.

Die Verteidiger des Christentums rühmen, daß es die Barbaren entwilderte. Ich will zugeben, daß dies für den Augenblick geschah, allein wie bald zerknickte nicht das Papsttum die durch die neue Lehre hervorgerufenen dürftigen Blüten der Kultur und versenkte ganz Europa in eine Barbarei, die weit finsterer war, als sie es zu heidnischer Zeit jemals gewesen. Die heidnischen Preußen waren so dumm nicht, als sie den «heiligen» Adalbert totschlugen, und verdienten weit eher das Denkmal, welches nun diesem gesetzt werden soll. Papst Alexander VI. sagte: «Jede Religion ist gut, die beste aber – die dümmste.» Er sprach es aus, was alle Päpste vor ihm und nach ihm dachten. «Rom kann nur herrschen, wenn die Welt dumm ist», das stand als unumstößlicher Grundsatz in ihrer Seele geschrieben, und deshalb schickten sie ihre Apostel aus, welche die Menschheit systematisch verdummen mußten. 2.000.000 Kuttenträger – so hoch belief sich die päpstliche «Armee» – flatterten fortan über die in der Dämmerung liegende Welt.

Völker und Fürsten lagen vor den Päpsten im Staube. Das Weltreich, welches sie errichteten, und sein Bestehen bis auf den heutigen Tag ist das größte Wunder, welches die Geschichte kennt. Des großen Alexanders Reich zerfiel; das der alten Römer und das Napoleons ging in Trümmer; sie waren gebaut auf die Gewalt der Waffen. Aber das Reich von Neu-Rom besteht schon fast anderthalbtausend Jahre und wird wer weiß noch wie lange bestehen, denn es ruht auf dem solidesten Fundament – auf der Dummheit der Menschen. Man schämt sich, ein Mensch zu sein, wenn man überdenkt, durch welche Mittel es den Päpsten gelang, die Geister der Menschen in das Joch zu schmieden. Der große Betrug, der nichtswürdigste Eigennutz lagen so klar und offen da, daß es fast unbegreiflich erscheint, wie sie nicht auf der Stelle und selbst von dem Dümmsten erkannt wurden, besonders da die Pfaffen sich nicht einmal große Mühe gaben, ihr Tun und Treiben zu verbergen. Mit der schamlosesten Frechheit wurde die dummgläubige Christenheit geplündert, denn Geld, Geld, das war die Losung Roms. Scharen feister Mönche und Nonnen mästeten sich von dem sauer erworbenen Sparpfennig der Armen, die um so mehr bereit waren, die Koffer der Pfaffen zu füllen, weil es ihnen hier auf Erden so schlecht ging und sie sich doch wenigstens nach dem Tode ein bequemes Plätzchen sichern wollten. Der Klerus nahm lachend das gute Geld, welches ihm die Leichtgläubigen zahlten, und gab dafür Wechsel aufs Jenseits, die bis heute ihren Kredit behielten, da Tote bekanntlich stumm sind. Die schändlichsten Verbrechen, welche sich die Zunge zu nennen sträubt, konnten mit Geld gebüßt werden; aber wer an dem Glauben rüttelte, der büßte in den Flammen!

Der über alle Erwartung gute Erfolg und die unerhörte Leichtgläubigkeit der christlichen Herde hatten die Päpste und Pfaffen zu sicher gemacht. Ihre Geldgier wie ihre Üppigkeit und Liederlichkeit überschritten alle Grenzen. Einzelne sahen ein, daß der zu scharf gespannte Bogen brechen mußte; aber alle ihre Warnungen waren vergebens. Kardinal Johann, ein Engländer, sagte zu Innocenz IV.: «Bileams Eselin ließ sich lange mißhandeln, aber endlich fing sie an zu reden.» Der Kardinal hatte richtig prophezeit. Die Eselin redete; aber als sie geredet hatte, da schwieg sie wieder und blieb nach wie vor – eine Eselin.

Von allen Seiten erhoben sich Stimmen gegen das tolle Pfaffenunwesen; sie wurden in Flammen erstickt, und bornierte Fürsten halfen getreulich die Ketzer vertilgen. Aber jeder vergossene Blutstropfen schien dem Pfaffentum einen neuen Feind zu gebären, und nun begann der Kampf Roms mit der Vernunft, welche es schon längst erstickt zu haben meinte.

Wie ein Riese hieb der deutsche Grobian Luther die italienischen Finten durch; «Aber ach», sagt sein Zeitgenosse Caspar von Schwenkfeld, «Luther hat uns aus Ägypten geführt und durch das Rote Meer, aber in der Wüste sitzenlassen und Israel nicht ins gelobte Land gebracht.» Und heute, nach 300 Jahren, ist der Josua noch nicht erschienen!

Wer wollte die großen Verdienste Luthers verkennen! Die von ihm hervorgerufene Reformation war auf den sittlichen Zustand der Welt von unendlich großem Einfluß. Zahlen sprechen am klarsten. Wilberforce beweist uns, daß schon dreißig Jahre nach der Reformation die Zahl der in England hingerichteten Verbrecher sich von 2.000 auf 200 jährlich verminderte! Luther hat wahrlich genug getan, er hatte seinen Verfolgern eine Gasse geöffnet. Aber auch in Luther ging erst allmählich das Licht auf; er war Mönch gewesen und zu Rom die Treppe der Peterskirche auf den Knien andächtig hinauf- und hinuntergerutscht. Bis zum Ende seines Lebens konnte er seinen Geist nicht ganz von der Mönchskutte befreien. An seinen Schülern war es, auf dem von Luther gelegten Fundament zeitgemäß fortzubauen; aber es ging ihnen wie den Christen der ersten Jahrhunderte; sie klebten an den Worten ihres Meisters und blieben Lutheraner. Luther selbst klagt schon: «Ich wollte, daß sie (nämlich die von ihm geschriebenen Bücher) alle zu Pulver verbrannt wären; wollt' Lust machen zur Heiligen Schrift, nun hängen sie bloß an meinen Büchern; ich wollte, daß sie alle zu Pulver verbrannt wären.» Dieses starre Festhalten am Wort hat uns unendlich geschadet! Den Sieg, den die Vernunft durch die Reformation erfochten hat, ist wahrlich nicht so groß, als ihn eifrige Lutheraner gern machen möchten. Den besten Beweis dafür liefert das protestantische Glaubensbekenntnis, welches von jedem bei der Konfirmation heruntergebetet wird. Der gar zu laut schreiende Unsinn ist daraus verschwunden, aber es ist noch genug darin geblieben, was vor der Vernunft nicht bestehen kann, um es nicht härter auszudrücken. Luther hat gesagt: «Man muß die Vernunft unter die Bank stecken.» Ja, die Vernunft unter die Bank stecken! Das ist die Zauberformel, die Rom groß gemacht hat! Die protestantischen Pfaffen gelüstet es nach derselben Macht in ihrem Bezirk, denn «es ist kein Pfäfflein so klein, es steckt in ihm ein Päpstlein!» Darum eifern sie mit Händen und Füßen dagegen, wenn sich die Vernunft an ihren Glaubenssätzen vergreifen will. Der gelehrte, unglückliche Abeilard aber meint: «Je erhabener göttliche Dinge sind, je ferner sie von der Sinnenwelt abliegen, desto mehr muß sich das Streben unserer Vernunft nach ihnen richten; der Mensch wird wegen der ihn auszeichnenden Vernunft mit dem Bilde Gottes verglichen: daher soll der Mensch sie auf nichts lieber richten als auf den, dessen Bild er durch sie vorstellt.» Der weise Seneca sagt: «Laßt uns nicht gleich dem Vieh dem Troß derjenigen nachgehen, welche vor uns wandeln, und statt dahin zu gehen, wohin wir zu gehen haben, dahin laufen, wohin eben alles läuft.» Die Gebildeten haben schon längst nur eine Religion, und darum laßt uns die unwürdige Heuchelei über Bord werfen und frank und frei die Flagge der Vernunft aufziehen. Was Katholiken, was Protestanten, was Papst, was Luther! Die Vernunft sei unser Papst, sie sei der Reformator des 19. Jahrhunderts. Laßt uns alle Protestanten sein, Protestanten gegen jeden mystischen Unsinn und gegen alles Sektenwesen. Jesus, der Weise von Nazareth, sei unser Führer und nächst ihm die älteste heilige Urkunde, die wir haben – die Vernunft.

Der große Friedrich sagte: «In meinem Lande kann jeder nach seiner Façon selig werden.» Ging Preußen wegen dieser Glaubensfreiheit zugrunde? Stand es mit seiner «Potsdamer Wachparade» etwa weniger achtungsgebietend da als andere viel größere und mächtigere Reiche? – O warum sind doch die großen Fürsten so selten, und warum erscheinen sie noch viel seltener im richtigen Augenblick? Alle Fürsten trachteten nach Ansehen, Macht und Ruhm; aber sie sollten besser die Geschichte studieren, um zu lernen, daß die Fürsten nie groß wurden, die sich dem Geiste der Zeit und des Volkes entgegensetzten. Hätte Kaiser Karl V. sich an die Spitze der Reformation gestellt, anstatt sie zu bekämpfen, er wäre der größte Fürst geworden, den die Geschichte kennt. Dies war nicht allein der Weg zum höchsten Ruhm, sondern auch zur höchsten Macht; er schlug den entgegengesetzten Weg ein, und nach 40jähriger Regierung hatte er die Erfahrung gemacht, daß er vergebens gekämpft, daß Freiheit und Wahrheit sich wohl aufhalten, aber nicht unterdrücken lassen. Wodurch wurde der kleine Schwedenkönig Gustav Adolf so groß? Warum lebt sein Name noch heute in dem Munde der dankbaren Menschen, während das Volk nichts mehr von dem mächtigen Kaiser Karl V. weiß, in dessen Reich die Sonne nicht unterging? Wäre heute ein Fürst großherzig genug, veraltete Vorurteile abzustreifen, und klug genug, den Geist der Zeit zu erkennen; wäre er entschlossen genug, sich wie ein zweiter Gustav Adolf an die Spitze der Bewegung zu stellen – alle Herzen würden ihm entgegenfliegen, alle Arme sich für ihn und die gute Sache bewaffnen, er würde der größte und mächtigste Fürst werden, und sein Thron wäre fester gegründet als jeder andere, der sich auf eine Armee und auf wurmstichige Pergamente stützt, denn er wäre erbaut für die Ewigkeit in den Herzen vieler Millionen dankbarer Menschen.

Doch die königlichen Ehebetten gleichen der Aloe, aus der, wie man sagt, nur alle 100 Jahre einmal eine Blüte emporsteigt und die in der Zwischenzeit nur bittere Blätter und Stacheln hervorbringt. Preußen hat seinen Friedrich gehabt, Österreich seinen Joseph – wir Deutschen werden uns also wohl noch gedulden müssen! Ich sehe wenigstens nirgends eine Hoffnung. Staatsmänner, die es mit dem Volke schlecht meinten, haben es mit der Religion stets so gehalten: Glauben oben, Verstand unten, so regiert es sich am besten, das ist der alte Grundsatz der Despoten. Die Bewegungen der neueren Zeit mißfallen ihnen, sie fürchten, der Zeitgeist gehe mit der Freiheit schwanger, und trachten danach, die Frucht zu ersticken oder abzutreiben, ehe es zu spät wird.

Aber leider erscheint dem Despotismus die Beschränkung der Pressefreiheit als seine kräftigste Stütze, und der Nuntius des Papstes Hadrian VI. wußte wohl, was er tat, als er zu Nürnberg auf Zensur bestand und dabei blieb, daß darauf alles ankomme. «Große Männer wie unsere Josephe und Friedriche haben die Pressefreiheit nicht gefürchtet – aber je kleiner der Gewaltsmann, desto mehr haßt er das Licht.»

Sind Regierungen so verblendet, daß sie den bescheidenen und vernünftigen Wünschen des Volkes entgegenstreben, nun, so muß ein jeder sich selbst helfen, so gut er es kann, ohne die Gesetze zu verletzen. Muß auch jeder äußerlich tun, wozu ihn die Obrigkeit zwingt, «die Gewalt über ihn hat», so kann er doch sein Haus, seine Familie von dem Gifte frei halten, welches ein böser Wind über die Alpen auch nach Deutschland geweht hat. Die römisch-katholische Kirche ist noch dieselbe, welche sie vor 1.000 Jahren war, und es ist eben ihr Stolz, daß sie unverändert geblieben ist. Sie verfolgt noch dieselben Zwecke, und wenn sie die Reformation auch erschreckte, so hat sie sich längst doch schon wieder von dem Schrecken erholt – da wir 300 Jahre lang schliefen. Die alten erprobten Mittel zur Verdummung der Menschen, die sich früher so erfolgreich bewährten, sie werden geöffnet und speien ihren Segen über die Welt aus – mit welchem Erfolge, lehrt die heilige Rockfahrt nach Trier. Ich werde mich also in dem nachfolgenden Werk damit begnügen, diejenigen Begebenheiten der Geschichte der Wahrheit getreu zu schildern, bei denen sich die schrecklichen Wirkungen der Intoleranz und des christlichen Fanatismus in ihrem grellsten Lichte zeigen. Da es nun aber zum Verständnis dieser historischen Gemälde durchaus nötig ist, einige Kenntnis davon zu haben, wie sich die christliche Kirche im Laufe der Jahrhunderte gestaltete und wie allmählich die Reformation hervorgerufen wurde, so sehe ich mich genötigt, eine Skizze davon gleichsam als Einleitung vorangehen zu lassen, da ich eine solche Kenntnis bei meinen Lesern nicht allgemein voraussetzen kann. Man erwarte indes kein geordnetes Ganzes und am allerwenigsten einen trockenen historischen Abriß, der die Leser nur langweilen würde, im Gegenteil, ich fürchte, oft nur zu spaßhaft werden zu müssen, wenn ich mich auch nur einfach darauf beschränke, das zu berichten, was Heilige, Päpste und andere Priester sich nicht schämten zu tun und zu sagen. Sind ihre Taten und Worte lächerlich und nicht immer anständig – so ist es meine Schuld nicht.

Leipzig, im Februar 1845

CORVIN

1. Kapitel

Wie die Pfaffen entstanden sind

Hüte Dich vor dem Hinterteil
des Maultiers,
vor dem Vorderteil des Weibes,
vor den Seiten
des Wagens und vor allen
Seiten eines Pfaffen.
(Altes Sprichwort)

Die Götter der alten Welt hatten ihren Kredit verloren; auch die Religion der Juden war zu einem bloßen Zeremoniendienst herabgesunken, welcher Geist und Herz der Menschen leer ließ und nur die Priester profitieren ließ.

Da trat Jesus auf. Er wollte der Luther des Judentums werden und wurde Christus, der Stifter einer neuen Religion. «Es gibt nur einen Gott und dieser ist ein Gott der Liebe, kein rachedurstiger und zorniger Jehova, sondern ein gütiger Vater aller Menschen. Der Aufenthalt auf dieser Erde ist nur eine Vorbereitung für ein ewiges Leben, und es ist in die Hand eines jeden gegeben, dies zu einem freudenreicheren zu machen. Könige und Sklaven sind vor Gott gleich und werden vor dessen unparteiischem Richterstuhl nicht nach dem irdischen Ansehen ihrer Person, sondern nach ihren Taten gerichtet werden.»

Diese Lehre klang wie eine Himmelsbotschaft in das Ohr der Armen und Unterdrückten; denn sie gab ihnen die

Gewißheit von einem besseren Leben nach dem Tode, welches sich nicht durch Opfergaben, sondern nur durch ein tugendhaftes Leben gewinnen läßt. Diese Gewißheit gab ihnen Kraft, alle Leiden des Lebens selbst mit einer Art von Freudigkeit zu ertragen. Von allen Religionen, die es gibt und die es jemals gegeben hat, eignet sich die Jesu einzig und allein zur Weltreligion. Sie ist durchaus vollkommen, weil sie durchaus vernünftig ist und für alle Völker und alle Verhältnisse paßt; weil sie so einfach ist, daß auch der beschränkteste Verstand ihre Lehren begreifen kann, die sich in den wenigen Worten zusammenfassen lassen: Liebe deinen Mitmenschen wie dich selbst.

Christus mußte sterben, weil er in einem unterjochten Lande die Freiheit predigte. Er starb auch für unsere Freiheit, und der schönste Name, durch den wir sein heiliges Andenken ehren können, ist Erlöser. Denn wenn auch sein Erlösungswerk durch Dummheit und Eigennutz bis jetzt verhindert wurde, so besitzen wir doch, trotz aller Versuche, sie uns zu entwenden, in seiner Lehre den Schlüssel zu den Fesseln, in welche Priester- und Despotentyrannei die Menschheit geschlagen haben. Die Sage umschwebt die Wiege aller großen Männer und besonders phantastisch liebt sie es, das Leben derjenigen zu durchweben, die von den Zeitgenossen unbeachtet blieben und erst von der Nachwelt als groß erkannt wurden. Jesus ist den Geschichtsschreibern jener Zeit, wenn sie beiläufig seinen Namen erwähnten, nichts als ein jüdischer Schwärmer, der wegen erregter Unruhen von Rechts wegen den beschimpfenden Tod durch Henkershand erdulden mußte. Jesus selbst hat nichts geschrieben und daher keine Schuld an den Wundern, mit welchen ihn die Sage im Munde seiner schwärmerischen Anhänger vielleicht in der besten Absicht und dem Geiste der Zeit huldigend umgab.

Alle diese Wunder von Christi Geburt, von seinem Leben und von seinem Tode vermögen es nicht, weder seine eigene, noch die Vortrefflichkeit seiner Lehre zu erhöhen; für den Vernünftigen sind sie in religiöser Hinsicht von durchaus keiner Bedeutung. Vor und nach Christus sind viele edle Männer für das, was sie für wahr erkannten, ebenso mutvoll wie er gestorben, und in den Körpern dieser Männer wohnten doch nur menschliche Seelen. Diejenigen also, welche Jesus zu einem Gotte machen, setzen sein Verdienst herab, indem sie es zu erhöhen meinen. Die Mehrzahl der ersten Anhänger Jesu hielt ihn für einen bloßen Menschen, und als einige Schwärmer unter ihnen die Ansicht aussprachen, daß er nur die Gestalt eines Menschen angenommen habe, so wurden sie deshalb von seinem Freunde und Schüler Johannes getadelt. Christus selbst sagte, als er den vor ihm niedergefallenen römischen Hauptmann Cornelius aufhob: «Stehe auf, ich bin ja auch nur ein Mensch!»

Jesu Lehre verbreitete sich mit wunderbarer Schnelligkeit. Die Apostel und deren Schüler verkündeten sie nicht allein in Judäa und den benachbarten Ländern, sondern sie machten zu diesem Zwecke weitere Reisen und trugen «die frohe Botschaft» (Evangelium) von dem Erlöser der Welt in die fernsten Länder. Die Zahl der Anhänger, die sie gewonnen, war außerordentlich groß und besonders unter der ärmeren Volksklasse, aus der Christus und die Apostel selbst hervorgegangen waren. Nachdem Jerusalem etwa 70 Jahre nach Christi Geburt von dem nachherigen römischen Kaiser Titus zerstört worden war, wurden die stets zum Aufruhr geneigten Juden über das ganze römische Reich zerstreut und mit ihnen die Christianer – so nannte man damals die Anhänger der Lehre Jesu –, welche von den Römern als eine jüdische Sekte betrachtet wurden, wie es deren mehrere gab. Dies trug sehr viel zur schnellen Ausbreitung des Christentums bei, und gewiß nicht weniger wirkten dafür die zahlreichen Christen unter den römischen Legionen, die den Krieg bald in dieses, bald in jenes Land führte. Zur Zeit der Apostel und kurz nach derselben führten die Christen ein Leben, wie es den Lehren ihres Meisters würdig war; aber bald artete die Begeisterung, die sie beseelte und ohne welche keine gute Sache gedeihen kann, in religiöse Schwärmerei aus. Man wollte sich gleichsam selbst in Frömmigkeit überbieten und kam auf wunderliche Auslegungen der verschiedenen durch die Apostel aufbewahrten Aussprüche Jesu. Wo er weise Mäßigung empfahl, da glaubte man in seinem Sinne zu handeln, wenn man gänzlich entsagte, und so entstand allmählich die verkehrte Ansicht, daß die Freuden dieses Lebens verwerflich und eines Christen unwürdig wären. Indem man alle Genüsse mied und sich selbst quälte, glaubte man die Sündhaftigkeit der menschlichen Natur zu überwinden und dem Himmelreich näher zu kommen. Mit dieser Ansicht verband sich bald eine Art von geistlichem Hochmut. Der roheste Christ hielt den gebildetsten und tugendhaftesten Nichtbekenner Jesu für einen Verworfenen; ja er glaubte sich durch jede nähere Gemeinschaft mit den Heiden zu verunreinigen. Aus diesem Grunde sonderten sich die Christen bald ganz und gar von diesen ab, zerrissen die zwischen ihnen bestehenden Verwandtschafts- und Freundschaftsverhältnisse und flohen alle Lustbarkeiten und Feste gleich Verbrechen. Mit einem Wort, trotz aller Tugendhaftigkeit und Rechtschaffenheit ihres Lebens fingen sie an, kopfhängerische, trübselige, fromme Narren zu werden. Die mit ungeheurer Schnelligkeit anwachsende Menge der Christen, ihr menschenfeindliches, abgesondertes Wesen, ihre geheimnisvollen Zusammenkünfte, denen die Verleumdungen der jüdischen und heidnischen Priester bald politische und verbrecherische Zwecke unterlegten, ihr feindseliges Benehmen gegen die Heiden – alles dies erregte zwar die Aufmerksamkeit der römischen Regierung; aber sie hatte die vernünftige Politik, sich nicht um die Religion ihrer Untertanen zu kümmern, wenn diese nicht die Veranlassung wurde zu Feindseligkeiten gegen die Einrichtungen des Staates und seine Gesetze. Die Christen hätten also ungestört unter der römischen Herrschaft leben können, wenn sie sich von solchen Verbrechen, die kein Staat unbestraft lassen kann, ferngehalten hätten. Dies taten sie aber nicht, sondern in ihrem fanatischen Eifer forderten sie gleichsam die Regierung heraus. Sie verweigerten auf Grund ihrer Religion die allgemeinen Bürgerpflichten, wollten weder in den Krieg ziehen, noch öffentliche Ämter annehmen und bewiesen den Kaisern Verachtung, anstatt ihnen die herkömmlichen Ehren zu bezeigen. Da erkannten diese die Sekte der Christen für staatsgefährlich und beschlossen, sie zu zwingen, den Gesetzen des Staates gemäß zu leben. Da nun die Christen dies mit ihrer Religion nicht für vereinbar hielten, so beharrten sie in ihrem Widerstande gegen die Gesetze, und es begannen die blutigen Christenverfolgungen.

Der Gesamtwille der Gemeinschaft, die einen Staat bildet, und die Gesetze, welche durch denselben gegeben werden, stehen über der Religion, zu der sich einzelne Staatsbürger bekennen, und die durch das Volk bevollmächtigten Repräsentanten des Staates haben unzweifelhaft das Recht, diese ohne Rücksicht auf ihre Religion mit aller Strenge für die Übertretung der Gesetze zu bestrafen, denn die Religion ist eine reine Privatsache. Insofern nun die römischen Kaiser als Repräsentanten und Oberhäupter des Staates betrachtet wurden, so hatten sie nicht allein das Recht, sondern sogar die Pflicht, die widerspenstigen Christen zu verfolgen. Grade die vortrefflichsten Kaiser, die sich für das Wohl ihres Staates am meisten besorgt zeigten, waren die eifrigsten Christenverfolger. Sie erreichten aber ihren Zweck nicht, sondern bewirkten gerade das Gegenteil von dem, was sie bewirken wollten. Die Verachtung des Lebens und aller Leiden war bei den schwärmerischen Christen so hoch gestiegen, daß sie den Tod als höchst wünschenswert betrachteten, sich scharenweise den Händen ihrer Verfolger überlieferten und diese durch ihren herausfordernden Trotz zur größten Grausamkeit anregten.

Die Standhaftigkeit, mit welcher die Geopferten den qualvollsten Tod ertrugen, und die religiösen Ehren, welche die Gemeinde ihrem Andenken widmete, fachten die Schwärmerei der Christen zum Fanatismus an. Der Märtyrertod erschien als das höchste Glück, weil man glaubte, daß er alle Sünden tilge und sogleich zu Christus in das Paradies führe. Die Märtyrerschwärmerei nahm so überhand, daß die Besonneneren unter den Christen, welche das Unmoralische einer solchen Lebensverachtung einsahen, vergeblich dagegen ankämpften. Die Heiden, welche Zeugen von der Standhaftigkeit und Freudigkeit waren, mit welcher die Christen die ärgsten Qualen und den Tod erduldeten, wurden mit der größten Bewunderung erfüllt für eine Religion, die solche Kraft gab, und bekannten sich in großer Menge zu ihr. Die Zahl der Christen wuchs bald zu Millionen und gewann immer mehr Eingang auch unter den höheren Ständen und bald selbst am Hofe der Kaiser. In gar kurzer Zeit kam es dahin, daß Kaiser Konstantin, der 324 bis 337 nach Christi Geburt regierte, es aus politischen Gründen für gut hielt, die christliche Religion zur Staatsreligion zu machen. – Die ersten

Christen zur Zeit der Apostel hatten sich von der Gemeinschaft der Juden nicht getrennt, denn sie betrachteten sich vielmehr als die wahren Israeliten und Jesus als den längst erwarteten Messias. Endlich zwang sie aber die Feindseligkeit der Juden, eine eigene Gemeinde zu bilden. Die Verfassung dieser ersten christlichen Gemeinde war die einer jeden Gesellschaft, die aus gleichstehenden Mitgliedern besteht, denn alle Christen nannten sich Brüder. Keiner hatte vor dem andern einen Vorrang, sondern ihre Pflichten und Rechte waren gleich. Zu ihren Vorstehern wählte die Gemeinde einige in allgemeiner Achtung stehende Männer, welche Presbyteren (Älteste) oder auch Bischöfe (episcopi, Aufseher) genannt wurden. Ihr Amt war es, Ruhe, Eintracht und Ordnung in der Gemeinde zu erhalten, ohne daß sie deshalb einen höheren Rang eingenommen hätten als den, welchen ihnen die Achtung der übrigen Brüder einräumte. Den Presbyteren zur Seite standen Diakonen (Helfer), welche die reichlich fließenden Almosen an die ärmeren Gemeindemitglieder austeilten und andere kleine Geschäfte übernahmen, welche nicht schon von den Ältesten verrichtet wurden.

Kurz, die Gemeinden der ersten Christen waren vollkommene Republiken, und selbst die Apostel, welche mehrere derselben stifteten und eine Art von Oberaufsicht über sie führten, maßten es sich nicht an, eigenmächtig über die Gesellschaft betreffende Einrichtungen zu bestimmen, sondern begnügten sich damit, den Gemeinden mit Rat und Tat zur Seite zu stehen. Apostel Petrus macht es den Ältesten ausdrücklich zur Pflicht, dass sie über die Gemeinde nicht herrschen, sondern sie durch ihr gutes Beispiel leiten sollten. Das taten auch die Presbyteren der alten Zeit; sie betrachteten sich als die Diener der Gemeinde, welche sie für ihre Dienste durch Geschenke belohnte.

Einen äußerlichen Gottesdienst kannte man nicht; die religiösen Versammlungen der apostolischen Christen fanden statt ohne alle Zeremonien und auf die Sinne berechneten Gebräuche. Man kam zusammen in irgendeinem geräumigen Saale, ohne denselben weder zu diesem Zwecke auszuschmücken, noch ihm eine besondere Weihe und Heiligkeit beizumessen, denn dergleichen erschien den Christen als heidnischer Wahn. Diese Versammlungen waren einzig und allein der Bekehrung und Erbauung gewidmet. Man las in ihnen die Briefe der umherreisenden Apostel vor oder Stellen aus den heiligen Büchern der Juden. Dann folgte ein belehrender Vortrag, den wohl meistens einer der Presbyteren hielt oder auch irgendein Mitglied der Gemeinde, welches sich dazu geeignet und berufen glaubte. Das Gehörte wurde dann besprochen und den Unwissenden das erklärt, was sie etwa nicht verstanden. So waren diese Versammlungen der Christen der apostolischen Zeit die ersten Volksschulen. Nach der Besprechung setzte man sich zu einem gemeinsamen Mahle nieder – welches Liebesmahl hieß –, und am Schluß oder auch am Anfang wurde Brot und Wein herumgereicht und beim Genüsse desselben mit Rührung und Dankbarkeit des für die Wahrheit gestorbenen Jesus gedacht, wobei auch wohl die Worte wiederholt wurden, die er bei der Einführung dieses schönen Gebrauches sprach. Den Schluß der Versammlung machte eine Beisteuer für die Armen.

Leider änderte sich aber dieser würdige und einfache Zustand der christlichen Gemeinden sehr bald und ging endlich in die Form der heutigen katholischen Kirche über. Es wird für unsern Zweck genügen, es nur in leichten Umrissen anzugeben, wie eine so auffallende Umformung bewerkstelligt werden konnte.

Wir haben oben gesehen, daß die Presbyteren mit der Leitung der Gemeindeangelegenheiten beauftragt waren. Bei ihren Beratungen führte anfangs der Älteste den Vorsitz; aber dieser war oft eben wegen seines Alters dazu nicht immer der tauglichste, und so zogen es denn die Presbyteren vor, den Tüchtigsten aus ihrer Mitte zum Präsidenten zu erwählen, welcher, da er über alles die Aufsicht führte, zur Unterscheidung von seinen ihm gleichgestellten Kollegen vorzugsweise der Bischof genannt wurde.

Diese Bischöfe maßten sich bald einen höheren Rang an als ihre Kollegen, und wir erblicken sie in den Versammlungen auf einem erhabenen Sessel, während die anderen Presbyteren auf niedrigen Stühlen rings um sie her sitzen, hinter denen die Diakonen, gleich den dienenden Brüdern in den Synagogen, stehen. Die Gemeinden gewöhnten sich bald daran, in dem von ihren Vorstehern so ausgezeichneten Bischof ihren geistlichen Oberherrn zu sehen.

Besondere Umstände trugen auch dazu bei, das Ansehen dieser Bischöfe zu vermehren. Die Christen auf dem Lande hatten sich anfangs den Gemeinden in den Städten angeschlossen; als ihre Zahl sich aber vermehrte, wünschten sie eigene Gemeinden zu bilden, wenn sie auch die Gemeinschaft mit denen der Städte nicht aufgeben wollten, da ihnen dieselben besonders zur Zeit der Verfolgungen und überhaupt von Nutzen war. Sie baten daher die Stadtbischöfe, sie mit Lehrern und Vorstehern zu versehen, und dieser schickte ihnen gewöhnlich einen seiner Presbyteren. Dieser Landbischof hatte nun zwar dieselbe Gewalt über seine Gemeinde wie der Stadtbischof über die seinige; aber er war in vielen Beziehungen von diesem abhängig. Dadurch bekam der Stadtbischof einen Kirchsprengel oder, wie es damals hieß, Diözese (Bezirk) oder

Parochie. So wurde also schon in der ersten Hälfte des zweiten Jahrhunderts nach Christi Geburt der Grund zur kirchlichen Aristokratie gelegt.

Nachdem man nun einmal den Anfang damit gemacht hatte, jüdische Einrichtungen auf das Christentum anzuwenden, so ging dieser Unfug mit um so schnelleren Schritten vorwärts, als er der Eitelkeit und der Herrschsucht derjenigen nützte, die sich bald der Leitung aller christlichen Gemeindeangelegenheiten zu bemächtigen wußten. Am Anfang des dritten Jahrhunderts war es schon so weit gekommen, daß man die Gewalt der Bischöfe aus dem Priesterrechte des alten Testamentes herleitete und alles, was Moses über Priesterverhältnisse festsetzte, ohne weiteres auf Bischöfe und Presbyteren anwendete.

Bis dahin waren diese noch immer als das, was sie auch in der Tat waren, als Diener der Gemeinde betrachtet worden; aber ihr Stolz lehnte sich dagegen auf, und gegen Ende des dritten Jahrhunderts hatten sie schon geschickt den Glauben verbreitet, daß sie nicht von der Gemeinde, sondern von Gott selbst eingesetzt wären zu Lehrern und Aufsehern derselben; daß sie also nicht Diener der Gemeinde, sondern Gottes wären, und daß daher sowohl das Lehramt wie auch der Dienst der neuen Religion nur von ihnen allein versehen werden könne; weshalb sie einen von der Gemeinde abgesonderten, vorzüglicheren Stand bilden müßten.

Um die immer noch Zweifelnden vollends zu berükken, griffen die Bischöfe zu einem andern Mittel, ihnen das, was sie wollten, begreiflich zu machen. Wenn die Apostel einen Lehrer oder Presbyter bestellten, legten sie ihm die Hand auf das Haupt und riefen Gott an, daß er ihm zu seinem Amte auch den Verstand geben möge. Diese Sitte hatten sie aus dem jüdischen Ritus entnommen, ohne daran zu denken, welchen Mißbrauch ihre dereinstigen Nachfolger damit treiben würden. Die Bischöfe behaupteten nämlich, daß durch dieses Handauflegen der den Aposteln einwohnende heilige Geist auch auf die Geweihten übergegangen sei und daß diese auch die Kraft hätten, ihn auf dieselbe Weise an andere zu übertragen. Es gelang ihnen vortrefflich, diese Ansicht unter den Christen populär zu machen, und gegen Ende des dritten Jahrhunderts glaubte man allgemein daran und sah in den Bischöfen, Presbyteren und Diakonen Wesen ganz anderer Art und fand es nun ganz natürlich, daß sie einen Stand für sich bildeten.

So bedeutend nun auch der Einfluß der Bischöfe auf die Gemeinden schon war, so hatte die demokratische Verfassung derselben doch noch keineswegs aufgehört. Die Bischöfe konnten in den religiösen Angelegenheiten keineswegs nach Gefallen schalten und walten, sondern waren an die Einwilligung der Presbyteren und der ganzen Gemeinde gebunden. Dies war ihnen sehr unbequem, da sie nach unumschränkter Gewalt strebten. Zur Erlangung derselben benutzten sie die Provinzialsynoden. Wir haben schon früher beiläufig erwähnt, wie falsch die Aussprüche und Lehren Jesu häufig von den Christen verstanden wurden. Es entspannen sich über deren Auslegung bald Streitigkeiten, und schon im zweiten Jahrhundert finden wir, daß sich mehrere Gemeinden vereinigten, um dieselben durch gemeinschaftliche Beratung auszugleichen. Als diese Streitigkeiten sich mit der Zeit vermehrten, fühlte man die Zweckmäßigkeit und Notwendigkeit solcher schiedsrichterlichen Versammlungen und ordnete sie für die Gemeinden eines bestimmten Bezirkes oder Landes regelmäßig und wenigstens einmal im Jahre an. So entstanden die Provinzial-Kirchenversammlungen.

Die Gemeinden wurden auf denselben durch Abgeordnete vertreten, welche aus den Bischöfen, Presbyteren, Diakonen und einigen andern Gemeindemitgliedern bestanden. So bedeutend nun auch der Einfluß der Bischöfe auf die Beschlüsse dieser Kirchenversammlungen war, so stand ihnen noch immer die große Zahl der anderen Abgeordneten der Gemeinde entgegen, und es wurde vorerst die Aufgabe der Bischöfe, diese von den Kirchenversammlungen zu entfernen. Zuerst gelang es ihnen mit den Diakonen und Mitgliedern der Gemeinde und endlich auch mit den Presbyteren, so daß die Gesamtheit der christlichen Gemeinden auf den Synoden einzig und allein durch die Bischöfe vertreten wurde. Dies war zwar ein bedeutender Gewinn, denn nun konnten diese beschließen, was sie in ihrem Interesse für nötig hielten; aber noch immer bedurften die Beschlüsse die Zustimmung der Gemeinde. Um diesen lästigen Zwang zu entfernen, erfand man ein eigentümliches Mittel, welches wir einen plumpen und ungeschickten Betrug nennen würden, wenn er nicht gelungen wäre. Es war nämlich bei den Christen Gebrauch geworden, jede Versammlung mit der Bitte an Gott zu eröffnen, daß er die Anwesenden durch seinen Geist erleuchten und bei ihren Beratungen helfen möge. Diese Sitte wurde auch bei Eröffnungen der Kirchenversammlungen befolgt, und nun erzeugten die Bischöfe bei den nur zu gläubigen Christen den Wahn, daß durch dieses Gebet der Heilige Geist auch wirklich veranlaßt werde, bei der Synode gleichsam den Vorsitz zu führen, so daß alle ihre Beschlüsse als Aussprüche des Heiligen Geistes, also Gottes selbst, zu betrachten wären, die der Bestätigung nicht bedürften! Durch diese lächerliche List waren die christlichen Gemeinden um den letzten Rest ihrer Freiheit gebracht und der eigennützigen Willkür ihrer Bischöfe preisgegeben.

Nachdem diese einmal so weit gekommen waren, gingen sie in ihren unverschämten Anmaßungen immer weiter, und es kam bald eine Zeit, wo die vor kurzem noch so ehrwürdigen Vorsteher der christlichen Gemeinden größtenteils die eigennützigsten, schamlosesten und verworfensten Menschen waren. «Aus den hölzernen Kirchengefäßen wurden goldene, aber aus den goldenen Bischöfen hölzerne.»

Als Kaiser Konstantin die christliche Religion zu der des Staates machte, da erlitten alle Verhältnisse der christlichen Kirche eine bedeutende Veränderung. Die Kaiser betrachteten sich als Oberhäupter derselben; sie beriefen nicht nur nach ihrem Gefallen Kirchenversammlungen, leiteten die Wahlen der Bischöfe oder ernannten diese geradezu, sondern entschieden auch theologische Streitigkeiten nach ihrem Gutdünken. Dadurch gingen viele der angemaßten Rechte der Bischöfe für den Augenblick verloren; aber die Vorteile, die sie auf der andern Seite gewannen, waren so groß, daß sie sich ganz außerordentlich fügsam zeigten, und so geschah es, daß alles in der Kirche nach dem Willen der Kaiser ging. Der Kaiser war der Gnadenborn, aus dem auf seine Günstlinge Ehren und Reichtümer strömten, und die Bischöfe und Geistlichen wetteiferten in niedriger Schmeichelei, um deren möglichst viel zu erschnappen. Die Armut der Kirche und ihrer Diener hatte ein Ende. Schon Kaiser Konstantin bestimmte einen Teil der Staatseinkünfte zum Unterhalte der Geistlichen und begnadigte sie mit wichtigen Vorrechten. Das allereinträglichste war aber das Gesetz, durch welches er sie für berechtigt erklärte, Schenkungen anzunehmen, welche ihnen durch testamentarische Verfügungen gemacht wurden, was nach dem Gesetze des Kaisers Diokletian keinem Verein gestattet war.

Nun war der Habgier der Geistlichkeit ein weites Feld geöffnet. Die niedrigsten und verächtlichsten Mittel wurden angewandt, um die bereits in Aberglauben aller Art versunkenen Christen zu reichen Schenkungen zu zwingen, und bereits nach zehn Jahren wagte es niemand mehr zu sterben, ohne der Geistlichkeit ein Legat zu vermachen. Diese betrieb ihr Geschäft auf so schamlose Weise, daß nicht sehr lange darauf sich die Kaiser Gratian und Valentinian gezwungen sahen, durch Gesetze der Erbschleicherei der Geistlichen Einhalt zu tun. Hieronymus, der Geheimschreiber des römischen Bischofs Damasus, der Zeuge war von dem nichtswürdigen Treiben der Pfaffen, rief bei der Bekanntmachung des Gesetzes: «Ich bedaure nicht des Kaisers Verbot, sondern mehr das, daß meine Mitbrüder es nötig gemacht haben!» Diese schildert er auf wenig schmeichelhafte Weise, indem er sagt: «Sie halten kinderlosen Greisen und alten Matronen den Nachttopf hin, stets geschäftig um ihr Lager; mit eignen Händen fangen sie ihren Auswurf auf, und Witwen heiraten nicht mehr, sie sind weit freier, und Priester dienen ihnen um Geld.» Selbst der Bischof des Hieronymus, Damasus, hatte sich den Beinamen Ohrenkratzer der Damen erworben.

Als Kaiser Julianus zur Regierung kam (361 n. Chr.), da geriet der ganze Pfaffenschwarm in große Bestürzung, denn ihm wollte das bereits durch Aberglauben aller Art verunstaltete Christentum nicht behagen; er trat wieder zur Religion seiner Väter über und erwarb sich dafür den Beinamen Apostata (Abtrünniger). Die Christen waren selbst daran schuld, indem sie ihre reine Lehre durch Wundermärchen und läppische Fabeln verunstalteten. Vor der ersten allgemeinen Kirchenversammlung von Nicäa (325 n. Chr.) gab es an die 50 Evangelien, die bis auf die noch vorhandenen reduziert wurden, wahrscheinlich weil die andern den Heiden doch gar zu viel zu lachen gaben. Aus dem, was uns davon übriggeblieben ist, ersehen wir, daß ihre Verfasser mit den Familienverhältnissen Jesu weit genauer bekannt waren als die der uns erhaltenen. Wenn sie auch mit seiner Mutter nicht so vertraut waren wie jener Portugiese, der ein «Leben Jesu im Bauche der Maria» schrieb, so erzählen sie uns doch, daß dem frechen Menschen, der es wagte, die Maria unzüchtig anzufassen, sogleich die Hand verdorrte. Auch einige Wunder von Jesus berichten sie. Einst habe derselbe als Kind mit den andern Kindern gespielt und mit ihnen aus Ton Vögel gemacht, als die seinigen plötzlich fortgeflogen wären. Als er größer geworden, habe er einst einen Tisch gemacht, der zu kurz gewesen, weshalb er von seinem Vater gescholten worden sei; sogleich habe er an dem Tische gezogen und ihn so lang gemacht, wie Meister Joseph ihn wollte. Kaiser Julianus versuchte es, das Christentum zu stürzen, wenn er auch die Christen nicht verfolgte. Zur Freude der Pfaffen fiel er schon nach zwei Jahren im Kriege gegen die Perser. Sein Liebling, der Philosoph Libanius, fragte einst spöttisch einen christlichen Lehrer zu Antiochien: «Was macht des Zimmermanns Sohn?» Er erhielt zur Antwort: «Einen Sarg für deinen Schüler.» Bald darauf starb der Kaiser. Libanius vermutete, vielleicht eben wegen dieser Äußerung, daß er durch irgendeinen fanatischen Christen seinen Tod fand. Sterbend unterhielt sich der Kaiser über die Erhabenheit der menschlichen Seele, aber die Christen erzählen, er habe eine Hand voll Blut gen Himmel gespritzt und ausgerufen: «Du hast gesiegt, Galiläer.» Mit Julian starb der letzte heidnische Kaiser; unter seinen Nachfolgern wurde die Macht der Pfaffen immer größer.

2. Kapitel

Die lieben, guten Heiligen

Zu alten Zeiten hiess heilig,
wenn der Fliegen,
der Heuschrecken frass
und jener gar mit seinem heil'gen Hintern
in einem Ameisenhaufen sass,
um voller Andacht drin zu überwintern

Die Protestanten haben die Heiligen abgeschafft, aber der gläubige Katholik betet noch heute vor dem Bilde des Heiligen, in dessen Departement er oder die Bitte gehört, deren Erfüllung erwünscht.

Der Adel steht unter der besonderen Protektion von St. Georg, St. Moritz und St. Michael; der Patron der Theologen ist seltsamerweise der ungläubige St. Thomas und der Schutzheilige der Schweine ist St. Antonius; die Jurisdiktion über die Juristen hat St. Ivo, über die Ärzte St. Cosmus und St. Damian, über die Jäger St. Hubertus; die Trinker stehen unter dem Schutze St. Martins. So hat auch jedes Gewerbe seinen besonderen Heiligen, wie auch jede Nation ihren besonderen Schutzheiligen hat. Die Portugiesen haben St. Anton, die Spanier St. Jacob, die Franzosen St. Denis, die Engländer St. Georg, die Venetianer St. Marcus, die Russen St. Nicolaus; die Frommen in Preußen beten zu St. Thieleus, dessen Fürbitte als besonders kräftig gerühmt wird; die Deutschen, ach ja so, die haben keinen Nationalheiligen, weil sie nie eine Nation waren. St. Thieleus bitt' für sie! Auch haben einige Heilige, die mit der Leitung von Nationen und besonderen Ständen nicht zu sehr beschäftigt sind, ihre Muße im Himmel benutzt, einige Übel der armen Erdenwürmer besonders gründlich zu studieren, und der liebe Gott, der doch nicht alles selbst tun kann, hat ihnen nach dem Glauben vieler Katholiken erlaubt, ihm hier und da auszuhelfen. St. Aja hat die Rechtswissenschaft studiert und hilft in Prozessen, St. Cyprian beim Zipperlein, St. Florian bei Feuersgefahr, St. Nepomuk gegen Wasserflut und – Verleumdung, St. Benedict gegen Gift, St. Hubertus gegen die Tollwut, St. Petronella im Fieber, St. Rochus gegen die Pest, St. Ulrich gegen Ratten und Mäuse, St. Apollonia gegen Zahnweh, wenn es nicht von der Schwangerschaft kommt, denn in diesem Falle muß man sich an St. Margaretha wenden, welche auch bei schweren Geburten hilft. St. Blasius vertreibt das Halsweh, St. Valentin die Fallsucht, St. Lucia Augenübel, und der Vieharzt im Himmel ist St. Leonhardt. Alle diese Heiligen, verlaßt euch fest darauf, helfen ebenso sicher gegen die genannten Übel wie St. Thieleus gegen geheimes Gerichtsverfahren und gegen Zensur! Auch die Heiden hatten Heilige, nur waren die ihren durch große Taten ausgezeichnete Helden, während die der römischen Kirche nur ausgezeichnete Helden im Glauben waren; das ist der ganze Unterschied. Viele der ersten Christen wurden durch das Lesen der Evangelien rein himmeltoll und meinten, das Paradies zu erstürmen, wenn sie alle Aussprüche Christi im strengsten Sinne und den Worten nach befolgten. Diese Aussprüche hatten aber die Apostel niedergeschrieben, die bekanntlich keine großen Schriftsteller waren und ihren Meister oft selbst nicht verstanden. Weil Jesus es für nötig hielt, 40 Tage in die Wüste zu gehen – zu welchem Zwecke, hat er niemand gesagt –, so meinten die Schwärmer nun auch in die Wüste laufen und ihren Leib durch Fasten und allerlei Qualen kasteien zu müssen, denn Christus hatte gesagt: «Will mir jemand nachfolgen, der verleugne sich selbst, nehme sein Kreuz auf sich und folge mir!» und ferner: «Willst du vollkommen sein, so gehe hin und verkaufe alles, was du hast, und gib es den Armen, so wirst du einen Schatz im Himmel haben – komm und folge mir nach.» Die Idee von der Verdienstlichkeit, körperliche Martern mit Freudigkeit zu ertragen und sich selbst zu schaffen, kam erst recht zur Geltung, als die während der Verfolgungen unter Diokletian und Decius hingerichteten Christen durch ihre Standhaftigkeit so hohen Ruhm ernteten. Mögen sich auch die Kirchenschriftsteller nicht immer von Übertreibung ferngehalten haben, wenn sie die Leidensgeschichte der Märtyrer erzählen, so verdienen sie doch im allgemeinen Glauben, denn es ist eine bekannte Erfahrung, daß der Mensch, der sich in bedeutender geistiger Aufregung befindet, den Schmerz fast gar nicht fühlt, wie mancher alter Krieger bezeugen kann, der es in der Hitze des Kampfgewühls nicht gewahr wurde, daß ihm eine Kugel die Knochen zerschmetterte. Diese Schwärmerei nahm besonders im vierten Jahrhundert überhand, und das, was Zeno, Bischof von Verona (um 360 n. Chr.), sagte, war ziemlich der allgemeine Glaube: «Der größte Ruhm der christlichen Tugend ist es, die Natur mit Füßen zu treten!» Diese düstere Ansicht verbreitete über das ganze Christentum eine Melancholie, an der wir noch heute zu kauen haben. Die frommen Christen hielten sich nicht für wert, daß sie die Sonne beschien, sie betrachteten sich als wahre Teufelsbraten. Später gestaltete sich zwar, wie wir sehen werden, alles weit lustiger in der christlichen Kirche, aber da gab Luther den Leuten die Bibel und sie richtete ungefähr wieder dasselbe Unheil an, als zur Zeit, da sie den Christen zuerst bekannt wurde. Beweise dafür finden wir genug in der Geschichte, wie auch in den Predigten und anderen geistlichen Schriften aus der Zeit nach der Reformation; besonders reich daran sind die Gesangbücher, in denen sich oft nicht weniger seltsame Verse vorfinden wie die folgenden, die wörtlich einem alten Breslauer Gesangbuch entnommen sind:

Ich bin ein altes Raben-Aas,
Ein rechter Sünden-Krüppel,
Der seine Sünden in sich fraß,
Als wie den Rost der Zwibbel.
0 Jesus, nimm mich Hund am Ohr,
Wirf mir den Gnadenknochen vor,
Und schmeiß mich Sündenlümmel
In deinen Gnadenhimmel.

Doch kehren wir wieder zu unseren heiligen Weisen zurück, die sich besonders die Wüsteneien in Ägypten und Syrien zum Schauplatz ihrer Narrheit ausersehen hatten. Sie strebten alle danach, die Natur mit Füßen zu treten, und es gelang ihnen so vortrefflich, daß uns dabei die Haut schauert. Einer dieser Heiligen lebte 50 Jahre lang in einer unterirdischen Höhle, ohne jemals das freundliche Licht der Sonne wiederzusehen! Andere ließen sich bei der größten Hitze bis an den Hals in den glühenden Sand graben; noch andere in Pelze einnähen, so daß nur ein Loch zum Atmen frei blieb. Bei der afrikanischen Sonnenhitze eine treffliche Sommerkleidung! Aber doch noch erträglicher als der Burnus, den sich ein anderer aus Felsen aushieb und beständig mit sich herumschleppte. Auch ein ungenähter Rock! Sehr viele behängten sich mit schweren eisernen Ketten und Gewichten; der heilige Eusebius trug beständig 260

Pfund Eisen an seinem Körper. Einer dieser Narren namens Thaleläus klemmte sich in den Reifen eines Wagenrades und brachte in dieser angenehmen Stellung zehn Jahre zu, worauf er sich, zur Belohnung für seine Ausdauer, in einen engen Käfig zurückzog. Das war in der Tat ein rarer Vogel! Einige taten das Gelübde, jahrelang kein Wort zu reden, niemand anzusehen oder auf einem Beine umherzuhinken oder nur Gras zu fressen, und was des Unsinns mehr ist. St. Barnabas hatte sich einen scharfen Stein in den Fuß getreten; er litt die entsetzlichsten Schmerzen, aber er ließ sich den Stein nicht herausziehen. Wieder andere schliefen auf Dornen, ja manche versuchten, gar nicht zu schlafen, und hungern konnten sie wie die Schlangen in unseren Menagerien oder wie die deutschen Dichter der guten alten Zeit. Es ist eine bekannte Erfahrung, daß Wahnsinnige sehr lange den Hunger ertragen können. Simeon, der Sohn eines ägyptischen Hirten, aß nur alle Sonntage und hatte seinen Leib mit einem Stricke so fest zusammengeschnürt, daß überall Geschwüre hervorbrachen, die so entsetzlich stanken, daß es niemand in seiner Nähe aushalten konnte.

Dieser Simeon glaubte immer, sich noch nicht genug zu quälen, und erfand etwas ganz Neues. Er stellte sich nämlich auf die Spitze einer Säule und blieb hier jahrelang stehen. Die erste Säule, die er sich errichtete, war nur vier Ellen hoch, aber je höher sein Wahnsinn stieg, desto höher wurden auch seine Säulen. Als seine Tollheit den Gipfelpunkt erreicht hatte, war seine Säule 40 Ellen hoch; auf dieser stand er 30 Jahre! Wie er es eigentlich anfing, nicht hinunterzufallen, wenn ihn der Schlaf überkam, das mag der Himmel wissen! Aber die Pferde schlafen ja auch im Stehen, warum sollte es nicht ein solcher heiliger Esel können. Eine seiner Lieblingsunterhaltungen war es, sich beim Gebet bis auf die Erde zu bücken. Er muß einen noch weit geschmeidigeren Rücken gehabt haben als unsere Kammerherren, denn ein Augenzeuge berichtet, daß er bis 1.244 Bücklinge gezählt habe, der Heilige aber noch unendlich lange in seiner equilibristischen Übung fortgefahren sei. Simeon brachte es dahin, daß er 40 Tage hungern konnte! Als seinem ausgemergelten Körper die Kraft zum Stehen fehlte, ließ er auf seiner Säule einen Pfahl errichten und sich an denselben mit starken Ketten in aufrechter Stellung befestigen. Diese Säulentollheit fand viele Nachahmer, besonders im warmen Morgenlande; im Abendlande ist nur ein Säulenheiliger bekannt, und dieser war aus – Trier! Der damalige Bischof war aber noch nicht so tief in den Geist der christlichen Kirche eingedrungen wie der jetzige hochwürdigste Bischof dieser gottesfürchtigen Stadt, sonst hätte er seinen Säulenheiligen für Geld sehen lassen, anstatt daß er die Säule umwarf und den Narren zum Teufel jagte.

Das anschaulichste Bild von dem Leben dieser «Väter der Wüste» gibt uns folgende Schilderung eines Mannes, der ihr Leben und Treiben einen ganzen Monat lang als Augenzeuge beobachtet hat: «Einige stehen mit gen Himmel gerichteten Augen, mit Seufzen und Winseln, Barmherzigkeit; andere, mit auf den Rücken gebundenen Händen, halten sich in der Angst ihres Gewissens nicht für würdig, den Himmel anzuschauen; andere sitzen auf der Erde, auf Asche, verbergen ihr Gesicht zwischen die Knie und schlagen ihren Kopf gegen den Boden; andere heulen laut wie beim Tode geliebter Personen; andere machen sich Vorwürfe, nicht Tränen genug vergießen zu können, Ihr Körper ist, wie David sagt, voll Geschwüre und Eiter; sie mischen ihr Wasser mit Tränen und ihr Brot mit Asche; ihre Haut hängt an den Knochen, vertrocknet wie Gras. Man hört nichts als Wehe! Wehe! Vergebung! Barmherzigkeit!

Einige wagen kaum ihre brennende Zunge mit ein Paar Tropfen Wasser zu erfrischen, und kaum haben sie einige Bissen Brot genossen, so werfen sie das Übrige von sich, im Gefühl ihrer Unwürdigkeit. Sie denken nichts als Tod, Ewigkeit und Gericht! Sie haben verhärtete Knie, hohle Augen und Wangen, eine durch Schläge verwundete Brust und speien oft Blut; sie tragen schmutzige Lumpen voll Ungeziefer, gleich Verbrechern in Gefängnissen, oder wie Besessene. Einige beten, sie ja nicht zu beerdigen sondern hinzuwerfen und verwesen zu lassen wie das Vieh!» –

Wer von diesen Einsiedlern noch nicht verrückt war, mußte es bei der oben geschilderten Lebensweise fast notwendig werden. Das Beispiel reizte die Eitelkeit auf, und einer suchte den anderen an Strenge und Selbstquälerei zu übertreffen. Da es ihr höchstes Ziel war, die Natur mit Füßen zu treten, so suchten sie natürlich auch den Geschlechtstrieb zu unterdrücken. Der Kampf mit diesem mächtigsten der Triebe kostete aber die allergrößte Mühe. St. Hieronymus (geb. 330 u. gest. 422 n. Chr.) erzählt ganz kalt, daß dieser Kampf mit der Natur Jünglingen und Mädchen Gehirnentzündungen und oft den Wahnsinn gebracht habe! Die armen Narren, die ihren Leib kasteiten, um den Unzuchtsteufel in sich zu demütigen, machten dadurch das Übel nur immer ärger, denn der Teufel – der überall seine Hand im Spiele hatte – führte ihnen die üppigsten Bilder vor die Phantasie. Einige bestrichen, um sich den Kampf zu erleichtern, ihre rebellischen Glieder mit Schierlingssaft, andere machten der Sache völlig ein Ende, indem sie die Wurzel des Übels ausrotteten. Da hört freilich alles auf und auch die Versuchung. Dies tat auch der sonst so vernünftige Kirchenvater Origenes; aber seine Tat war keineswegs originell, da heidnische Priester der syrischen Göttin Zybele diese Operation sehr häufig mit sich vornahmen. Leontius, ein Priester zu Antiochien, Jakobus, ein syrischer Mönch, und noch viele andere unter den Priestern und Laien folgten diesem Beispiel, was daraus hervorgeht, daß ein Gesetz gegen diese Kapaunisierwut gegeben werden mußte. Nun, Gott sei Dank, vor der Rückkehr dieses Fanatismus sind wir sicher!

Andere, welche sich zu einer solchen Radikalkur nicht entschließen konnten oder die durch ihre Frömmigkeit davon abgehalten wurden, litten Höllenqualen. Den heiligen Pachonius trieb das innerliche Feuer in die Wüste, weil er es hier leichter zu ersticken meinte als in der Welt, wo so viel zweibeiniger Zündstoff umherläuft. Er kämpfte oft mit sich, ob er seinen entsetzlichen Qualen nicht durch den Tod ein Ende machen solle. Einst legte er sich nackt in eine Höhle, welche von Hyänen bewohnt wurde. Diese Bestien beschnupperten ihn, ließen ihn aber ungefressen liegen, wahrscheinlich abgeschreckt durch den Heiligkeitsgeruch.

Einige Tage danach gesellte sich zu dem geplagten Manne ein schönes ägyptisches Mädchen, setzte sich auf seinen Schoß und reizte ihn so sehr, daß er wirklich glaubte zu tun, was jeder nicht so heilige Mann in seiner Lage unfehlbar getan haben würde. Als er dies erkannte, merkte er sogleich, was die Glocke geschlagen hatte, und gab dem Mädchen als Honorar eine ungeheure Maulschelle. Und richtig, es war der Teufel in eigener Person, denn Pachonius' Hand stank von der Berührung ein ganzes Jahr lang so entsetzlich, daß er fast ohnmächtig wurde, wenn er sie der Nase zu nahe brachte.

Ärgerlich darüber, daß ihn der Teufel so erwischt hatte, rannte er in der Wüste umher. Er fand eine Aspis oder kleine Brillenschlange und setzte sie in seiner Wut gleich einem Blutegel an das Glied, welches sich Origines abschnitt. Aber die Schlange hatte keinen Appetit und wollte nicht anbeißen. Pachonius hielt dies für ein Wunder, und eine innere Stimme sagte ihm, daß er nun Ruhe haben sollte, und somit scheint ihn das Teufelsmädel kuriert zu haben.

Mystizismus und Dummheit stecken an wie die Krätze und verbreiten sich wie die Cholera durch die Luft. Die ganze Welt wurde von dieser asketischen Schwärmerei ergriffen. Ganze Scharen rannten in die Wüste, so daß die Heiligen sich auf die Füße traten und genötigt wurden, ungeheure Gemeinschaften, Klöster zu bilden. St. Pachonius, der eigentliche Stifter derselben, hatte in dem seinigen 1.400 Mönche und führte noch über 7.000 andere die Aufsicht. In Ägypten waren im 4. Jahrhundert wenigstens 100.000 Mönche und Nonnen, denn daß die leicht aufgeregten Weiber von der Schwärmerei nicht frei blieben, kann man sich denken. Die Wüsten wurden bevölkert wie Städte, und die Schar der Frommen mußte sich in Städten Wüsteneien schaffen. Die Stadt Oxyrrhinchus hatte mehr Klöster als Wohnhäuser und in ihnen lebten 30.000 Mönche und Nonnen.

Die Heiden mochten spotten, soviel sie wollten, um dieses heilige Feuer zu erlöschen; es gelang ihnen nicht, denn die geachtetsten Kirchenlehrer priesen das Mönchs- und Einsiedlerleben über alles und nannten es den geraden Weg in das Paradies. Die heiligsten Bande der Natur wurden zerrissen. Jünglinge verließen ihre Bräute, wie der heilige Alexius, der in der Brautnacht in die Wüste rannte. Ammo las seiner Braut die Briefe des Paulus an die Korinther vor! Die Braut wurde dadurch so begeistert, daß sie mit Ammo in die Wüste lief und hier gemeinschaftlich mit ihm eine elende Hütte bezog, wo sie lebte – keusch wie eine Henne, die mit einem Hunde zusammenwohnt. Johannes Colybita, der Sohn angesehener Leute in Rom, rannte auch in der Brautnacht davon und in die Wüste. Das unüberwindliche Heimweh trieb ihn zurück in seine Vaterstadt. Hier lebte er 17 Jahre als elender Bettler in einer Hundehütte, die er neben die Wohnung seiner trauernden Eltern gestellt hatte, denen er sich erst in seiner Todesstunde zu erkennen gab. Dies waren die Früchte der Lehren solcher Männer wie St. Hieronymus, der sagte: «Und wenn sich deine jungen Geschwister an deinen Hals werfen, deine Mutter mit Tränen und zerstreuten Haaren und zerrissenen Kleidern den Busen zeigt, der dich ernährt hat, dein Vater sich auf die Türschwelle legt, stoße sie mit Füßen von dir und eile mit trockenen Augen zur Fahne des Kreuzes.» – Sehr viele trieb auch die Eitelkeit und der Ehrgeiz zum asketischen Leben, denn die Einsiedler und Mönche standen in dem höchsten Ansehen. Kamen sie in eine Stadt, so wurden sie im Triumph empfangen, und zogen sie bei einer solchen vorbei, dann strömten Tausende zu ihnen, um sich ihren Rat und ihren Segen zu erbitten. Die ganze Gegend, in welcher ein besonders toller Einsiedler sein Wesen trieb, hielt sich für beglückt, und man hat Beispiele, daß diese Heiligen von den Bewohnern anderer Landschaften gleichsam wie die wilden Affen in Pechstiefeln gefangen wurden. Salamanius aus Kapersana, einem Dorfe am Euphrat, hatte sich in ein Haus einsperren lassen, welches weder Türen noch Fenster hatte.

Einmal im Jahre öffnete er diesen Käfig, um die Lebensmittel in Empfang zu nehmen, welche ihm herbeigeschleppt wurden, wobei er aber mit niemand redete. Die Bewohner seines Geburtsortes wollten diese Blume der Heiligkeit in ihrer Mitte haben und entführten den Narren; aber kaum hatten sie ihn einige Tage, als er ihnen wieder von den Bewohnern eines benachbarten Dorfes gestohlen wurde. Alle diese Veränderungen waren nicht imstande, dem Heiligen ein Wort zu entlocken. Die Verehrung dieser Wüstennarren ging so weit, daß Kaiser Theodostus ihnen sogar seine Söhne Honorius und Arkadius zur Erziehung anvertraute. Es wurde freilich nichts Gescheites aus ihnen, denn Honorius war förmlich blödsinnig geworden und fand sein größtes Vergnügen daran, das Federvieh zu füttern. Eine recht unschuldige Liebhaberei für einen Kaiser, die aber auch noch viele unserer Fürsten haben. Theodostus war überhaupt ein großer Freund der Mönche, und sowohl er wie auch andere Kaiser, nahmen zu ihnen wie zu Orakeln ihre Zuflucht. Er ahmte den großen Alexander nach, indem er sagte: «Wenn ich nicht Theodostus wäre, so möchte ich ein Mönch sein.» Wäre er es doch zum Glücke seines Volkes geworden. Unter den «Vätern der Wüste» haben manche einen ganz besonderen Ruf der Heiligkeit bekommen, teils durch die unerhörten Qualen, welche sie sich selbst auferlegten, teils durch die Wunder, welche ihnen zugeschrieben wurden. Unter den schrecklichen Operationen, die sie mit ihrem Körper vornahmen, litt auch der Geist, und so darf es uns nicht befremden, wenn diese Leute allerlei Erscheinungen und Visionen hatten, die sie für Wirklichkeit nahmen und die nur dazu dienten, ihren zerrütteten Verstand noch mehr zu verwirren. Die Kirchenschriftsteller, welche diese Wunder nacherzählen, waren ernsthafte Männer und tun dies im festen Glauben an die Wahrheit dessen, was sie berichten. Erst die späteren mag Eigennutz zum absichtlichen Betruge verleitet haben. Ich würde alle diese Wunder als abgeschmackt übergehen, wenn man an sie nur in jener finsteren Zeit geglaubt hätte; allein noch heute schwören darauf Millionen Menschen. Der gemeine Katholik in den echt katholischen Ländern weiß von Gott sehr wenig, er kennt nur seine wundertätigen Heiligen und den Teufel. Lange wollen wir uns übrigens in dieser halb beklagenswert, halb lächerlich tollen, heiligen Gesellschaft nicht aufhalten. Wer den ganzen Unsinn der Wunder kennenlernen will, braucht nur eines der Heiligenbücher zu lesen, welche von der Geistlichkeit in den katholischen Ländern empfohlen und verbreitet werden.

Einen besonderen Ruf unter den Wüstenheiligen haben erlangt: St. Paulus, St. Antonius, St. Pachonius, St. Hilarion und die beiden heiligen Macarius. Die Kämpfe, welche sie mit dem Teufel zu bestehen hatten, können uns nicht wundern, denn sie sahen ihn in jeder befremdlichen Erscheinung, in jedem Affen, in jedem anderen Tier, in jedem Weibe, welches ihnen unvermutet begegnete. Alle Übel, welche ihr krankhafter Körper- und Seelenzustand mit sich brachte, wurden für Wirkungen des Teufels gehalten. Antonius schlief auf der bloßen Erde und in feuchten Gräbern und zog sich dadurch natürlich die Gicht zu; er aber bildete sich ein, die Schmerzen, die er empfand, rührten von einem Faustkampf mit dem Teufel her, weil er vielleicht wirklich häufig Kämpfe mit den starken Affen zu bestehen hatte, die sich im südlichen Ägypten aufhielten. Schöne Weiber, welche ihm im Traume erschienen, hielt er für Teufel!

Manche mag auch die Eitelkeit verführt haben, Erscheinungen vorzugeben, um ihr Verdienst in den Augen der Menschen zu erhöhen. Wer vermag es, hier die Grenze zwischen wirklichen Äußerungen des Wahnsinns und Erdichtung anzugeben? Wie lange ist es denn her, daß die Hexenprozesse aufgehört haben? Mag da auch manche absichtliche Nichtswürdigkeit vorgegangen sein, so kann man doch für gewiß annehmen, daß noch viele der geachtetsten Theologen und Juristen an die Möglichkeit der Teufelserscheinungen und des Umganges mit bösen Geistern glaubten; denn wäre dies nicht der Fall, so müßte man sie für absichtliche Mörder halten. Hexenprozesse fanden noch im vorigen Jahrhundert statt, und der gemeine Mann glaubt noch an Hexen! Dem heiligen Antonius werden viele Wunder zugeschrieben. Die Kirchenschriftsteller erzählen, daß ihm die Tiere der Wüste gehorchten wie dressierte Pudel. Gar häufig umgaben sie zudringlich seine Höhle; warteten aber stets, bis er sein Gebet vollendet hatte, dann empfingen sie seinen Segen und zogen mit den christlichsten Gedanken auf Raub aus. Als er den im 113. Lebensjahr gestorbenen St. Paulus aus dem ägyptischen Theben begrub, halfen ihm zwei Löwen das Grab machen. Als sie fertig waren, empfingen sie seinen Segen und zogen, vergnügt wedelnd, tiefer in die Wüste. St. Macarius, der sich zur Unterdrückung des wollüstigen Kitzels mit bloßem Hintern in einen Ameisenhaufen setzte, genoß auch das Vertrauen der wilden Bestien. Einst kam eine Hyäne an seine Tür und pochte bescheiden an. Als der Heilige öffnete, legte sie ihm ein blindes Junges zu Füßen, zugleich aber auch ein Lammfell als Lohn für die Kur. «Du hast es geraubt, ich mag es nicht!» fuhr der Heilige die fromme Hyäne an, welche so bestürzt wurde, daß Tränen ihren Augen entrollten. Dies rührte Macarius, und er sprach freundlich zu ihr: «Willst du kein Lamm mehr rauben, so nehme ich das Fell und heile.» Die Hyäne nickt zustimmend, der Heilige heilt. Dieser geht in seine Zelle, jene trollt vergnügt in die Wüste und raubte von nun an keine Lämmer mehr, sondern wahrscheinlich – Schafe.

Das erste Wunder, welches der heilige Hilarion tat, klingt nicht so unglaublich. Eine junge Frau, die von ihrem Manne verachtet wurde, weil sie ihm keine Kinder gebar, holte sich Rat bei dem 22jährigen Heiligen. Er betete allein mit ihr, und nach neun Monaten kam sie richtig mit einem kleinen Heiligen nieder. Doch wozu noch mehr dieser

Wunder einzeln anführen? ... Hier reitet ein Heiliger auf einem Krokodil durch den Nil, dort führt ein anderer einen grimmigen Drachen an einem Bindfaden; hier läßt ein anderer Schnee anbrennen, Eisen schwimmen und Früchte auf Weidenbäumen wachsen; dort benutzt ein Heiliger einen lebendigen Adler als Regenschirm oder hat den Teufel vor seinen Pflug gespannt ... kurz, diese Heiligen machten nicht allein die Menschen, sondern auch die Natur konfus. Und all dieser Unsinn wurde geglaubt, denn daran zweifelte kein Mensch, daß so heilige Leute die ewigen Naturgesetze ganz nach Willkür verändern und unterbrechen könnten! Die im Orient entstandene Schwärmerei fand auch in Europa den lebhaftesten Anklang, und besonders wirkten dafür St. Ambrosius, Bischof von Mailand, dem wir den Ambrostanischen Lobgesang, das Te deum laudamus verdanken, und St. Hieronymus, von dem wir schon früher geredet haben. Beide wirkten sowohl durch eigenes Beispiel als durch ihre Schriften, Hieronymus lebte selbst längere Zeit in der syrischen Wüste und schrieb ein Werk, betitelt: «Lob des einsamen Lebens», welches für ein Meisterstück der Beredsamkeit gilt. Ich werde später noch manchmal Stellen aus seinen Schriften anführen müssen. Er war 331 zu Strydon in Dalmatien geboren, hielt sich lange Zeit in Rom auf und starb 422 in seinem Kloster zu Bethlehem.

Der Hang zum asketischen Leben nahm nun schnell in Europa Überhand, und Heilige und Klöster wuchsen wie Pilze. Der heilige Martin war der erste, weicher Klöster in Frankreich anlegte. Er war 316 in Panonien geboren und hatte das Kriegshandwerk ergriffen. Als er einst einem Armen die Hälfte seines Mantels gab, bildete er sich ein, Christi Stimme zu hören, welche ihm zurief: «Was du andern getan hast, hast du mir getan.» Dies bewog ihn, sein

Regiment zu verlassen und unter die Heiligen zu gehen. Sein Ruf verbreitete sich bald, und er wurde Erzbischof von Tours und ein sehr stolzer Heiliger. Als er vor Kaiser Valentinian erschien, wollte dieser sich nicht von seinem Throne erheben, um St. Martin zu begrüßen. Diesen verdroß solcher Hochmut, er betete, und – so erzählt die Legende – feurige Flammen schlugen aus dem Thronsessel empor, so daß Seine kaiserliche Majestät schnell in die Höhe fahren mußte, wollte sie nicht ihren allerdurchlauchtigsten Hintern verbrennen. Die Zahl der europäischen Heiligen ist sehr groß, und ich möchte gern ihr ganzes heiliges Leben und alle ihre Wunder erzählen; aber leider habe ich hierzu nicht Zeit und Raum und will mich daher damit begnügen, nur von denjenigen zu reden, die für die Welt als Stifter von Mönchsorden oder als sogenannte Apostel wichtig wurden, und auch dann noch ist die Zahl so groß, daß ich eine Auswahl treffen muß.

St. Benedikt ist der Vater der zahlreichen Benediktinermönche. Er wurde 480 in Nursia in Umbrien geboren und starb 543. Die Legende erzählt von ihm merkwürdige Dinge. Schon im Mutterleibe sang er Psalmen, und wenn er als Kind weinte, dann brachten ihm die Engel Bischofsstäbe, Bischofsmützen und Breviere zum Spielen und machten Musik auf Instrumenten, die erst viele Jahrhunderte später unter den Menschen erfunden wurden. Sein erstes Wunder war, daß er einen zerbrochenen Topf wieder ganz betete! Zum Beten besaßen diese Heiligen, wenn wir den Kirchenschriftstellern glauben wollen, eine ordentlich schauerliche Innigkeit und Ausdauer. Einige erhoben sich vor lauter Inbrunst einige Fuß über die Erde und blieben so in der Luft hängen. Ein irländischer Heiliger namens Kewden betete so lange, daß eine Schwalbe in seine gefalteten Hände Eier legen und auch ausbrüten konnte!

St. Benedikt wurde natürlich auch vom Teufel heftig verfolgt, der ihn, als er sich in eine Einöde vergraben hatte, beständig in Gestalt einer Amsel umschwärmte! Als er – nämlich der Heilige und nicht der Teufel – Abt eines Klosters wurde, verführte der Teufel einen Pfaffen, sieben schöne Mädchen in der Naturuniform im Klostergarten laufen zu lassen, so daß fast alle Mönche des Teufels wurden. Nahe daran waren sie! Sie machten Versuche, ihren strengen Abt zu vergiften, die natürlich alle mißlangen; denn bald betete er den Giftbecher entzwei, bald kam ein Rabe, der das vergiftete Brot fort in die Wüste trug. Benedikt stiftete eine große Menge von Klöstern, darunter das berühmte Monte Casino, und gab seinen Mönchen eine Regel, die für einen Heiligen und für seine Zeit sehr vernünftig ist. Seine Mönche sollten arbeiten, aber von Selbstquälerei und dergleichen ist darin nichts vorgeschrieben. Seine Klosterregel wurde bald die Grundlage aller anderen, und die Benediktinerklöster waren die Zufluchtsorte für Künste und Wissenschaften, welche ohne sie vielleicht ganz und gar im rohen Mittelalter von dem Christentum verschlungen sein würden. Wir mögen also immerhin alle St. Benedikt als einen Heiligen verehren.

Von seiner Klosterregel weicht die des irischen Mönchs Columbanus merklich ab. Dieser wäre würdig, der Patron der österreichischen Korporäle zu sein, denn nach seinem Zuchtbuche regnet es für das geringste Vergehen Dutzende von Hieben. Wer einem Bruder widersprach, ohne hinzuzufügen: «Wenn du dich recht erinnerst, Bruder», erhielt 50 Hiebe, und wer gar allein mit einem Frauenzimmer redete, 200, wohlgezählt. Der englische Mönch Winfried, der nachher St. Bonifatius hieß, wird gewöhnlich der Apostel der Deutschen genannt. Er führte die Klöster in Deutschland ein und mit ihnen allen Segen

Roms. Die Friesen erwarben sich das Verdienst, ihn nebst 53 Pfaffen totzuschlagen (am 5. Juni 759). Hätten sie es früher getan, dann wüßten wir vielleicht nichts von Ehelosigkeit der katholischen Geistlichen, Wallfahrten, Bilderdienst, Reliquien und dergleichen Dingen, die er in Deutschland heimisch machte.

St. Adalbert, der sogenannte Apostel der Preußen, war Bischof von Prag und ein ganz guter Mann, dem es nur an Verstand fehlte. Was er eigentlich für ein Landsmann war, weiß ich nicht; aber ich vermute ein Deutscher, denn er war so demütig, daß er am Hofe seines Freundes Kaiser Ottos III. den Hofleuten heimlich die Stiefel putzte. Ihn gelüstete sehr nach der Märtyrerkrone, und er schlug allerdings, obwohl aus heiliger Einfalt, den allerkürzesten Weg dazu ein, sie auf das schleunigste zu erlangen. Er zog mit zwei Gefährten Psalmen singend durch das Land der wilden, heidnischen Preußen. Dies wilde Volk hielt ihn anfangs gar nicht für einen Heiligen, sondern für einen Verrückten und wurde in diesem Glauben noch bestärkt, als Adalbert auf ihre Götterbilder schimpfte, ja sie wohl gar verunehrte und ihnen dafür Kreuz, Hostie, Marienbilder und anderen christlichen Hausbedarf anbot. Als die Preußen ihn auslachten, wurde er wild, schimpfte auf die Verstockten, und ehe er es sich versah, steckten ihm sieben heidnische Wurfspieße im heiligen Leibe. – Bruno, einem Benediktiner aus Magdeburg, ging es einige Jahre später nicht besser; die Preußen schlugen ihn nebst 18 seiner Gefährten ebenfalls tot. Wie haben sich die Zeiten geändert! Kommt jetzt St. Thieleus in eine preußische Stadt, dann werden die Glocken geläutet, und der Kommandant befiehlt große Parade! Ebenso wichtig als Förderer des Klosterwesens und als Heiliger, aber bei weitem wichtiger und bedeutender als Mensch ist der heilige Bernhard. Luther sagt von ihm: «War je ein wahrer gottesfurchtiger Mönch, so war es Bernhard, seinesgleichen ich niemals weder gehört noch gelesen habe, und den ich höher halte, denn alle Mönche und Pfaffen des ganzen Erdbodens.» Bernhard stammt aus einer altadligen burgundischen Familie und wurde 1091 zu Fontaines bei Dijon geboren. Er war ein Schwärmer, aber ein durchaus edler Mensch, dem es wahrer Ernst war, die verdorbenen Geistlichen und die Menschen überhaupt zu bessern. Er quälte seinen Körper auf grauenhafte Weise, indem er mit seinen Mönchen oft nur von Buchenblättern und dem elendesten Gerstenbrote lebte. Genoß er einmal zur Stärkung seines geschwächten Magens etwas Mehlbrei mit Öl und Honig, dann weinte er bitterlich über diese Schwachheit. Seine Frömmigkeit und sein scharfer Verstand erwarben ihm bald einen bedeutenden Ruf. Als er einst in Mailand einzog, waren ihm Hände und Arme geschwollen von den Küssen, mit denen ihn die zudringlichen Gläubigen überdeckten. Er hätte Erzbischof, ja Papst werden können, er schlug alle Würden aus. Aber als einfacher Bruder von Citeau übte er den bedeutendsten Einfluß aus. Er schlichtete Streitigkeiten zwischen Päpsten und Königen, zwischen Fürsten und ihren trotzigen Vasallen, und der wildeste Kriegsmann zitterte vor dem gewaltigen Mönch. Weder Kaiser noch Papst wagten es, in Bernhards Kloster Citeaux einzureiten, sie gingen demütig zu Fuß. Er war die Seele des zweiten der Kreuzzüge – dieser großartigen Narrheit, die 7.000.000 Menschen das Leben kostete, die aber aus religiösem Eifer von Bernhard gefordert wurde. Selbst über die hartnäckigsten Widersacher siegte seine Beredsamkeit, wie zum Beispiel über Kaiser Konrad III., der in Speyer seinen Kaisermantel ablegte und den Heiligen auf seinen Schultern durch das Gedränge trug. Seine verführerische Zunge entvölkerte die Städte von Männern, so daß in manchen kaum einer für sieben Weiber zurückblieb, denn «Alles, was die Wand bepißt», nahm das Kreuz.

Der heilige Bernhard verdiente ein eigenes Buch, und ich werde später noch hier und da manches zu erwähnen haben, was seine Verdienste besser ins Licht setzt. Hier will ich nur noch einige Wunder anführen, welche ihm die Legende zuschreibt und ohne welche er schwerlich in den Heiligenkalender gekommen wäre, trotz aller seiner Verdienste.

Die Erzählungen von den Siegen über den Teufel, welche er durch die Kraft seines Gebetes errang, sind unzählbar. Sein Gebet war aber auch so innig, daß es Steine erbarmte. Einst machte sich ein Christus aus Stein vom Kreuze los und stieg herab, um den frommen Beter zu umarmen. Ein steinernes Marienbild ging noch weiter. Es reichte dem Heiligen die Brust, und dieser trank daraus die reinste Frauenmilch! Als Bernhard einst in den Dom zu Speyer trat, grüßte er das dort befindliche Marienbild: «Sei gegrüßt, o Königin.» Wie erstaunten die Anwesenden, als das steinerne Bild plötzlich den Mund öffnete und ausrief: «Wir danken dir schön, unser lieber Bernhard!», aber noch mehr verwunderten sie sich, als der verdrießliche Heilige die Worte des Apostels zurückbrummte: «Weiber schweigen in der Versammlung.» Bernhard starb 1153. Er erschien seinen Mönchen mehrmals verklärt in Himmelsglanz, aber in der Mitte seines Leibes war ein Makel – weil er die Mutter Jesu niemals als Jungfrau hatte anerkennen wollen. St. Bernhard selbst hatte 160 Klöster angelegt, die eine zahlreiche Nachkommenschaft hatten, denn schon zehn Jahre nach des Heiligen Tode gab es 500, und 100 Jahre später gegen 2.000 Bernhardiner – oder Zisterzienserklöster. Die Mönche dieses Ordens zeichneten sich lange Zeit vor allen anderen durch Arbeitsamkeit und Sittenreinheit aus, so daß Könige und Fürsten in die Gemeinschaft desselben traten.

Den Segen, den diese Mönche und die Benediktiner dem rohen Mittelalter hätten bringen können, vernichteten die nun bald entstehenden Bettelorden, welche knechtische Unterwerfung der Vernunft unter den blindesten Glauben lehrten und damit die zügelloseste Sittenlosigkeit trefflich zu verbinden wußten. Sie verbreiteten eine dicke Finsternis über die Erde, welche die Päpste und ihre Verbündeten so sehr zu schätzen wußten, daß sie auf das sorgfältigste bemüht waren, dieselbe bis heute zu erhalten.

Die Idee der Bettelorden entsprang in dem Gehirn Johannes Bernardoni, eines verdorbenen Kaufmannssohnes aus Assisi in Umbrien. Er ist bekannt unter dem Namen des heiligen Franz von Assisi, oder des seraphischen Vaters. – Da er zum Kaufmann nichts taugte, so wurde er Soldat, geriet in Gefangenschaft und verfiel in eine schwere Krankheit. Als er genas, war er – ein Heiliger; das heißt vorläufig nur ein simpler Narr, der sich unter Bettlern und Aussätzigen umhertrieb, ihre Geschwüre küßte, sich mit ihren Lumpen bekleidete und seinen Vater bestahl, um das Gestohlene zum Ausbau einer verfallenen Kirche zu verwenden. Der Bischof von Assisi nahm den Dümmling in Schutz, und bald zog er im Lande umher, bettelnd für den Bau der eben erwähnten Kirche. Die Kollekte fiel so reichlich aus, daß er auf den Gedanken geriet, einen Bettelorden zu stiften. Papst Honorius sagte zwar zu ihm: «Ihr seid ein Einfaltspinsel», aber Papst Innozenz III., dazu durch einen Traum veranlaßt, bestätigte die von Franz aufgesetzte Mönchsregel, die er doch anfangs eine Regel für Schweine, aber nicht für Menschen genannt hatte. Anfangs wurde Franz verspottet und verhöhnt, aber in der Zeit von drei bis vier Jahren stieg der Ruf seiner Heiligkeit so sehr, daß ihm, wenn er einer Stadt nahte, Geistlichkeit und Volk feierlich entgegenkamen und mit allen Glocken geläutet wurde (1211). Seine Regel verbot es strenge, ein Eigentum zu haben, und die äußerste Demut war seinen Mönchen Gesetz. «Die Almosen», sagte Franz, «sind unser Erbe, Almosen unsere Gerechtigkeit, das Betteln unser Zweck und unsere Königswürde! Die Schmach und Verachtung unsere Ehre und unser Ruhm am Tage des Gerichts.»

Er selbst ging mit gutem Beispiel voran, denn er war demütig wie ein Hund. Je mehr ihn die Gassenjungen verhöhnten, desto lieber war es ihm, und ganz vergnügt wurde er, wenn sie ihn gar mit Schmutz bewarfen. Aus lauter Demut ließ er sich oft mit Füßen treten. Wenn er in Assisi umherging und bettelte, so steckte er alles Eßbare, das er erhielt, in einen Topf, und wenn ihn hungerte, so langte er zu und aß von dem seltsamen polnischen Salat. Einst wurde Franz von einem Kardinal zur Tafel geladen. Er ließ aber alle Gerichte stehen und aß zum Ekel der delikaten Gäste die Abfälle, die er sich gesammelt hatte. Die Tiere hatte er sehr lieb und nannte sie seine Brüder und Schwestern. Eine Laus, die sich auf seine Kutte verirrt hatte, nahm er bedächtig zwischen die Finger, küßte sie und sagte: «Liebe Schwester Laus, lobe mit mir den Herrn!», dann setzte er sie auf seinen Kopf, woher sie gekommen war. Gar oft predigte er den Gänsen, Enten und Hühnern, und als ihn einst die Schwalben und Sperlinge durch ihr Gezwitscher störten, bat er die «lieben Schwestern» um Ruhe. Einen Bauern, der zwei Lämmer zu Markte trug, fragte er: «Weshalb quälst du so meine Brüder?»

Seinen Körper nannte er «Bruder Esel», und wenn diesen Esel der Hafer stach, dann peinigte er ihn wacker. Er wälzte sich, wie es auch St. Benedikt tat, nackt auf Dornen, stieg bis an den Hals in gefrorene Teiche oder legte sich in den Schnee, bis jede wollüstige, ekelhafte Regung verschwunden war. Einst machte er sich in spaßhafter Laune Weib und Kinder von Schnee und umarmte sie so lange inbrünstig, bis sie zerschmolzen waren. Sein Orden mehrte sich außerordentlich schnell, denn schon im Jahr 1216, als er ein Generalkapitel desselben nach Assisi ausschrieb, kamen hier 5.000 Franziskaner zusammen, obgleich ein großer Teil davon nur Abgeordnete von Klöstern waren. Ihre Zahl wuchs aber bald wie Sand am Meer. Der Franziskanergeneral bot einst dem Papst Pius III. 40.000 Franziskaner zum Türkenkriege an und versicherte, daß die geistlichen Verrichtungen darunter nicht leiden sollten. Während der Pest 1348 starben in Deutschland 6.000 Franziskaner, und man merkte die Verminderung nicht. Die Reformation zerstörte unendlich viele ihrer Klöster, allein noch am Anfang des 18. Jahrhunderts rechnete man die Zahl derselben auf 7.000 Mönchs- und 900 Nonnenklöster. Franz starb 1226, und da er ein Heiliger war, so tat er denn natürlich auch eine Menge Wunder, wenigstens erzählen seine Jünger Wunderdinge von ihm. Christi Wunder verschwinden gegen die, welche der heilige Franz tat. Einst zog er sich in die Apenninen zurück und hungerte 40 Tage lang. Da erschien ihm ein Seraph, der ihm die fünf Wundmale Christi eindrückte, daß sie bluteten. Daher hieß Franz auch der seraphische Vater und sein Orden der Seraphinenorden. Die Verehrer dieses Heiligen gingen so weit, daß sie ihn wirklich über Christus setzten und ihm Wunder zuschrieben.

Franzens Nachfolger als Ordensgeneral war der Bruder Elias, ein schlauer, durchtriebener Patron, der sich die Einfalt Franzens trefflich zunutze machen wußte. Er und seine Nachfolger verstanden es herrlich, Franzens Ordensregeln auszulegen, und dabei wurden ihre Klöster so reich wie keine anderen.

Die ewigen Feinde und Widersacher der Franziskaner waren die ungefähr um dieselbe Zeit entstehenden Dominikaner, so benannt nach ihrem Stifter, dem heiligen Dominikus. Er hieß Dominikus Guzman und war 1170 in Alt-Castilien geboren. Er wurde zur Bekehrung der Waldenser (von denen ich später ausführlich reden werde) nach Frankreich geschickt und bekam hier die Idee, einen Mönchsorden zu stiften, dessen Wirksamkeit besonders auf das Volk berechnet sein und der sich mit Predigen und Unterrichtgeben und zu seinem Unterhalt mit dem einträglichen Betteln beschäftigen sollte. Er erhielt vom Papste die Bestätigung, und dieser scheußliche Orden trat ins Leben, dem die Welt die Inquisition und die Zensur verdankt!

Die letztere kennt jedermann, denn ein jeder hat darunter noch heute zu leiden; aber die Höllenanstalt, die Inquisition, wollen wir später in einem eigenen Kapitel kennenlernen. Dominikus selbst war der erste, welcher förmliche Ketzerjagden anstellte.

Er wollte seinen Orden mit dem des heiligen Franz vereinigen; aber dieser hatte keine Lust dazu. Beide Orden standen sich anfangs bei; aber bald gerieten sie aus Handwerksneid in die bitterste Feindschaft; auch wollten die gebildeteren Dominikaner stets etwas Besseres sein als die Franziskaner, von denen durchaus keine Gelehrsamkeit gefordert wurde. Der Dominikanerorden wuchs schnell, und 1494 gab es 4.143 Klöster desselben. St. Dominikus verdankt die Klosterwelt eine große Erfindung, nämlich neunerlei Stellungen beim Gebet, mit denen man zur Unterhaltung abwechseln konnte, damit die Sache nicht zu langweilig würde. Man konnte beten: stehend, kniend, auf dem Rücken, dem Bauch, den Seiten liegend, die Arme ins Kreuz ausgestreckt, gekrümmt stehend, halb kniend, bald aufspringend. Er selbst betete so inbrünstig, daß er von der

Erde verzückt wurde, das heißt einige Fuß hoch von dem Boden in der Luft schwebte. Er starb 1221 zu Bologna. Von seinen überirdischen Taten, nämlich seinen Wundern, wollen wir schweigen, wir haben genug an seinen irdischen. Fliehen wir aus der Gesellschaft dieses bleichen Henkersknechtes! Und wessen Christentum es erlaubt, der mag ihm aus vollem Herzen einen Fluch nachrufen, ich stimme von ganzer Seele ein! Ich hoffe, die Leser werden bereits genug haben an dem Unsinn, den ich ihnen von den achtungswertesten der Heiligen erzählte, und ich will ihre Geduld nicht weiter auf die Probe stellen, da ich ohnehin späterhin noch diesen oder jenen Heiligen erwähnen muß. Wäre ich darauf ausgegangen, die Heiligen und ihre Wunder lächerlich zu machen, dann hätte ich eine ganz andere Auswahl getroffen, dann hätte ich St. Antonius von Padua, welchen der heilige Franz selbst ein «Rindvieh» nannte, und seine Konsorten gewiß nicht ausgelassen. Schließlich will ich nur noch einige heilige Frauen erwähnen; ihre Zahl ist nicht weniger groß als die der männlichen Heiligen, und ihre Schwärmereien und Wunder sind noch bei weitem wunderbarer. Es ist hier nicht der Ort, die Ursachen auseinanderzusetzen, weshalb das weibliche Geschlecht weit mehr zur Schwärmerei geneigt ist als das männliche und der Verstand der Weiber leichter überschnappt. Die Erfahrung lehrt es uns täglich. Von somnambülen Männern habe ich noch nichts gehört, aber dergleichen Mädchen – nicht Frauen – gibt es in großer Menge. Eine große Zahl der heiligen Mädchen waren ganz sicher mondsüchtig. Eine der ältesten Heiligen ist St. Afra. Ihre Mutter hielt ein liederliches Haus in Augsburg, und auch sie war darin tätig. Der Zufall führte einst den spanischen Bischof Narzissus in dieses Haus. Er bekehrte die heidnischen Lustdirnen zum Christentum, und Afra, mit der er sich mehr beschäftigte, machte er zur Heiligen. Sie wurde später als Märtyrerin verbrannt. Die heilige Therese war eine Spanierin aus adliger Familie, geboren 1515 und gestorben 1582. Ihre Verehrer gaben ihr die seltsamsten Titel: Arche der Weisheit, himmlische Amazone, Balsamgarten, Orgel- und Kabinettssekretär des Heiligen Geistes usw. Schon als Kind wurde sie von der Schwärmerei ergriffen und wollte nach Afrika laufen, um dort den Märtyrertod zu sterben. Endlich, als sie 17 Jahre alt war, hielten es die Eltern nicht mehr aus und brachten sie in das Karmeliterkloster zu Avila. Sie hatte nun bald Erscheinungen aller Art, und als ihr gar einst eine Hostie aus der Hand des Bischofs von selbst in den Mund flog, da war die Heilige fertig. Sie ward endlich Äbtissin eines eigenen Klosters zu Pastrane, und nun konnte sie ihrer Heiligkeit freien Lauf lassen. Jesus war von ihrer Heiligkeit so entzückt, daß er ihr einst die Hand reichte und sie zu seiner Braut weihte, indem er sagte: «Von nun an bin ich ganz dein und du ganz mein.» Einst erschien ihr ein Seraph, der sie mit einem «glühenden Pfeil» einigemal tupfte; aber der Schmerz war so süß, daß sie wünschte, ewig so getupft zu werden. Die Spanier feiern noch heute dies Fest der Bepfeilung am 27. August. Ihre Nonnen mußten barfuß gehen und sich die strengste Zucht gefallen lassen. Der blindeste Gehorsam war ihnen Gesetz, und die geringste Abweichung davon wurde furchtbar bestraft. Eine Nonne, die über schlechtes Brot eine verdrießliche Miene machte, wurde nackend an die Eselskrippe gebunden und mußte hier zehn Tage lang Hafer und Heu fressen! Dies hatte dann zur Folge, daß jeder ihrer Befehle auf das pünktlichste befolgt wurde. Eine Nonne fragte sie einst, wer heute die Abendmette singen solle? Die Heilige war verdrießlich und antwortete: «Die Katze.» Die Nonne nahm also die Katze, ging damit an den Altar und zwickte sie in den Schwanz, so daß sie ihre schönsten Lieder von sich gab.

Selbstquälerei war in diesem Kloster an der Tagesordnung. Theresens Nonnen verbrauchten eine Unmasse Ruten. Sie schliefen auf Dornen oder im Schnee, tranken aus Spucknäpfen, nahmen tote Mäuse und anderes ekelhafte Zeug in den Mund, tranken Blut, tauchten ihr Brot in faule Eier und durchstachen sich die Zunge mit Nadeln, wenn sie das Schweigen gebrochen hatten! Eine höchst merkwürdige Antipathie hatte die heilige Therese gegen behoste Männer, und hätte sie die Macht gehabt, so hätte sie allen die Hosen abgezogen. Soweit sie Gewalt hatte, tat sie es auch. Die unter ihr stehenden Karmelitermönche mußten die Hosen ablegen und dafür ein kleines Schürzchen tragen von brauner Wolle. Aber sie war nur eine Feindin der Männerhosen, denn ihre Nonnen mußten Hosen tragen; ob sie selbst es tat, darüber haben uns die Karmeliter keine Nachricht hinterlassen. Sie war auch Schriftstellerin und schrieb Bücher, die manchem armen Mädchen den Kopf verrückten. Als sie gestorben war, erschien sie einer vertrauten Nonne und gestand ihr, daß sie mehr aus Inbrunst der Liebe als wegen Heftigkeit der Krankheit gestorben sei. Von der Liebe scheint sie mehr verstanden zu haben, als man einer Äbtissin sonst zutraut, denn irgendwo schreibt sie: «Der Teufel ist ein Unglücklicher, der nichts liebt, und die Hölle ein Ort, wo man auch nicht liebt.» Dieser Gedanke ist eines Dichters würdig!

Ungefähr um dieselbe Zeit wie Therese lebte die Italienerin Katharina von Cardone. Sie war aus Liebe verrückt, wohnte in einer Höhle und trug ein Kleid von Ginster, mit Dornen und Eisendraht durchflochten. Sie fraß Gras wie ein Tier, ohne sich der Hände zu bedienen, und einmal fastete sie gar 40 Tage lang. So lebte sie drei Jahre!

Die heilige Katharina von Genua war in Liebe zu Christus dermaßen entbrannt, daß sie rein toll wurde. Sie glühte wie ein Ofen, und oft wälzte sie sich an der Erde und schrie: «O Liebe! Liebe, ich halte es nicht mehr aus!» Die heilige Passidea, eine Zisterzienser-Nonne aus Siena, quälte sich, noch ehe sie ins Kloster ging, ärger als die Väter der Wüste. Sie geißelte sich mit Dornen und wusch dann die Wunden mit Essig, Salz und Pfeffer; sie schlief auf Kirschkernen und Erbsen, trug ein Panzerhemd von 60 Pfund Schwere, stieg in gefrierende Teiche, um sich mit einfrieren zu lassen; ja sie trieb den Unsinn so hoch, daß sie sich, mit dem Kopf nach unten, lange Zeit in den rauchenden Schornstein hängte! Als sie Nonne war, erschien ihr einst Christus und drückte ihr seine fünf Wundmale ein. Zwei Nonnen sahen durch das Schlüsselloch, wie Jesus verschwand und wie die Wunden bluteten! Die heilige Klara war aus Assisi und schwärmte mit dem heiligen Franz. Sie lief zu ihm und bat, daß er sie zur Nonne machen und Söhne und Töchter mit ihr zeugen möchte – natürlich geistlicherweise! Ihre Schwester Agnes wurde bald darauf von derselben Schwärmerei ergriffen, und die armen Eltern waren ganz unglücklich. Die Verwandten wollten beide Närrinnen mit Gewalt aus dem Kloster holen, aber da wurde – so erzählt die Legende – Agnes plötzlich so schwer, daß 12 Männer sie nicht von der Stelle bringen konnten, und der Oheim, der sein Schwert gezogen hatte, blieb stehen, als höre er Hüons Zauberhorn.

Die heilige Klara lebte sehr streng. Als Hemde trug sie eine Schweinshaut oder auch ein Gewebe von Roßhaaren, und aus Demut küßte sie der schmutzigsten Viehmagd die Füße, welche sie dann erst wusch, als wären sie erst durch ihren Kuß verunreinigt worden. Als sie starb, fanden sich in ihrem Herzen im kleinen alle Passionsinstrumente, wie in einem Hechtskopf, und in ihrer Blase drei geheimnisvolle Steinchen, sämtlich von gleichem Gewichte, aber wovon eins so schwer als alle drei, zwei nicht schwerer als eins und das kleinste davon so schwer als alle drei waren. – St. Klara war die Mutter der weiblichen Franziskaner und ihr verdanken wohl 900 Klarissen-Klöster ihr Entstehen.

Die heilige Katharine von Siena war auch mit Jesus verlobt worden, der ihr einen kostbaren Diamantring an den Finger steckte, welchen aber niemand sah als sie allein. Sie pflegte die ekelhaftesten Kranken, wofür sie Jesus mit dem rosinfarbenen Blute aus seiner Seitenwunde tränkte. Seitdem nahm sie von Aschermittwoch bis Himmelfahrt weiter keine Nahrung, sondern lebte bloß vom Abendmahl. Christus drückte ihr auch seine fünf Wunden ein. Aber darüber kamen die Dominikaner mit den Franziskanern in einen Streit, der 40 Jahre dauerte und welchen Papst Urban VIII. dahin entschied, daß Katharines Wundenmale nicht geblutet hätten wie die des heiligen Franz. Auch wurde den Malern befohlen, die Heilige nur mit fünf Strahlen vorzustellen!

Die heilige Agnes ließ der Stadtrichter, weil sie seinen Sohn heiraten wollte, nackend in ein Bordell bringen. Aber plötzlich bekam sie so lange Haare, daß sie sich darin einwickeln konnte wie in einen Mantel, und das ganze liederliche Haus verwandelte sie in ein Bethaus. Die heilige Paula, die einst ein Jüngling notzüchtigen wollte, erhielt auf ihr Gebet einen garstigen, langen Bart, vor dem sich der Liebhaber entsetzte und floh. Die heilige Brigitte befreite ein neapolitanisches Mädchen von einem in Gestalt eines Jünglings auf ihr liegenden Teufel. Wir wollen die Reihe der Heiligen schließen mit der heiligen Rosa von Lima, einer Dominikanerin, die auf knotigem Holz und auf

Glasscherben schlief und als Nachttrunk einen Schoppen Galle trank. Jesus war von ihrer Heiligkeit so erbaut, daß er an einem Palmsonntag als Steinmetzgeselle zu ihr kam und sich mit ihr verlobte, indem er sprach: «Rosa, Schatz meines Lebens, du sollst meine Braut sein.» Maria war mit dabei und gratulierte ihr, indem sie sagte: «Siehe, was für eine große Ehre dir mein Sohn antut.» Las sie, so erschien Jesus auf dem Blatte und lächelte sie an; nähte sie, so setzte er sich auf ihr Nähkissen und scherzte mit ihr. Besuchte Jesus eine andere Nonne – denn er hatte gar zu viele Bräute –, so war sie vor Eifersucht außer sich, bis er wiederkam. Ihre heilige Schwiegermutter diente ihr 21 Jahre lang als Kammerfrau, und wenn die Frühmette kam, rief sie: «Stehe auf, liebe Tochter, es ist Zeit.» Das Kloster wimmelte von Flöhen, aber kein einziger dieser freigeisterischen Husaren unterstand sich, die Braut Christi zu stechen. – So steht es in der päpstlichen Bulle, welche ihre Heiligsprechung enthält!

Außer diesen Heiligen und noch vielen 100 anderen, die ich nicht nannte, betet der Katholik noch zu einigen, die niemals lebten und die einer lächerlichen Fabel ihren Ursprung verdanken, wie St. Christopherus, St. Georgius, St. Mauritius mit 6.600 Gesellen, die sieben Schläfer, Ursula mit ihren 11.000 Jungfrauen und St. Guinefort von Verona, der ein veritabler Hund war! Jeder gute Katholik, der das Vergnügen haben will, nach seinem Tode unter die Heiligen versetzt zu werden, kann dies erlangen; denn derjenige, der sich die Stelle des Vizegottes auf Erden angemaßt hat, der Papst, macht ihn für 100.000 Gulden zum Heiligen. Wunder finden sich! Die Christen der ersten Jahrhunderte wußten von Heiligen nichts. Sie verehrten allerdings die sogenannten Märtyrer oder Blutzeugen, welche ihres Glaubens wegen hingerichtet wurden, sie erwähnten dieselben bei ihren Versammlungen und stellten sie der Gemeinde als Muster hin; und das war durchaus zu billigen und sehr natürlich. Erst als Konstantin zum Christentum übertrat und viele der heidnischen Gebräuche in die christliche Kirche übergingen, kam auch der Heiligendienst in Aufnahme. Die Heiden waren es gewohnt, ihren Heroen zu opfern; die christlichen Priester trugen diesen Gebrauch auf die Glaubenshelden über.

Der Heiligendienst mußte als ein Unsinn betrachtet werden, solange jeder Mensch Gott gleich nahezustehen glaubte, und konnte erst Eingang finden, als die Pfaffen entstanden, als sie dem Volke weismachten, daß sie auf Erden die Makler wären zwischen Gott und den übrigen Menschen. Von da war es denn auch nicht weit zu dem unsinnigen Glauben, daß die Heiligen im Himmel gleichsam wie Minister und Kammerherren den Hofstaat Gottes bildeten und daß, wer bei Sr. himmlischen Majestät etwas durchsetzen wolle, nur diese durch Gebete und Opfer zu bestechen braucht.

Ärger konnten die Pfaffen das Heiligste nicht verhöhnen als durch diesen Heiligendienst, der unvernünftiger und lächerlicher ist als die Anbetung der Sonne oder anderer Naturgegenstände. Nicht weniger unvernünftig wäre dieser christliche Götzendienst, aber doch nicht ganz so entwürdigend, wenn die angebeteten Heiligen Männer gewesen wären wie Christus oder Sokrates; aber was waren diese Heiligen? Von vielen unter ihnen lehrt uns die Geschichte, daß sie die verworfensten, lasterhaftesten Menschen, ja daß sie geradezu Schufte waren. Selbst die besten waren Schwärmer oder Narren. Solche Heilige gibt es noch heutzutage in großer Menge, nur daß man sie nicht anbetet, sondern in Tollhäuser sperrt. Carl Julius Weber, einer unserer geistreichen Schriftsteller, charakterisiert diese Art

Heilige derb, aber richtig. «Bei weiblichen Mystikern», sagt er, «sitzt der Jammer gewöhnlich auf dem Fleckchen, das man nicht gerne nennt, und bei männlichen hat den Fleck Hudibras getroffen –

So wie ein Wind in Darm gepreßt
Ein – wird, wenn er niederbläst,
Sobald er aber aufwärts steigt,
Neu Licht und Offenbarung zeugt.«

3. Kapitel

Die heilige Trödelbude

Und drauf ging Göckingk's Prior weiter
Und blieb an einem Schranke steh'n,
Und zeigte mir ein Stückchen von der Leiter,
Die Jakob einst – im Traum geseh'n.

Als die Pfaffen einmal entstanden waren, verwandelten sie bald die einfache, rein moralische Religion Christi in einen übersteigerten Glauben an Jesus und in eine politische Priesterherrschaft, die nicht allein von den Priestern der Heiden ihre Zeremonien, sondern auch ihre Manipulationen meisterhaft erlernte. Ist erst einmal in den Deich der Vernunft eine kleine Öffnung gerissen worden, so wird er auch bald ganz zerstört, und die schmutzigen Fluten des Aberglaubens und der Dummheit brechen unaufhaltsam über die Welt herein. Mir geht es wie einer jungen Frau auf der Messe, welcher ihr Mann nur eine bestimmte Summe zu Einkäufen bewilligt hat. Ihre Augen haften verlangend bald an diesem, bald an jenem Gegenstande; sie möchte gern alles kaufen, was ihr gefallt, aber stets steht die Kasse mit den Wünschen in Mißverhältnis, und das, was sie endlich erwählt, erscheint ihr unbedeutend und macht ihr keine rechte Freude, wenn es am Ende auch denen, die nicht auf der Messe waren, recht gut gefällt. Vor mir sehe ich nun einen ganzen Trödelmarkt ausgebreitet; ich möchte gern diesen und jenen Gegenstand für meine Leser kaufen – aber ich darf ja kein dickes Buch schreiben, mir sind nur wenige Bogen eingeräumt.

Damit es mir nun nicht ergeht wie jenem philosophischen Esel, der zwischen zwei Bündeln Heu verhungerte, weil er sich zu keiner Wahl entschließen konnte, so lasse ich das Los entscheiden, welches auch das Schicksal Christi Rock's entschied. – Sehen wir, was der Zufall mir bringt! – Ein Marienbild und Reliquien der seltsamsten Art, verziert durch manchen wunderbaren Schmuck. – Betrachten wir also diese heiligen Dinge genauer. Die Christen der ersten Jahrhunderte wußten nichts von einer Anbetung der Jungfrau Maria oder der Heiligen, sondern verspotteten die Heiden wegen ihrer vielen Untergötter, die gleichsam Jupiters Hofstaat bildeten, und wegen der göttlichen Verehrung der Kaiser, mit der es übrigens gar nicht so arg war. Man gab ihnen den Beinamen «der Göttliche», setzte ihren Namen in den Kalender und errichtete ihnen Bildsäulen. Mit Ludwig XIV. hat man weit ärgeren Götzendienst getrieben, und wir haben noch in der neuesten Zeit Beispiele, daß Leute vom Gericht gezwungen wurden, vor dem Bilde eines lebenden Königs niederzuknien und Buße zu tun! Die ersten Heiligen waren meistens unbekannte Menschen, und wunderbar ist es, daß man auf die Anbetung der Maria erst weit später verfiel, denn eine Jungfrau, die Gott sich unter den vielen Millionen der Erde vorzugsweise zum «Gefäß seiner Gnade» ersah, war doch auf jeden Fall mehr der Anbetung würdig als ein schmieriger Einsiedler, der in einem Ameisenhaufen sitzt. Noch im vierten Jahrhundert dachte man nicht daran, die Jungfrau Maria göttlich zu verehren, ja man war auf dem besten

Wege, sie zu verketzern. Man sagte ihr Dinge nach, welche die Christen der damaligen Zeit sehr gottlos fanden. Der berühmte Kirchenvater Tertullian warf ihr vor, daß sie an Christus nicht geglaubt habe! Origenes und Basilius beschuldigen sie unheiliger Zweifel bei den Leiden ihres Sohnes, und Chrysostomus hält sie des Selbstmordes für fähig, indem er erzählt, daß der Engel ihr die Empfängnis Christi früher verkündet, als sie ihre Schwangerschaft bemerkt, weil sie sonst bei der plötzlichen Entdeckung leicht aus Scham ihrem Leben hätte ein Ende machen können. Die Verehrung der Maria beginnt erst im fünften Jahrhundert, und bald hatte sie nicht allein alle Heiligen, sondern selbst Gott und Jesus überflügelt. «Wer Maria nicht verehrt, dem wird keine Vergebung», sagten die Priester.

Die Liebe verfällt schon auf wunderbare Beinamen, und mein Täubchen, mein Mäuschen, mein Hämmelchen usw. sagt noch heute gar mancher Jüngling zu seiner Geliebten; aber die der Maria beigelegten Beinamen sind oft so seltsam und so komisch, daß ich nicht begreife, wie jemals Katholiken die marianische Litanei ohne Lachen herplappern konnten. Sie wird unter anderm genannt: du geistliches Gefäß, ehrwürdiges Gefäß, fürtreffliches Gefäß der Andacht, geistliche Rose, Turm Davids, elfenbeinerner Turm, goldenes Haus, Arche des Bundes, Thron Salomons, brennender Dornbusch, Honigfladen Simsons, Tempel der Dreieinigkeit, geweihte Erde, Seehafen, Sonnenuhr, Himmelsfenster usw.

Der Name «Mutter Gottes» ist jetzt ganz gewöhnlich geworden; allein im fünften Jahrhundert erregte er großes Ärgernis, und der fromme Kirchenvater Nestorius fand ihn lächerlich und unschicklich und «Mutter Christi» vernünftiger. Der Kirchenversammlung von Ephesus entschied aber für Mutter Gottes. Natürlich war es, daß man nun auch auf die Verehrung der «Großmutter Gottes» verfiel; aber Papst Clemens XL. gebot Einhalt, und ohne ihn beteten die Katholiken vielleicht heute zu allen Onkeln und Tanten Gottes.

Christus ist Gottes Sohn nach der Lehre der christlichen Kirche, und doch ist er wieder Mensch, aber er ist eins mit Gott dem Vater und Gott dem Heiligen Geist. Über diese Menschwerdung Gottes und über das Wesen der Dreifaltigkeit ist mancher schon einfältig geworden. Die Menschwerdung Gottes erklärt der heilige Bernhard ebenso einfach als geistreich, indem er sagt: «Aus Gott und Mensch wurde eine Heilsalbe für alle; diese beiden Spezies wurden im Leibe der Jungfrau Maria wie in einer Reibschale gemischt, und der Heilige Geist war die Mörserkeule.» Minder geistreich, wenn auch ebenso einfach, ist jenes Franziskaners Erklärung der Dreieinigkeit, die er vergleicht mit Hosen, die zwar drei Öffnungen hätten, aber doch nur ein Stück wären!

Maria wurde Veranlassung zu unendlich vielen Zänkereien zwischen den Gelehrten und Pfaffen. Besonders heftig war der Streit über die «befleckte oder unbefleckte Empfängnis der Jungfrau»; das heißt nicht darüber, ob Maria Jesus ohne Verlust ihrer physischen Jungfrauschaft empfangen habe – denn darüber war man ziemlich einig –, sondern ob sie selbst auch «ohne Erbsünde» empfangen worden sei oder nicht. Die Dominikaner sagten mit, die Franziskaner ohne Erbsünde, und sie stritten Jahrhunderte lang darüber mit Waffen aller Art. Noch im Jahre 1740 machten gelehrte Männer diese wichtige Sache zum Gegenstand ihrer ernsthaften Untersuchung. Die Art und Weise, wie Maria Jesus empfangen habe, war auch ein Gegenstand großen Kopfzerbrechens. Einige meinten durch das Ohr, andere durch die Seite. Dann zankte man sich auch sehr darüber, ob Maria noch nach der Geburt Christi Jungfrau geblieben sei. St. Ambrosius verteidigte diese Meinung sehr hartnäckig und bringt für dieselbe höchst wunderbare Gründe vor. Er sagt unter anderem: «Da er (nämlich Christus) gesagt hat, ich mache alles neu, so ist er auch von einer Jungfrau auf unbefleckte Weise geboren worden, damit man ihn desto mehr für den ansehe, der da ist Gott mit uns. Sie sagen: als Jungfrau hat sie empfangen; aber nicht als Jungfrau geboren. Ist das eine möglich, so ist ja auch das andere möglich. Denn die Empfängnis geht ja vorher und die Geburt folgt nach. Man sollte doch den Worten Christi, man sollte doch den Worten des Engels glauben, daß bei Gott kein Ding unmöglich sei (Luc. 1, 37). Man sollte dem apostolischen Symbolum glauben. Sagt ja der Prophet, eine Jungfrau werde nicht nur empfangen, sondern auch gebären (Jes. 7, 14). Jene Pforte des Heiligtums, welche verschlossen bleibt, durch welche niemand gehen wird als allein der Gott Israels (Ezech. 44, 1. 2), was ist sie anders als Maria, durch welche der Erlöser in diese Welt eingegangen ist? Sind doch so viele Wunder gegen die Gesetze der Natur geschehen, was ist's denn Wunder, wenn eine Jungfrau wider den Lauf der Natur einen Menschen geboren hat?» Maria wurde von allen Kirchenlehrern, welche die Unterdrückung des Geschlechtstriebes predigten, als das höchste, unerreichbare Muster des jungfräulichen Lebens aufgestellt und bald von den Mädchen und Weibern weit mehr als Gott verehrt. Dieser Götzendienst war natürlich denen, welche die Lehre Christi rein bewahren wollten, ein Greuel und – daher die Opposition gegen Maria. Helvedius schrieb (383) zur Verteidigung des Christentums ein Buch, in welchem er beiläufig behauptete, daß Maria nach Jesu Geburt noch mit Joseph einige Kinder hatte, wobei er sich sowohl auf Matth. 1, 25 berief, wo es heißt:

«Joseph wohnte der Maria nicht bei, bis sie ihren ersten Sohn geboren», wie auch auf andere Bibelstellen, wo oftmals von Brüdern und Schwestern Jesu die Rede ist. Der heilige Hieronymus geriet außer sich über diese Frechheit. Er schrieb gegen Helvedius und ruft den Heiligen Geist an, «daß er das Quartier des heiligen Leibes, indem er zehn Monate gewohnt habe, gegen allen Argwohn eines Beischlafes schützen», und Gottvater, «daß er die Jungfräulichkeit der Mutter seines Sohnes kundtun möge.» – Ähnliche Lehren wie Helvedius trug ein römischer Mönch, Jovinian, vor, und nun entspann sich um die Jungfrauschaft der Maria ein heftiger Kampf, der damit endete, daß Jovinian und seine Anhänger aus der Gemeinschaft der christlichen Kirche ausgeschlossen und seine Lehren als Ketzerei verdammt wurden.

Es ist nicht möglich, ernsthaft zu bleiben, wenn man liest, über welche seltsamen Dinge die Geistlichen schrieben und disputierten! Pater Suarez handelt sehr gelehrt die Frage ab, ob Maria mit oder ohne Nachgeburt geboren habe, und erzählt, daß Fromme verschiedene Speisen in Form der Nachgeburt genossen hätten! – Übrigens ist er ein Antinachgeburtianer, da der Prophet Ezechiel prophezeit habe: «Diese Türe wird verschlossen sein und nicht aufgemacht werden.»

Doch man glaube ja nicht, daß dieses der größte Unsinn ist, über welchen Pfaffen stritten, und verhöhne nicht die jüdischen Rabbiner, welche ernstlich untersuchten, ob Adam schon mit Stahl und Stein sich Feuer geschlagen habe? Ob das Ei, welches eine Henne am Festtag gelegt, gegessen werden dürfe? Ich kann eine ganze Galerie solcher Streitfragen anführen, die den genannten an Abgeschmacktheit durchaus in nichts nachstehen und die mit der allergrößten Erbitterung abgehandelt wurden, wobei es gar häufig zu Schlägereien oder gar Blutvergießen kam. Die Pfaffen stritten darüber, ob Adam einen Nabel gehabt habe? Zu welcher Klasse von Schwalben die gehörte, die Tobias ins Auge machte? Ob Pilatus sich mit Seife gewaschen, als er Jesum das Urteil sprach? Oh ein Kind bei widernatürlicher Lage auf den Hintern getauft werden dürfte? Was das für ein Baum gewesen, auf den der kleine Zachäus stieg, als er Christus sehen wollte? Mit welcher Salbe Maria Magdalena den Herrn gesalbt? Ob der ungenähte Rock, über den die Kriegsknechte das Los warfen, Christi ganze Garderobe gewesen sei? Wieviel Wein auf der Hochzeit zu Canaan getrunken worden sei? Was wohl Jesus geschrieben, als er mit dem Finger in den Sand schrieb? Wie Jesus das Erlösungswerk hätte vollbringen können, wenn er als Kürbis zur Welt gekommen wäre? Ob Gott wie ein Hund helfen könne? Ob nicht schon ein einziger Blutstropfen hingereicht habe für die Sünde der Welt? Ob Gott der Vater sitze oder stehe? Ob er einen Berg ohne Tal, ein Kind ohne Vater hervorbringen und eine Entjungferte wieder zur Jungfrau machen könne? Ob die Engel Menuett oder Walzer tanzten? Ob sie lauter Diskant oder Baßstimmen hätten? Was man wohl in der Hölle treibe, und zu welchem Thermometergrade die Hitze dort wohl steige? – O sie stritten noch über ganz andere Fragen, die ich gar nicht hersetzen darf, weil sie mir der Herr Zensor als «Verstoß gegen die guten Sitten» wegstreicht. Die Lehren vom Abendmahl, von der Taufe, und wie die christlichen Mysterien alle heißen, boten gleichfalls Gelegenheit genug zu Streitigkeiten. Man zankte sich darüber, ob auch der Teufel rechtmäßig taufen könne? Ob man im Notfall auch mit Wein, Bier, Sand usw. taufen könne oder ob auch bloßes Ausspucken genüge? Ob eine Maus, die vom Taufwasser gesoffen, für getauft zu halten sei? Was zu tun, wenn ein Kind das Taufwasser verunreinigt? Das tat der nachherige deutsche Kaiser Wenzel, und deshalb wurde ihm auch alles mögliche Unheil prophezeit. Doch die Untersuchung der Jungfrauschaft der «Mutter Gottes» hat mich auf Abwege geführt – kehren wir wieder zu ihr zurück. Albertuns Magnus (Albrecht von Lauingen), Bischof von Regensburg, der 1280 zu Köln starb, hat sich sehr gründlich mit der Jungfrau Maria beschäftigt und untersucht, ob sie blond oder brünett, ob sie schwarzäugig oder blauäugig, ob sie schlank oder dick, groß oder klein gewesen sei. Was er eigentlich ausgemacht hat, finde ich nirgends, und habe keine Lust, die 21 Foliobände deshalb durchzulesen, die uns von seinen 800 Büchern erhalten worden sind. Nach den Überresten von ihrem Haar zu urteilen, ist es scheckig gewesen, denn man zeigt braune, blonde, schwarze und rote. Diejenigen Haare, mit welchen sie an einem Marientage höchst eigenhändig das Hemde des Erzbischofs St. Thomas flickte, waren übrigens maliziös blond.

Schön war Maria indessen auf jeden Fall, und wenn sich auch kein authentisches Porträt von ihr erhalten hat, so stimmen doch darin alle heiligen Kirchenväter überein, und als Heiligen erschien ihnen natürlich «die Himmelskönigin» sehr häufig. St. Damiani, der 1069 starb, erzählt, «daß Gott selbst durch die Schönheit der heiligen Jungfrau in heftiger Liebe zu ihr entbrannt sei. In einem hierauf berufenen himmlischen Konvent habe er den verwunderten Engeln von der Erlösung des Menschengeschlechts und der Erneuerung aller Dinge erzählt und ihnen von Maria Kunde gegeben. Der Engel Gabriel erhielt sogleich einen Brief, in dem ein Gruß an die Jungfrau, die Fleischwerdung des Erlösers, die Art der Erlösung, die Fülle der Gnade, die Größe der Herrlichkeit und die Größe der Freuden enthalten waren. Gabriel kam zu Maria, und sobald er mit ihr gesprochen hatte, fühlte sie den in ihre Eingeweide hineingefallenen Gott und dessen in der Enge des jungfräulichen Bauches eingeschlossene Majestät». Die Zahl der Wunder, welche der heiligen Jungfrau zugeschrieben werden, sind unendlich groß, und es fällt mir schwer, eine Auswahl zu treffen. Später findet sich vielleicht Gelegenheit, eines oder das andere zu erwähnen. Vorhin redete ich von dem Streit zwischen Dominikanern und Franziskanern wegen der «befleckten oder unbefleckten Empfängnis» der Maria. Dabei fällt mir eines ihrer Wunder ein, welches die Franziskaner triumphierend erzählten. Ein Dominikaner predigte mit der größten Heftigkeit gegen die unbefleckte Empfängnis und forderte gleichsam die Himmelskönigin heraus, ein Zeichen zu geben, wenn es nicht wahr sei, was er geredet. Kaum hatte er diese Lästerung ausgesprochen, als der Boden der Kanzel brach und der dicke Pater bis zur Mitte des Leibes hindurchfiel. Der Oberkörper mit der Kutte blieb oben, so daß die entblößte Vorder- und Hinterfront der unteren Etage des geistlichen alten Hauses dem Gelächter seiner Gemeinde preisgegeben war.

Die Legende erzählt, daß Engel das ganze Haus der Maria aus Bethlehem nach Italien getragen hätten. Anfangs ließen sie es bei Tersatto in der Nähe von Fiume stehen; aber im Jahre 1294 trugen sie es nach Loretto. Als das heilige Haus vorbeigetragen wurde, bogen sich die Balken – damals noch in ihrer Jugend als Bäume – vor demselben! Höchst merkwürdig ist es aber, daß zwei Jahrhunderte lang kein Schriftsteller von diesem höchst wunderbaren Transport erzählt! Die Inschrift des heiligen Hauses heißt: «Der Gottesgebärerin Haus, worin das Wort Fleisch geworden.» Über das unscheinbare Haus, welches neueren Forschungen zufolge sich im Baumaterial und Form von den anderen Bauernhütten um Loretto gar nicht unterscheiden soll, erhebt sich eine prachtvolle Kirche, und Tausende von Wallfahrern strömten hierher, um ihre Rosenkränze in dem Breinäpfchen Christi umzurühren und, was für die Kirche die Hauptsache war, ein mehr oder minder beträchtliches Sümmchen zu opfern. So wurde denn durch einen jedem vernünftigen Menschen offenbaren Betrug ein unermeßlicher Schatz zusammengebracht.

Doch die guten Katholiken waren von ihren Pfaffen so gut gezogen, daß sie lieber ihren Augen als einem Pater mißtrauten. Der Mönch Eiselin zog im Jahre 1500 zu Aldingen in Württemberg umher mit einer Schwungfeder aus dem Flügel des Engels Gabriel. Wer diese küßte, sagte er, dem sollte die Pest nichts anhaben. Ein solcher Kuß wurde natürlich nicht umsonst gestattet. Diese kostbare Feder, die den Pfaffen mehr eintrug, als mir die meine, wurde gestohlen! Eiselin war gar nicht verlegen. Im Beisein der Wirtin füllte er sein Kästchen mit Heu, welches wahrscheinlich auf ihrer eignen Wiese gewachsen war, und gab es aus für Heu aus der Krippe, in welcher Jesus gelegen: wer es küßte, sollte pestfrei sein. Alles drängte sich zum Kuß herzu, und selbst die Wirtin küßte, so daß Eiselin erstaunt flüsterte: «Und auch du, Schatz?» – Dieses wahre Geschichtchen bringt mich auf die Reliquien und den abscheulichen Unfug, der noch jetzt damit getrieben wird. Reliquiennarren sind wir alle; aber diese Narrheit gehört zu unseren liebenswürdigen Eigenarten, und diejenigen kalten Menschen, welche die Reliquien geliebter oder großer Personen verachten, haben kein Herz. Ich bin überzeugt, daß ein jeder Mensch von einigem Gefühl irgendeine Reliquie werthält, sei es nun die Locke einer Geliebten, eine gestickte Brieftasche, eine trockene Blume, ein Messer oder ein Pelschaft eines verstorbenen Freundes oder irgendein anderer Gegenstand. Die größten Reliquiennarren sind wohl die Engländer. Welche Summen geben sie nicht für manchen unbedeutenden Gegenstand aus, der diesem oder jenem großen Manne gehörte! Andere haben wieder eine Vorliebe für Dinge, an welche sich irgendeine gräßliche Erinnerung knüpft. Ich hörte von einem Engländer erzählen, der sich alle möglichen Werkzeuge sammelte, die dazu gedient hatten, einem Menschen das Leben zu nehmen. Seine Sammlung bestand aus blutigen Messern, Pistolen und Stricken, und er hat gewiß bedauert, daß sich so viele Selbstmörder ersäufen – bloß weil ihm dadurch Reliquien entgehen. Die Autographensammler, was sind sie anders als Reliquiennarren?

Wie alles an und für sich Schöne und Gute in der Übertreibung lächerlich wird, so auch diese Sucht, Reliquien zu sammeln. Wollte ich mir die Mühe geben, so würde es mir nicht schwerfallen, höchst seltsame Andenken namhaft zu machen, die von diesem oder jenem großen Manne aufbewahrt werden. Man hat aber unrecht, wenn man die Kleiderreliquien als die lächerlichsten bezeichnet. Die Reliquienverehrung ist eine solche, die sich mehr auf den Körper bezieht, und dasjenige Andenken, welches mit demselben in der genauesten Berührung war, hat für den eifrigen Verehrer den meisten Wert. Mögen wir daher auch über den Berliner Enthusiasten lachen, welcher sich aus dem Mundstück der von Fräulein Sonntag gebrauchten Klistierspritze eine Zigarrenspitzemachen ließ, so tun wir doch unrecht, wenn wir den Leipziger Schillerverein deshalb lächerlich machen, weil er eine alte Weste von Schiller andächtig verwahrt.

Ich kann wenigstens versichern, daß ich immer eine große Aufregung empfunden habe, wenn man mir – selbst die Kleidungsstücke wahrhaft großer oder doch berühmter Männer zeigte. Lächerlich fand ich es freilich, als ich als

Kadett in die Potsdamer Garnisonskirche geführt wurde, um dort eine öffentlich ausgestellte Uniform nebst Federhut des damals erst kürzlich verstorbenen Kaisers Alexander von Rußland zu verehren! Hätte die russische Knute als Reliquie dabeigelegen, dann hätte mir vielleicht auch der Anblick der Uniform erhebendere Empfindungen eingeflößt.

Napoleons Degen, den Blücher dem Berliner Kadettencorps schenkte und der dort im Feldmarschallsaale zu den Füßen Friedrich Wilhelms III. platziert ist, erweckte in mir ganz andere Gefühle, und als ich mich in dem silbernen Waschbecken des großen Kaisers wusch, welches bei Besse Alliance mit erbeutet wurde, da überkam mich ordentlich ein Schauer. In Sanssouci konnte ich es mir nicht versagen, mich in den Lehnstuhl zu setzen, in welchem der große Friedrich gestorben ist; ja im Thronsaal setzte ich mich gar auf Preußens Thron, von dem ich indessen schleunigst entfernt wurde. Kurz, wir sind alle Reliquienverehrer.

Sowohl Griechen als Römer hatten ihre Reliquien, und einige davon waren fast römisch-katholisch, wie zum Beispiel das Ei der Leda! Das Palladion war ja auch eine Reliquie, und noch dazu eine wundertätige, wie auch der vom Himmel gefallene heilige Schild und viele andere. – Die Mohammedaner bewahren Fahne, Waffen, Kleider, den Bart und zwei Zähne ihres Propheten, und so finden wir Reliquien bei jedem Kultus und bei jedem Volke. Auf menschliche Schwächen verstehen sich die Pfaffen vortrefflich, und dieser Kenntnis verdanken sie ihre Macht und ihren Reichtum. So konnte ihnen denn auch nicht die Reliquiennarrheit entgehen, und sie machten sie zu einem Goldbergwerk, welches noch bis heute unerschöpft ist.

Bekannt ist das abgeschmackte Märchen von dem Kreuz, welches dem Kaiser Konstantin und seinem Heere am Himmel erschienen sein soll, mit der Überschrift: In hoc vinces (in diesem Zeichen wirst du siegen). Nichts ist lächerlicher als die Ernsthaftigkeit, mit welcher die Historiker diese Geschichte untersuchen, besonders da die Lügenhaftigkeit aus der verworrenen und sich widersprechenden Erzählung des Eusebius auf den ersten Blick zu erkennen ist. Daß Konstantin etwas Ähnliches geträumt hat, wie es auch erzählt wird, will ich gern glauben, wie auch, daß die Verheißung des Sieges und die Kreuzfahne, die er machen ließ, wirklich zum Siege, den er erfocht, beitrugen.

Seitdem wurde das Kreuz Mode, und bald fand die Mutter des Kaisers, Helena, das wahre Kreuz Christi wie auch sein Grab auf. Die Schriftsteller aus dieser Zeit melden davon zwar nichts, ebensowenig wie von der wunderbaren Luftreise des Hauses der Maria. Selbst der Fabelhans Eusebius, der diese Reise der Kaiserin Helena beschreibt, meldet von ihrem merkwürdigen Funde nichts. Aber die Geschichte ist einmal als wahr angenommen, und die katholische Kirche feiert ein eigenes «Kreuzerfindungsfest». Der Segen, den Helena entdeckte, war aber zu groß; sie fand nicht allein das Kreuz Christi, sondern auch das der beiden «Schacher». Die Inschrift, die Pilatus zur Verhöhnung der Juden machen ließ, fand sich nicht mehr vor, wie sollte man nun das heilige Kreuz erkennen? Pfaffen sind aber erfinderisch, und so war man denn auch um eine Auskunft nicht verlegen. Man legte einen Kranken auf eines der Kreuze und er wurde weit kränker. Man vermutete also, daß dies wohl das Kreuz des gottlosen Schächers sein müßte, und legte den Kranken auf ein anderes. Ihm ward um vieles besser, und endlich, als er von diesem Kreuz des frommen Schächers auf das dritte gelegt wurde, stand er sogleich frisch und gesund auf. Das Kreuz Christi war gefunden!

Gar bald fand man nun auch die Gräber der Apostel; ich glaube, ihre Körper sind sämtlich vorhanden. Wußte man nicht, wo sie gestorben und begraben waren, so hatte man göttliche Offenbarungen. Auf diese Weise gelangte man zu den Überresten von allen möglichen Märtyrern und Heiligen, die natürlich auch Wunder taten. Solcher Offenbarungen wurden, versteht sich, nur Mönche und Geistliche gewürdigt; aber recht frommen Leuten gelang es mit Hilfe der letzteren auch, mit den Heiligen in direkten Verkehr zu treten. Eine fromme Frau zu St. Maurin hatte Johannes den Täufer zu ihrem Lieblingsheiligen ausersehen. Drei Jahre lang bat sie täglich den Heiligen nur um irgendein Teilchen von seinem Leibe, sei es auch, was es sei: der hartherzige Johannes wollte sich nicht erbarmen! Nun wurde die Frau trotzig und schwor, nichts mehr zu essen, bis der Heilige ihre Bitte erhört hätte. Sieben Tage hatte sie schon gehungert, da endlich fand sich auf dem Altar – ein Daumen des Johannes. Drei Bischöfe legten mit großer Andacht diese kostbare Reliquie in Leinwand, und drei Blutstropfen fielen aus dem Daumen heraus, so daß doch nun jeder der Bischöfe auch etwas hatte!

Wie unendlich schwer ist es uns doch geworden, die Überreste Schillers und Webers aufzufinden, und beide starben doch als geachtete und geehrte Männer, in ruhiger Zeit und in Staaten, wo jeder Gestorbene und jeder Neugeborene in ein besonders darüber geführtes Register eingetragen wird; um so mehr ist es zu bewundern, daß man noch nach vielen Jahrhunderten nicht allein die Gebeine, sondern auch Kleidungsstücke von Heiligen vorfand, die als Verbrecher hingerichtet und deren Leichen gewiß auf den ersten besten Schindanger geworfen wurden. Ja, was noch wunderbarer ist, man fand von manchem Heiligen so viele Körperteile, daß man daraus, wenn man sie zusammensetzte, sechs und mehr vollständige Skelette machen könnte! Der heilige Dionysius existiert zum Beispiel in zwei vollständigen Exemplaren zu St. Denis und zu St. Emmeran, und außerdem werden noch in Prag und in Bamberg Köpfe von ihm vorgezeigt und in München eine Hand. Der Heilige hatte also zwei vollständige Leiber, fünf Hände und vier Köpfe! Er hätte damit manchem anderen Heiligen, dem der Kopf fehlte, aushelfen können. Doch was soll ich damit länger hinter dem Berge halten! Den frommen Herren Geistlichen und Mönchen kamen die Reliquien gerade recht. Jeder christliche Altar mußte seine Reliquie haben, und je heiliger diese war, desto mehr Wunder ließen sie die Pfaffen tun und desto größer war der Nutzen, den sie davon zogen; denn die Reliquien waren weder umsonst zu sehen, noch wurden sie verschenkt. Der Reliquienhandel wurde bald sehr einträglich. Natürlich, alte Knochen, Lumpen und dergleichen fand man überall, man brauchte kein Anlagekapital, und der Preis, den man sich dafür bezahlen ließ, war hoch! Als die Bischöfe von Rom Päpste wurden, da steuerten sie etwas diesen Reliquienhandel, aber nur um selbst davon den größten Vorteil zu ziehen. Die Reliquien mußten in Rom geprüft werden und wurden nur für echt befunden, wenn die Besitzer die echt römischen, klingenden Beweise beizubringen vermochten. Eine gute Reliquie war ein wahrer Schatz für ein Kloster, und nicht alle Äbtissinnen gingen damit so leichtsinnig um wie die der Nonnen zu Macon.

Das dortige Kloster besaß die Haut des heiligen Dorotheus, der geschunden wurde. Simon, der Gerber, hatte das heilige Fell gegerbt, und diese kostbare Reliquie war durch mancherlei Hände endlich in den Besitz der Nonnen zu Macon gekommen. Diese stopften die Haut mit Baumwolle aus und stellten den Heiligen her, als ob er lebe.

Sie gerieten aber aus übergroßer Verehrung für den Heiligen auf ganz kuriose heilige Spielereien und Abwege, so daß es die Äbtissin für ratsam hielt, die Reliquie, deren Wert sie nicht kannte, den Jesuiten zu schenken. Diese entdeckten bald die Kostbarkeit und stifteten eine Brüderschaft zum heiligen Leder, wodurch sie sehr viel Geld verdienten. Nun ging den Nonnen plötzlich ein Licht auf! Sie klagten beim Papst, reklamierten von den Jesuiten ihr Heiligtum, und es wurde ihnen auch zugesprochen. Der Jubel der Nonnen war ungeheuer. Aber, o Schrecken, die maliziösen Jesuiten hatten den frommen Jungfrauen die ganze Freude verdorben, indem sie den lieben Heiligen verstümmelt hatten, und zwar auf unverantwortliche Weise. Er sah nun aus wie der heilige Bernhard, als er seinen Mönchen verklärt erschien. – Die indignierten heiligen Jungfrauen wandten sich abermals an den Papst mit der Bitte, daß er den Jesuiten befehlen möge, ihnen das Fehlende herauszugeben. Der Papst hielt jedoch diesen Mangel, besonders für ein Nonnenkloster, nicht erheblich, und sandte den Bittenden als Ersatz – zwei geweihte Muskatnüsse! Man denke sich die Beschämung und den Zorn der guten Nonnen!

Zur Zeit der Kreuzzüge wurde Europa erst recht mit Reliquien überschwemmt. Man brachte aus dem Heiligen Lande Heiligtümer aller Art mit. Eroberte man eine Stadt, so suchte man vor allen Dingen erst nach Reliquien, denn sie waren weit kostbarer als Edelsteine und Gold. Ludwig der Heilige, König von Frankreich, machte zwei unglückliche Kreuzzüge; aber er tröstete sich über sein Unglück, denn es war ihm gelungen, einige Splitter vom Kreuze, einige Nägel, den Schwamm, den Purpurrock Christi und die Dornenkrone – um eine ungeheure Summe zu erkaufen. Als die Heiligtümer ankamen, ging er mit seinem ganzen

Hofe denselben barfuß bis Vincennes entgegen! Heinrich der Löwe brachte eine große Menge Reliquien mit nach Braunschweig. Die Krone derselben aber war ein Daumen des heiligen Markus, für welchen die Venetianer vergebens 100.000 Dukaten boten! Der Glaube an diese Reliquien war ebenso unerhört wie die Preise, welche dafür bezahlt wurden. Die Pfaffen hätten Engel sein müssen, wenn sie die Dummheit der Menschen nicht benutzt hätten. Wer sich selbst zum Esel macht, nun, der verdient, wie ein Esel behandelt zu werden. Die ganze Garderobe Christi, der Jungfrau Maria, des heiligen Joseph und vieler anderer Heiligen kam zum Vorschein. Man fand die heilige Lanze, mit welcher der römische Ritter Longinus Christus in die Seite stach; das Schweißtuch, mit welchem die heilige Veronika Jesus den Schweiß abtrocknete, als er nach Golgatha ging, und in welches er zum Andenken sein Gesicht abdrückte. Von diesem Tuche gab es so viele Stücke, daß sie wohl zusammen 50 Ellen lang sein mochten! Ein respektables Taschentuch!

Man fand auch die große Schüssel von Smaragd, welche Salomo der Königin von Saba schenkte und aus der Christus sein Osterlamm verspeiste. Die Weinkrüge von der Hochzeit von Kana entdeckte man auch, und in ihnen war noch Wein enthalten, der nie abnahm. Ursprünglich waren es nur sechs, aber sie vervielfältigten sich, und man zeigte sie zu Köln und zu Magdeburg. Splitter vom Kreuz gab es so viel, daß man aus dem dazu verwendeten Holze hätte ein Kriegsschiff bauen können, und Nägel vom Kreuz viele Zentner. Dornen aus der Dornenkrone fanden sich unendlich viel; einige bluteten an jedem Karfreitage. Der Kelch, aus welchem Jesus trank, als er das Abendmahl einsetzte, fand sich auch vor, nebst Brot, welches von dieser Mahlzeit übriggeblieben war. Ferner die Würfel, mit welchen die

Soldaten um Christi Rock würfelten. Solcher ungenähter Röcke zeigte man nicht weniger als fünf, nämlich zu Trier, Argenteuil, St. Jago, Rom und Friaul. In neuerer Zeit sind noch einige zum Vorschein gekommen, und jeder hatte eine Bulle, die seine Echtheit bezeugt! Man fand Hemden der Maria, die so groß sind, daß sie einem dicken Mann als Paletot dienen können; einen sehr kostbaren Trauring der Maria, der zu Perusa gezeigt wurde; sehr niedliche Pantöffelchen und ein Paar ungeheurer großer roter, in welcher sie der heiligen Elisabeth den Besuch machte. Ja, man fand Haare der heiligen Jungfrau von allen Farben, nebst ihren Kämmen. Eine Zahnbürste entdeckte man aber nicht. Dagegen fand man so viel Milch von ihr vor, als schwerlich 20 Altenburger Ammen in einem ganzen Jahre von sich geben können. Blut Christi fand sich bald tropfenweise, bald in Flaschen. Etwas davon, so erzählt die Legende, hatte Nikodemus, als er Christus vom Kreuze nahm, gesammelt und damit viele Wunder verrichtet. Aber die Juden verfolgten ihn und er sah sich genötigt, das heilige Blut in einem Vogelschnabel zu verbergen und nebst schriftlicher Nachricht ins Meer zu werfen. An der Küste der Normandie – man kann denken nach welchen Irrfahrten – schwamm dieser Schnabel an das Land. Eine in der Nähe jagende Gesellschaft vermißte plötzlich Hunde und Hirsch. Man forschte nach und fand sie – sämtlich kniend vor dem wundervollen Schnabel. Der Herzog von der Normandie ließ sogleich auf der Stelle ein Kloster bauen, welches Bee (Schnabel) genannt wurde und dem das heilige Blut Millionen eintrug.

Windeln Christi fanden sich in großer Menge; auch die jammervoll kleinen Höschen des heiligen Joseph entdeckte man nebst seinem Zimmermannshandwerkszeug. Einer der 30 Silberlinge fand sich auch vor, nebst dem ungeheuer dicken, 12 Schuh langen Strick, an welchem sich der Verräter Judas erhängt hatte; seinen sehr kleinen leeren Geldbeutel fand man auch, nebst der Laterne, mit welcher er leuchtete, als er Jesus verriet. Sogar die Stange kam zum Vorschein, auf welcher der Hahn saß, als er Petri Gewissen wachkrähte, nebst einigen Federn dieses Vogels; ferner der Stein, mit welchem der Teufel Jesus in der Wüste versuchte, das Waschbecken, in welchem sich Pilatus die Hände wusch, die Knochen des Esels, der Christus am Palmsonntag getragen, wie auch einige der an diesem Tage gebrauchten Palmzweige. Ferner fand man die Steine, mit denen St. Stephanus gesteinigt – herrliche Achate! –, die respektable Gurgel des (fabelhaften) Ritters St. Georg, eine Unmasse von Knochen der unschuldigen Kinder, die zu Bethlehem umgebracht wurden, die Kellen des Petrus und auch einen eingetrockneten Arm des heiligen Antonius, der sich aber als – die Brunftrute eines Hirsches auswies! Sogar aus dem Alten Testament fanden sich Reliquien vor! Manche hatten demnach Jahrtausende unentdeckt dagelegen. Man fand den Stab, mit welchem Moses das Rote Meer zerteilte, Manna aus der Wüste, Noahs Bart, die eherne Schlange, ein Stückchen von dem Felsen, aus welchem Moses Wasser schlug, mit vier erbsengroßen Löchern; Dornen von dem feurigen Busch, den Schemel, auf dem sich Eli den Hals brach, das Schermesser, mit dem Delila den Simson schor; den Stimmhammer Davids, der zu Erfurt gezeigt wurde, usw. Eine Reliquie von großem Rufe war das Gewand des heiligen Martin (cappa oder capella), welches in Feldzügen als Fahne vorangetragen wurde. Die Geistlichen, welche dieses Heiligtum trugen, hießen Capellani, und die Kirche, in welcher es verwahrt wurde, Capeila. Dieser Name erhielt bald eine weitere Ausdehnung, und daher die Kapellen und die Kapelläne. Der

Glaube des Volkes an diese Reliquien war so stark, daß die Pfaffen es wagen konnten, Dinge als solche zu zeigen, die unmöglich waren, und wenn ich einige derselben nenne, so werden die Leser glauben, ich scherze! Allein dies ist nicht der Fall, man zeigte sie im Mittelalter wirklich und zeigt sie in echt katholischen Ländern wohl heute noch. Da sah man eine Feder aus dem Flügel des Engels Gabriel, den Dolch und den Schild des Erzengels Michael, deren er sich bediente, als er mit dem Teufel kämpfte; etwas von Christi Hauch in einer Schachtel, eine Flasche voll ägyptischer Finsternis, etwas von dem Schall der Glocken, die geläutet wurden, als Christus in Jerusalem einzog; einen Strahl von dem Sterne, welcher den Weisen aus dem Morgenlande leuchtete; etwas von dem Fleisch gewordenen Wort, einige Seufzer, die Joseph ausstieß, wenn er knotiges Holz zu hobeln hatte; den «Pfahl im Fleische», der dem heiligen Paulus so viel zu schaffen machte, und noch unendlich viel anderen Unsinn. Die Unverschämtheit der Pfaffen kannte keine Grenzen, denn die Dummheit der Menschen war noch immer weit größer.

Oben habe ich ein Pröbchen sowohl von der Unverschämtheit als von der Dummheit in der Geschichte mit dem Mönch Eiselin gegeben. Hier mag noch eine Probe folgen, welche Poggio Bracciolini erzählt, der beinahe 40 Jahre lang päpstlicher Geheimschreiber war und 1459 als Kanzler der Republik Florenz starb: Ein Mönch hatte sich in eine hübsche Frau verliebt und versuchte es auf alle Weise, sie zu verführen. Es gelang ihm auch. Sie stellte sich sehr krank und verlangte nun den Mönch als Beichtiger. Dieser kam, blieb mit ihr der Sitte gemäß allein, um ihr die Beichte abzunehmen, und wurde – erhört. Am anderen Tage kam er wieder und legte, um es sich bequemer zu machen, seine Hosen auf das Bette der Frau. Dem Manne schien die

Beichte etwas lange zu dauern; er wurde neugierig und trat unvermutet in das Zimmer. Der Mönch absolvierte so schnell als möglich und floh, aber – vergaß es, seine Hosen mitzunehmen. Diese fielen nun dem racheschnaubenden Mann in die Hände. Er stürzte auf die Gasse, zeigte diese Verräter seinen Nachbarn, entflammte sie zur Wut und brach mit ihnen in das Kloster ein. Der Mönch sollte sterben! Ein alter, besonnener Pater versuchte es vergebens, den Hitzkopf zu beruhigen, der übrigens jetzt die Sache gern vertuscht hätte, wenn es angegangen wäre. Das merkte der alte Pater und sagte ihm, er brauche wegen dieser Hosen nichts Übles zu denken, denn dieses wären die Beinkleider des heiligen Franziskus, welche Krankheiten wie die, woran seine Frau litte, vollkommen heilten. Zu seiner Beruhigung wollte er die heiligen Hosen feierlich abholen. Alsbald zogen Mönche mit Kreuz und Fahne nach dem Hause des ehrlichen Dummkopfes, legten die heilige Reliquie auf ein seidenes Kissen, stellten sie zur Verehrung aus und reichten die heiligen Hosen den Gläubigen zum Kusse herum. Dann trug man sie in feierlichem Bittgange nach dem Kloster zurück und legte sie hier zu den übrigen heiligen Reliquien. (Es ist dies keine erfundene Anekdote oder ein Scherz des genannten Autors. Die Erzählung findet sich in einem ganz ernsten Werke, in welchem Poggio mit großer Entrüstung von der Verderbtheit der Geistlichkeit redet. Überhaupt verschmähe ich es durchaus, auf Kosten der historischen Wahrheit zu scherzen, und alle in diesem Werkchen gemachten Angaben kann ich historisch nachweisen, so seltsam sie auch manchmal klingen mögen.)

In dieses Kapitel von den Reliquien gehören auch die wundertätigen Heiligenbilder und ihre Verehrung. Die Pfaffen hatten mit den heiligen Knochen und Lumpen noch nicht genug. Bald fanden sich Bilder von Christus und der

Jungfrau Maria, welche der Evangelist Lukas gemalt haben sollte. Sie zeugten weder von der Kunst des Malers noch von der Schönheit der Personen, welche sie vorstellen sollten, denn sie waren ganz schauderhaft! Andere, nicht bessere Bilder fielen vom Himmel, und endlich ließ man sie ganz ungeniert von Malern malen. Diese Bilder verehrte man wie die Reliquien, und die Verehrung ging bald in förmliche Anbetung über.

Über den Bilderdienst entstanden die blutigsten Kämpfe, und endlich wurde er der Grund zur Trennung der Kirche in die griechische und lateinische. Dieser Bilderstreit dauerte 200 Jahre lang. Kaiser Konstantin V., welcher 741 starb, erklärte alle Bilder für Götzenbilder und fegte das ganze Land von Heiligen und Reliquien rein. Er verwandelte die Klöster zu Konstantinopel in Kasernen, und die Mönche und Nonnen machte er lächerlich, indem er sie zum Beispiel paarweise einen Umzug im Zirkus halten ließ.

Im Westen fand dieser Bilder- und Reliquiendienst anfangs auch viele Widersacher. Der Bischof Claudius von Turin meinte: «Wenn man das Kreuz anbetet, an dem Christus gestorben, so muß man auch den Esel anbeten, auf dem er geritten ist», was denn in der Folge auch wirklich geschah! Andere hielten aber diesen Bilderdienst für sehr wichtig. Ein Mönch hatte, um den Unzuchtsteufel zu besänftigen, diesem das Gelübde getan, das tägliche Gebet vor den Bildern in seiner Zelle zu unterlassen. Im Zweifel darüber, ob er eine Sünde damit begangen, beichtete er dies dem Abt und dieser sagte ihm: «Ehe du das Gebet vor den heiligen Bildern unterlässest, gehe lieber in jedes Bordell der Stadt!» So behielten wir denn in Europa die Bilderanbetung, und die griechische Kirche erhielt sie gar bald auch wieder.

Sobald das heilige Grab aufgefunden war, strömten

auch die frommen Christen hierher; die Wallfahrten nach dem heiligen Lande kamen auf und nach allen Stellen desselben, welche durch die Bibel eine besondere Bedeutung erlangt hatten. Man wallfahrtete sogar zu dem Misthaufen, auf welchem Hiob gesessen!

Den Geistlichen gefiel es gar nicht, daß das schöne Geld so weit hinweggetragen wurde, und ihre Heiligenbilder und Reliquien taten Wunder über Wunder, um die frommen Scharen anzulocken. Schrecklich waren die Erzählungen von den Strafen, welche die Ungläubigen und Spötter getroffen. Die Heiligen wußten ihre Ehre zu schützen, wie zum Beispiel der heilige Gangulf. Dieser wurde von einem Priester, dem Liebhaber seiner Frau, totgeschlagen und fing plötzlich an, im Grabe Wunder zu tun. Das liederliche Weib, welches am besten wußte, daß der Verstorbene durchaus keine Wunder tun konnte, lachte darüber und rief: «Der tut so wenig Wunder, als mein H… singt!», und siehe da – dieser fing an zu singen! Die Wallfahrten kamen aber erst recht in Gang, als damit der Ablaß verbunden wurde. Der übergroße Mißbrauch dieses Mißbrauches war die Veranlassung zur Reformation und verdient daher eine nähere Beleuchtung. – Er ging hervor aus der Erfindung des Fegefeuers und der Einrichtung der Beichte, besonders der Ohrenbeichte. In der ersten Zeit der christlichen Kirche mußten diejenigen, welche wegen grober Vergehungen aus der Gemeinde ausgestoßen waren, wenn sie in dieselbe wieder aufgenommen sein wollten, alle ihre Sünden und Verbrechen öffentlich vor der Gemeinde bekennen. Diese Buße nannte man die Beichte. Als die Pfaffen mächtig wurden, verwandelten sie dieses öffentliche Bekenntnis gar bald in ein geheimes, um ihre Macht zu erhöhen. Papst Innozenz III. ordnete aber an (1215), daß ein jeder jährlich wenigstens einmal einem

Priester seine Sünden insgeheim bekennen und die ihm für dieselben auferlegte Buße tragen sollte. Wer die Beichte unterließ, wurde von der Kirche ausgeschlossen und erhielt kein christliches Begräbnis. Nun lag es in der Hand der Priester, den Beichtenden freizusprechen oder nicht, und sie wußten diese Gewalt trefflich zu benutzen, indem sie freisprachen – je nachdem, was der Sünder zahlte.

Das Fegefeuer war eine Erfindung des römischen Bischofs Gregor des Großen (590 - 604). Fegefeuer hieß der Ort, wo nach seiner Erklärung die menschlichen Seelen geläutert wurden, damit sie rein in den Himmel kamen. Wer so halb zwischen Himmel und Hölle balancierte, der konnte darauf rechnen, daß er gehörig lange im Fegefeuer schwitzen mußte, – wenn ihn nicht die Pfaffen für Geld und gute Worte früher in den Himmel spedierten. Das Reglement im Fegefeuer war aber nur den Pfaffen bekannt, und daher konnten sie allein auch nur beurteilen, wie viele Messen dazu gehörten, um die Seele aus dem Fegefeuer loszubeten. Diese Messen wurden aber keineswegs umsonst gelesen.

Friedrich der Große kam einst in ein Kloster im Klevischen, welches von den alten Herzögen gestiftet war, damit darin Messen zu ihrer Befreiung aus dem Fegefeuer gelesen werden könnten. «Nun, wann werden denn endlich meine Herren Vettern aus dem Fegefeuer losgebetet sein?» fragte er ziemlich ernsthaft den Pater Guardian. Dieser machte eine tiefe Verbeugung und antwortete, daß man dies so eigentlich nicht wissen könne, daß er es Sr. Majestät aber sogleich wolle melden lassen, sobald er die Nachricht aus dem Himmel bekäme.

Die Kreuzzüge waren anfangs eigentlich nichts als bewaffnete Wallfahrten. Die Päpste begünstigten sie sehr, da sie hofften, dadurch auch ihre Macht auf Asien ausdehnen zu können. Sie wandten daher auch alle möglichen

Mittel an, um die Leute dazu zu bewegen, das Kreuz zu nehmen. Das hauptsächlichste und wirksamste war fax Ablaß. Der Papst ließ nämlich predigen, daß alle Sünden, die ein Mensch begangen, sie möchten auch noch so groß sein, vergeben wären, sobald derselbe sich das Kreuz auf seinen Rock geheftet habe.

Diese Erfindung des Ablasses wurde nun von den Päpsten auf alle Arten benutzt, und sie wurde für sie eine Goldgrube. Manche wollten nicht recht an die Macht des Papstes, die Sünden zu vergeben, glauben; aber Clemens VI. gab über sein Recht dazu und über das Wesen des Ablasses durch seine Bulle von 1342 die genügendste Erklärung. «Das ganze Menschengeschlecht», sagt er darin, «hätte eigentlich schon durch einen einzigen Blutstropfen Christi erlöst werden können, er habe aber so viel vergossen, daß dieses Blut, welches doch gewiß nicht umsonst vergossen sei, einen unermeßlichen Kirchenschatz ausmache, vermehrt durch die gleichfalls nicht überflüssigen Verdienste der Märtyrer und Heiligen. Der Papst habe nun zu diesem Schatz den Schlüssel und könne zur Entsündigung der Menschen ablassen, soviel er wolle, ohne Furcht, solchen jemals zu erschöpfen.»

Ich werde weiter unten wieder auf den Ablaß zurückkommen und zeigen, wie prächtig sich diese Goldblume entfaltete, jetzt kehre ich aber zu den Wallfahrern zurück. Als, wie gesagt, mit den Wallfahrten der Ablaß verbunden wurde, da kamen sie erst recht in Aufnahme. Wer zu diesem oder jenem Heiligenbilde oder zu diesem oder jenem Gnadenorte wallfahrtet und – nota bene – das bestimmte Geld auf dem Altar opfert, der erhält Ablaß nicht allein für begangene Sünden, sondern sogar noch für einige Jahre im voraus!

In Deutschland gab es wohl 100 Marienbilder, zu denen gewallfahrtet wurde, und in anderen Ländern noch mehr. Ein einziger Schriftsteller zählt 1.200 wundertätige Marienbilder auf! Das berühmteste in der ganzen Welt ist aber wohl das zu Loretto, in dem Hause der Maria, welches von St. Lukas aus Zedernholz höchst abscheulich geschnitzt worden sein soll. Der Dampf der Wachskerzen hat das Bild schwarz geräuchert wie eine Kohle, aber das tut seiner Wunderkraft keinen Abbruch, die hauptsächlich darin besteht, das Gold anzuziehen. Der Marmor rings um das Häuschen ist von den Wallfahrern so verrutscht, daß sich darin eine ordentliche Rinne gebildet hat. Sonst kamen jährlich gegen 200.000 fromme Christen nach Loretto; aber jetzt hat sich ihre Zahl bis auf etwa 30.000 vermindert.

Als die Franzosen nach Loretto kamen, eigneten sie sich von dem Schatze zu, was die Pfaffen nicht beiseite gebracht hatten. Ob ihnen die heilige Jungfrau den Schatz schenkte, das weiß ich nicht, aber unmöglich ist so etwas nicht, wie folgende Geschichte beweist: Als Friedrich der Große in Schlesien war, verschwanden von einem Muttergottesbilde nach und nach allerlei Kostbarkeiten. Die Pfaffen entdeckten endlich den Dieb in einem Soldaten, der deshalb bei dem Könige verklagt wurde. Der Soldat entschuldigte sich und behauptete, er sei kein Dieb, denn die Mutter Gottes habe ihm alle die Sachen geschenkt, die man vermißte. Friedrich der Große fragte nun die geistlichen Herren, ob so etwas wohl möglich sei? – «Allerdings, möglich ist es», erwiderten die verwirrten Pfaffen, «aber durchaus nicht wahrscheinlich.» Der Dieb kam ohne Strafe davon, aber nun verbot Friedrich seinen Soldaten bei Todesstrafe, dergleichen Geschenke von der heiligen Jungfrau anzunehmen.

Nach Loretto war wohl St. Jago de Compostella der berühmteste Gnadenort, und an hohen Festtagen sah man hier noch in neuerer Zeit mehr als 30.000 Wallfahrer. In der Schweiz ist Einsiedeln sehr berühmt. Das dortige Gnadenbild ist ein ebenso elendes hölzernes Machwerk wie das zu Loretto, aber ebenso wie dieses geschmückt mit den kostbarsten Juwelen. – In Deutschland gibt es unendlich viele Gnadenorte, wer kann sie alle kennen und beschreiben? Ich nenne nur einige, wie z. B. Waldthüren im badenschen Main- und Tauberkreise, welches berühmt ist wegen des wundertätigen Corporals. Es ist dies aber kein österreichischer Corporal mit seinem Wundertäter an der Seite, den man auf österreichisch Haßling nennt, auch kein preußischer Corporal aus dem Wuppertal, sondern ein Tuch, welches zum Daraufstellen des Kelches und Hostientellers dient und Korporale genannt wird. Im Jahre 1330 vergoß ein Priester etwas von dem Wein auf dieses Korporale. Der Wein verwandelte sich sogleich in Blut, und die einzelnen Tropfen auf dem Tuche in so viele mit Dornen gekrönte Christusköpfe. Dieses Korporale tut nach der Erzählung der Geistlichen entsetzlich viel Wunder, und vor und nach dem Fronleichnamsfeste wallfahrten die Scharen der Gläubigen nach Waldthüren, um sich hier am Korporale gestrichene rote Seidenfäden zu holen, welche die Pest, vorzüglich aber den Rotlauf heilen, wenn man nämlich ein reines Gewissen und vor allen Dingen den rechten Glauben hat. Die Zahl der Wallfahrer beläuft sich wohl jährlich auf 40.000, und wenn nur ein jeder von ihnen sechs Kreuzer auf den Altar legt, so macht dies schon 5.000 Gulden; aber wie viele geben mehr! – Ähnliche Wallfahrtsorte wie Waldthüren gibt es übrigens in allen katholischen Ländern Deutschlands. Noch einträglicher für die Geistlichen sind diejenigen Wallfahrten, welche zu solchen sehr heiligen Reliquien stattfinden, die nur alle sieben Jahre ausgestellt werden. Die ökonomische Einrichtung hat nicht etwa ihren Grund darin, daß sich die Reliquien von dem Wundertun in der Ausstellungszeit erholen müssen, sondern einzig und allein in der Schlauheit der Geistlichen. Wären die «Heiligtümer» beständig zu sehen, so würde das Interesse an ihnen gar bald erkalten. Durch die Seltenheit ihrer Erscheinung locken sie an und den Leuten das Geld aus der Tasche. Nach meiner Meinung ist dies das einzige Wunder, welches Reliquien jemals getan haben. Der allerkostbarste Schatz dieser Art wird zu Aachen aufbewahrt. Die höchsten Kleinodien desselben sind der riesenmäßige Rock der Maria, die Windeln Jesu von braungelbem Filz und das Tuch, auf welchem das abgeschlagene Haupt Johannes des Täufers gelegen hat.

Im Jahre 1496 strömten 142.000 Andächtige nach Aachen, um diese heiligen Lumpen zu sehen, und die Ernte war vortrefflich. 1818, als die Reliquien nach langer Pause wieder einmal 14 Tage gezeigt wurden, fanden sich nur 40.000 Wallfahrer ein. Die Reformation, die Revolution und die verdammte Aufklärung hatten ein großes Loch in den Glauben gerissen! Seitdem ist aber wieder viel an diesem Riß geflickt worden, und dieser geflickte Glaube zeigt sich nun stärker als selbst im dunkelsten Mittelalter. Unsere Kinder werden es mit Erstaunen und Lächeln lesen, daß im Jahre 1844 rund 1.000.000 Wallfahrer nach Trier zogen, um hier einen alten Kittel zu küssen, den man – mit merkwürdiger Frechheit – für den echten ungenähten Rock Christi ausgibt, um den die Soldaten losten, von der ihm beigelegten Wunderkraft gar nicht zu reden!

Ich nenne die Behauptung eine Frechheit, und in der deutschen Sprache gibt es kein anderes Wort dafür, weil dieser ungenähte Rock erstlich genäht ist, und weil es außer ihm noch mehrere andere gibt, die von den Besitzern für das Kleid Christi ausgegeben werden. Man zeigt solche ungenähten Röcke Christi außer zu Trier auch noch zu St. Jago, Rom, Friaul und Argenteuil, und jeder hat eine päpstliche Bulle für sich! Wie man in den Zeitungen liest, haben sich außer den genannten noch einige andere Orte gemeldet, welche die echte, kostbare Reliquie zu besitzen behaupten. Im günstigsten Falle kann nur einer der Röcke der echte sein, mithin sind die anderen ganz wertlose Lappen, welchen sogar das Interesse fehlt, das man an jeder Reliquie überhaupt nimmt.

Betrügerei ist also bei dieser Rockgeschichte ganz sicher im Spiel, wenn diese auch vielleicht nicht von den jetzigen Besitzern ausgeht, und ein jeder derselben, der seinen «heiligen Rock» für echt erklärt, gibt der römischen Kirche eine Maulschelle, indem er die Päpste, welche die Echtheitsbullen für die übrigen ausstellten, Betrüger schilt, denn die Päpste sind ja unfehlbar! Wenn nun manche zu eifrige Freunde der Vernunft verlangen, daß der Staat diese Wallfahrten verbieten soll, so begehen sie eine Lächerlichkeit. Die Regierungen mischen sich weiß Gott schon in genug Dinge, von denen viele meinen, daß sie dieselben nichts angehen, und dies ist ganz bestimmt der Fall mit den Wallfahrten. Was hat sich die Regierung um den Zweck meiner Reise zu bekümmern, wenn er ein so gänzlich unschuldiger ist! Wollen die Menschen eine Dummheit begehen, die ja niemand schadet, nun so laßt sie doch in Gottes Namen dumm sein! Was kümmert es die Regierung, ob ich reise, um eine schöne Gegend zu sehen oder um einen alten Paletot zu küssen!

Eine andere Frage dagegen ist es, ob es nicht Pflicht der Regierung wäre, die Untertanen vor Betrug zu schützen! Ein Weinhändler, welcher ein selbstgemachtes Gebräu für Wein verkauft, wird bestraft; einen Lump, der, um

Geld zu gewinnen, Handschriften nachmacht, hat die Regierung gar bald am Ohr; aber weil unter fünf Röcken Christi einer vielleicht der echte sein könnte, so erlaubt sie, daß das Publikum ganz gewiß vierfach und höchstwahrscheinlich fünffach betrogen wird! Ist darin Logik? Seit 1.500 Jahren leben die Pfaffen von der Gutgläubigkeit der Menschen; hört diese auf, dann haben auch ihre Einnahmen ein Ende, und es ist in der Tat ein seltsames Verlangen, welches man wohl an Engel, aber nicht an Pfaffen stellen kann, daß sie freiwillig und ohne Zwang für die Aufklärung tätig sein sollen, welche notwendigerweise ihre Existenz vernichten muß. Beweist den Pfaffen, daß sie durch die Aufklärung gewinnen, und dann wedet ihr eure Freude daran haben, wie schnell die Reliquien, Ablaß und dergleichen verschwinden! Im Interesse der Geistlichkeit liegt es, mit allen Kräften dahin zu wirken, daß der Zustand wiederhergestellt werde, welchen die römisch-katholische Kirche als den segenvollsten erkannt hat. Es ist dies der Zustand, dessen sich die Welt im Mittelalter erfreute, wo man dem Worte eines Geistlichen denselben Glauben schenkte, als spräche Gott selbst; wo jedermann sich ereiferte, sein Geld für die Waren hinzugeben, mit welchen die Kirche handelte; wo Kaiser und Könige dem Oberhaupte der Kirche, dem Papste, demütig den Steigbügel hielten und den Pantoffel küßten; wo es Tausende von Klöstern gab, gefüllt mit feisten Faulenzern; wo die halbe Erde der Kirche gehörte! Die Geschichte lehrt, daß die römisch-katholische Kirche seit ihrem Entstehen eine Anstalt war, die sich damit beschäftigte, die Schwächen der Menschen, ihren Aberglauben, mit einem Worte ihre Dummheit zu benutzen, um daraus den möglichst großen Geldgewinn zu ziehen. Weil die Aufklärer diesen Geldgewinn zu beeinträchtigen drohten, deshalb wurden sie so hart mit Feuer und Schwert verfolgt, wenn auch die Werkzeuge, welche die Päpste zu diesen Verfolgungen gebrauchten, zum Teil in Aberglauben versunkene, fanatische Menschen waren. Der Aberglaube war die Wünschelrute, welche die Schätze aus den Beuteln der Menschen zu Tage oder vielmehr gen Rom beförderte, und deshalb war er das Schoßkind der Geistlichkeit, welches von ihr auf das sorgfältigste gehegt und gepflegt wurde.

Wie Christus nach der kirchlichen Sprache das Lamm Gottes ist, welches die Sünden der Welt trägt, so ist der Bischof Arnoldi von Trier der Bock, welchem nun die Sünden der römisch-katholischen Kirche aufgeladen werden – und welcher nun dafür büßen muß! Ich habe die vollkommene Überzeugung, daß der Herr Bischof Arnoldi innerlich über die Einfältigen lacht, welche sich durch seinen «heiligen Rock» das Geld aus den Taschen locken lassen, und daß er mehr an die Echtheit und Wunderkraft dieses Geldes glaubt als an die des heiligen Rockes. Aber dieses alte Kleidungsstück ist in seine Verwahrung gegeben als ein Kapital, welches er zum Besten der Kirche benutzen muß, was nur dadurch geschehen kann, daß er das heilige Kleinod für Geld sehen läßt. Indem er nun dieses tut, tut er eben nichts anderes, als was ihm von seinen Oberen befohlen ist. Er handelt als ein guter Beamter, der nicht zu denken, sondern nur zu gehorchen hat, und ganz im Geiste der römisch-katholischen Kirche und derjenigen Männer, welche diese als heilig anerkannt hat. Daß nun diese Ausstellung des heiligen Rockes gerade die schon seit langer Zeit gefüllte Bombe entzündete, ist nicht des Bischofs Schuld. «Der Krug geht so lange zu Wasser, bis er bricht», ist ein altes deutsches Sprichwort. Viele vernünftige Katholiken fingen an, sich darüber zu schämen, daß sie einer Kirche angehörten, welche solche Lächerlichkeiten gutheißt, und sagten sich von ihr los. Die «neue Reformation ist ein Wunder des heiligen Rockes, von welchem sich der Heilige Vater in Rom nichts träumen ließ! Dieser Speer, welchen sein Geiz gegen die Vernunft schleuderte, hat sich gegen ihn selbst gekehrt. Doch ich denke nun, den Herrn Bischof Arnoldi hinlänglich gerechtfertigt zu haben, und nun wollen wir uns in der Trödelbude weiter umsehen. Daß die Päpste die christlichen Schafe schoren, weiß jedermann, aber nicht so bekannt möchte es wohl sein, daß der Heilige Vater – ganz ohne Allegorie – sich mit der Schafzucht beschäftigt und einen Preis für die gewonnene Wolle erlangt, wie er keinem veredelten Schafsjunker auf der Leipziger Wollmesse jemals bezahlt wurde. Der Papst unterhält nämlich eine kleine Anzahl Lämmer, die er über den Gräbern der Apostel geweiht hat und aus deren Wolle die Pallien gewebt werden.

Das Pallium ist ursprünglich ein römischer Mantel. Die Kaiser schenkten ein solches Kleidungsstück, welches von Purpur und köstlich mit Gold gestickt war, den Patriarchen und ausgezeichneten Bischöfen, um ihnen ihre Zufriedenheit und Gnade zu bezeugen, wie heutzutage die Geistlichen in manchen Staaten Orden erhalten, wenn sie in den Geist der Regierung einzugehen verstehen. Papst Gregor I. erlaubte sich zuerst, ohne Anfrage beim Kaiser, ein solches Pallium den Bischöfen zuzusenden, bald als Zeichen der Zufriedenheit, bald als Zeichen der Bestätigung. In dem Usurpieren von Rechten sind die Päpste groß, ja ihre ganze Macht ist darauf gegründet, und so kam es denn bald dahin, daß sie sich nicht nur allein das Recht anmaßten, dergleichen Pallien zu erteilen, ja sie gingen so weit, einen jeden Erzbischof, wie auch einige größere Bischöfe, zu zwingen, sich das Pallium von Rom zu holen – denn die Gnadensache hatte sich bald in eine Geldsache verwandelt. Ein solches Pallium kostete 30.000 Gulden, und diese Einnahme behagte den Päpsten so wohl, daß Johann VIII. unverschämt genug war, bekanntzumachen, daß jeder Erzbischof als abgesetzt zu betrachten sei, der sein Pallium nicht innerhalb von drei Monaten von Rom hole.

Die Päpste waren so geizig, daß ihnen, trotz des hohen Preises, der Mantel zu kostbar war. Dieser schrumpfte gar bald zu einer Art von Hosenträger zusammen, zu vier Finger breiten wollenen, mit rotem Kreuz versehenen Bändern, die über Rücken und Brust herabhängen. Diese Bänder sind aus der geweihten Wolle von Nonnenhänden gearbeitet und mögen vielleicht sechs Lot wiegen. Die Päpste verkaufen demnach den Stein ihrer Wolle für nicht weniger als 4.500.000 Gulden! Diese Palliengelder brachten den Päpsten ungeheure Summen, denn Erzbischöfe sind meistens alte Knaben und lösen einander schnell ab, und jeder neue Erzbischof mußte ein neues Pallium kaufen; ja dies mußte er sogar tun, wenn er versetzt wurde. Wie einige geheime Räte die Exzellenz haben, so hatten auch einige deutsche Bischöfe, wie die von Würzburg, Bamberg und Passau, das kostbare Pallienrecht.

Salzburg zahlte innerhalb von neun Jahren 97.000 Scudi Palliengelder! Der Erzbischof Markulf von Mainz mußte das linke Bein eines goldenen Christus verkaufen, um sein Pallium zu bezahlen. Er bekam also wahrscheinlich mehr für dieses Bein als der Verräter Judas für den ganzen Christus!

Der Erzbischof Arnold von Trier geriet in nicht geringe Verlegenheit, als ihm von zwei Gegenpäpsten zwei Pallien zugeschickt wurden, natürlich nebst doppelter Rechnung. Wie er sich aus der Verlegenheit zog, weiß ich nicht; aber gewiß ist es, daß den jetzigen Bischof Arnoldi

60.000 Gulden nicht in Verlegenheit setzen können. 1.000.000 Wallfahrer – jeder taxiert zu fünf Silberlingen – bringt 166.666 Taler Preußisch Courant oder 300.000 Gulden. Dabei ist nichts zu riskieren, selbst wenn auch seit vorigem Jahre das Papier – wollte sagen, der heilige Rock – um 100 Prozent im Kurs gefallen sein sollte! Da nun die Erzbischöfe vom Papste so gebrandschatzt wurden, so ist es ganz natürlich, daß sie wieder ihre Untertanen oder die Angehörigen ihres Sprengels brandschatzten, denn das Volk war ja das Schaf mit dem Goldenen Vlies, dem ein Stück von seinem Fell nach dem anderen abgeschunden wurde, um die Bedürfnisse der großen Herren zu befriedigen, mochten sie nun Palliengelder oder Prinzessinnensteuer heißen. Die Herren Päpste hatten Geld wie Heu, aber die meisten von ihnen verstanden, es auch lustig durchzubringen. Sixtus VI. (von 1471 - 84) verschwendete schon als Kardinal in zwei Jahren 200.000 Dukaten, was nach dem jetzigen Geldwert mehr als das Doppelte macht. Eine seiner Mahlzeiten kostete zu Zeiten 20.000 Florenen; aber was tat das, er verspeiste ja nur die Sünden der Christenheit und dann verstand er es auch, sich Extraeinnahmen zu verschaffen. So erlaubte er zum Beispiel einigen Kardinälen für eine bedeutende Abgabe während der Monate Juni, Juli und August – Sodomiterei! Auch legte er in Rom öffentliche Bordelle an, welche ihm jährlich an sogenanntem Milchzins 40.000 Dukaten einbrachten! – Nun, wir werden später noch heiligere Päpste kennenlernen! Eine wahrhaft goldene Idee hatte der Papst Bonifaz VIII. Er erfand das Jubeljahr! Die Römer feierten den Anfang eines neuen Jahrhunderts durch große Festlichkeiten, und auch die Juden ihr Jubel- oder Versöhnungsjahr. Dies brachte den genannten Papst höchstwahrscheinlich auf den Gedanken, solche Jubeljahre in der Christenheit einzuführen. Wer in dem Jubeljahre nach Rom wallfahrtete und hier sein Scherflein auf den Altar niederlegte, der erhielt vollkommenen Ablaß für alle Sünden, die er in seinem ganzen Leben begangen hatte, und war wieder unschuldig wie ein neugeborenes Kind, oder noch unschuldiger, denn in diesem steckt doch nach der Kirchenlehre noch der Teufel, welcher erst durch die Taufe ausgetrieben wird.

Wer wäre nicht gern alle seine Sünden los. Ein ganz kurzer Mord kann einem ehrlichen Menschen das ganze lange Leben verbittern; wer erhielte nicht gern die Versicherung, daß dieser fatalen Kleinigkeit nach dem Tode nicht weiter gedacht würde? – Kurz, von allen Seiten strömten die Sünder nach Rom. Im Jahre 1300 brachten 200.000 Fremde das Jahr in dieser Stadt zu, und der Gewinn, den sowohl die Einwohner derselben als auch der Schatz des Papstes davon hatten, war unermeßlich. Was von den reichen Leuten an Gold und Silber geopfert wurde, hat die päpstliche Schatzkammer nicht für gut befunden, laut werden zu lassen; allein nur an Kupfergeld kamen in diesem goldenen Jahre 50.000 Goldgulden ein. Nach einer ungefähren Schätzung belief sich der ganze Ertrag des Jubeljahres auf 15.000.000. Für die damalige Zeit eine ganz ungeheure Summe! Diese ganz unerwartet reiche Ernte machte den Päpsten natürlich Lust zu einer baldigen Wiederholung. 100 Jahre sind gar zu lang, und Papst Clemens VI. hatte die beispiellose Güte, zu bestimmen, daß das Jubeljahr alle 50 Jahre gefeiert werden sollte, denn ihm war ein ehrwürdiger Greis mit zwei Schlüsseln – also wahrscheinlich St. Peter – erschienen, der ihm mit drohender Gebärde zugerufen hatte: «Öffne die Pforte!» Da mußte er natürlich gehorchen. Urban VI. verkürzte diese Zeit noch bis auf 33 Jahre, zum Andenken an die Lebensjahre Jesu! An einem anständigen Vorwande hat es den Päpsten nie gefehlt. Sixtus IV. war «wegen der Kürze des Menschenlebens» noch gnädiger und setzte diese Zeit auf 25 Jahre herab. Das zweite Jubeljahr unter Clemens VI. (1380) fiel noch reichlicher aus als das erste. In der Jubelbulle «befiehlt er den Engeln des Paradieses, auch die vom Fegefeuer erlösten Seelen derjenigen, die auf der Reise nach Rom gestorben sind, in die Freuden des Paradieses einzuführen»!

Solche überschwengliche Gnade war natürlich für die dummgläubige Menge höchst anlockend. Rom wurde so mit Fremden überschwemmt, daß die Gastwirte, die sich auf das Geldnehmen doch ganz vortrefflich verstehen, damit nicht fertig werden konnten!

Am Altar St. Pauls lösten sich Tag und Nacht zwei Priester mit Croupiersrechen in der Hand ab, die unaufhörlich das geopferte Geld einstrichen und fast unter der Last ihrer Arbeit erlagen. Das Gedränge in der Kirche war so groß, daß viele der Gläubigen erdrückt wurden. 10.000 der Wallfahrer starben an der Pest, aber man merkte den Abgang gar nicht, denn ihre Zahl gibt man auf eine Million und einige 100.000 an und den Ertrag dieser Jubelernte auf mehr als 22.000.000! Es ist ordentlich spaßhaft zu sehen, wie nun jeder Papst auf ein neues Mittel sann, die Erfindung seines Vorgängers Bonifatius noch einträglicher zu machen, denn – preli, frati e polli non son mai satolli (Priester, Mönche und Hühner werden nie satt).

Bonifatius IX. berechnete, daß viele Christen nicht nach Rom kämen, weil ihnen die Reise zuviel kostete, und weil sie vielleicht auch wegen ihrer Geschäfte nicht abkommen konnten. Diesen schickte er gleichsam die Gnade ins Haus, indem er Leute aussandte, welchen er die Macht beilegte, für den dritten Teil der Reisekosten nach Rom vollgültigen Ablaß zu erteilen! – Und dessen ungeachtet strömten doch noch immer unzählige Fremde dorthin. Bei dem Jubeljahre unter Nikolaus V. konnte die Tiberbrücke die Menge der Menschen nicht tragen; sie brach zusammen, und 200 verloren das Leben. Papst Alexander VI. machte eine noch witzigere Erfindung. Von ihm rührt nämlich die sogenannte goldene Pforte der Peterskirche her. Beim Beginn des Jubeljahres tat der Papst mit goldenem Hammer drei Schläge an diese Tür; dann wurde sie geöffnet und am Ende des Jahres wieder vermauert. Wer durch diese Pforte einging, war seiner Sünden ledig; ja für eine bestimmte Summe konnte man auch im Auftrage eines Entfernten hindurchgehen und diesen von seinen Sünden befreien! Diese Maßregel brachte viel Geld ein.

Die Päpste trieben es aber bald zu arg. Sie konnten oft die 25 Jahre nicht abwarten, und bei besonderen Veranlassungen, um die man nie verlegen war, wurde ein Extra-Jubiläum angesagt, oder Reisende, die in Ablaß «machten», wurden in der Welt umhergeschickt. Sie waren noch zudringlicher als Weinhandlungsreisende, so daß sie von manchen Gemeinden, den Pfarrer an der Spitze, zum Dorfe hinausgeprügelt wurden.

Die Reformation machte diesem Jubiläumsjubel so ziemlich ein Ende, denn mit der Einnahme der späteren Jubeljahre wollte es nicht mehr so recht «flecken». Sogar das Jahr 1825 wurde noch zu einem Jubeljahr erhoben; allein es kamen wenig mehr Fremde als gewöhnlich nach Rom, meistens nur italienisches Lumpengesindel, von dem nichts zu holen war. Auch trafen die Fürsten Anstalten, die Wallfahrten dorthin zu erschweren, da sie das Geld ihrer Untertanen im Lande weit besser brauchen konnten. Sogar die österreichische Regierung verbot ihren italienischen Untertanen, ohne in Wien ausgestellte Pässe nach Rom zu pilgern. Wer da nicht beizeiten um einen Paß einkam, konnte leicht das Jubeljahr verpassen, denn – immer langsam voran, immer langsam voran usw. Nach einer übermäßig mäßigen Berechnung haben die Jubeljahre den Päpsten gegen 150.000.000 eingetragen.

Noch fünf Jahre Geduld; dann haben wir abermals ein Jubeljahr, und ich kann auch nach Rom wallfahrten, wo man mir vielleicht für die Sünde, dieses Buch geschrieben zu haben, auch Blut ablassen würde, aber nicht das Blut Christi.

Dies bringt mich wieder auf den Ablaß, von dem ich oben nur beiläufig gesprochen habe. – Der Unsinn und die Unverschämtheit des Ablaßkrams wurde von Leo X. auf die höchste Spitze getrieben; er war es, der dem Ablaßfasse den Boden ausschlug. Die ungeheuren Einnahmen, die aus ganz Europa in den päpstlichen Schatz flossen, genügten diesem üppigen und prachtliebenden Papste noch immer nicht, und doch waren sie fast unermeßlich! Mehrere der Goldquellen, welche sich die Päpste zu öffnen verstanden, habe ich bereits genannt; sie alle aufzuzählen, würde zu weitläufig sein, aber einige will ich doch noch namhaft machen.

Eine nicht unbedeutende Einnahme für die Päpste sind die Annaten. So nennt man nämlich die erste Jahreseinnahme eines neuen Bischofs, welche an den Papst gezahlt werden muß. Man kann dieselbe durchschnittlich immer auf 12.000 Taler annehmen, und wenn man gering rechnet, daß wenigstens 2.000 Bischöfe ihre Annaten an den päpstlichen Stuhl zahlten, so macht dies schon 36.000.000 Taler!

Die Dispensationsgelder der Priester, wegen ermangelnden Alters, zu sechs Dukaten, die Dispensation von Fasten und die Erlaubnis zu Ehen zwischen Blutsverwandten brachten große Summen. Die letzteren mußten natürlich sehr häufig vorkommen, dafür hatten die Päpste schon gesorgt, indem sie die Ehen zwischen Blutsverwandten bis zum 14. Grade verboten. Es hat sich jemand die Mühe genommen auszurechnen, wieviel jeder Mensch durchschnittlich solche Blutsverwandte als lebend annehmen kann, und – 16.000 gefunden. Werden alle Arten der Verwandtschaft berechnet, so steigt ihre Zahl auf wenigstens 1.048.576. Da konnte es freilich an Dispensgeldern nicht fehlen. Außerdem wurde noch für Kreuzzugs- und Türkensteuer und unter unzähligen anderen Namen den Gläubigen das Geld aus dem Beutel gelockt.

Ganz vortrefflich verstand dies Papst Johann XXII. Er ist der Erfinder der schändlichen Liste der für Dispensationen und Absolutionen zu entrichtenden Taxen, von welchen ich weiter unten reden werde. Dieser Papst scharrte so viel zusammen, daß er, der arme Schuhflickerssohn – 16.000.000 gemünztes Gold und 17.000.000 in Barren hinterließ!

Doch wie gesagt, alle diese Einkünfte reichten nicht hin, die «Bedürfnisse» des Papstes Leo X. zu befriedigen. Seine Kinder, Verwandten, Komödianten, Possenreißer, Musiker, wie seine Liebhaberei für die Künste verschlangen unermeßliche Summen, und der Heilige Vater geriet in große Verlegenheit.

Um sich derselben zu entziehen, beschloß er, den Ablaß systematisch zur Erpressung von Geld zu benutzen. Eine Beisteuer zur Führung eines Krieges gegen die Türken und zur Fortsetzung des schon von seinem Vorgänger begonnenen Baues der Peterskirche gab den Vorwand. Die sehr verbrauchte Türkensteuer wollte nirgends mehr recht ziehen, und sogar der Kardinal Ximenes, der weise spanische Minister, verbot dafür zu sammeln, «weil er ganz sichere Nachrichten habe, daß jetzt von den Türken durchaus nichts zu befürchten sei». Der Papst erließ also eine

Bulle, worin allen, welche durch Geldbeiträge den Bau der Peterskirche fördern würden, Ablaß verkündigt wurde.

Die ganze christliche Erde wurde nun in verschiedene Bezirke eingeteilt, und Reisende des großen römischen Handelshauses dorthin geschickt, welche man aber päpstliche Legaten oder Kommissarien nannte. Die Ablaßbriefe, welche diese verkauften, lauteten wie folgt: «Im Namen unseres allerheiligsten Vaters, des Stellvertreters Jesu Christi, spreche ich dich zuerst von aller Kirchenzensur los, die du verschuldet haben könntest, hiernächst auch von allen Missetaten und Verbrechen, die du bisher begangen, so groß und schwer dieselben auch sein mögen; auch von denen, welche sonst allein der Papst vergeben kann, soweit sich die Schlüssel der heiligen Mutter Kirche erstrecken. Ich erlasse dir vollkommen alle Strafen, die du um dieser Sünden willen billig im Fegefeuer erleiden solltest. Ich mache dich wieder der Kirchensakramente und der Gemeinschaft der Gläubigen teilhaftig und setze dich von neuem in den reinen und unschuldigen Zustand zurück, worin du gleich nach der Taufe warst, so daß, wenn du stirbst, die Pforten der Hölle, wodurch man zur Qual und Strafe eingeht, verschlossen sein sollen, damit du geradenwegs in das Paradies gelangen mögest. Solltest du aber jetzt noch nicht sterben, so bleibt dir diese Gnade ungekränkt.»

In der päpstlichen Kanzleitaxe war der Preis festgesetzt, für welchen die allerscheußlichsten Sünden vergeben wurden. Eltern- und Geschwistermord, Blutschande, Kindermord, Fruchtabtreibung, Ehebruch aller Art, die unnatürlichste Wollust, Meineid, kurz, alles was man nur Sünde nennt, fand hier seinen Preis. Ich würde dies empörende Dokument für eine Erfindung der Feinde des Papstes halten, wenn die Echtheit desselben nicht unzweifelhaft bewiesen wäre. Die empörendste Nichtswürdigkeit und schamloseste Frechheit enthält aber der Schluß dieser Taxe; er lautet: «Dergleichen Gnaden können Arme nicht teilhaftig werden, denn sie haben kein Geld, also müssen sie des Trostes entbehren!»

Für die Bezahlung von 12 Dukaten war es sogar den Geistlichen erlaubt, ganz nach Gefallen Hurerei, Ehebruch, Blutschande und Sodomiterei mit Tieren zu treiben!

Des Papstes Spekulation glückte, unermeßliche Summen wanderten nach Rom; sie lassen sich gar nicht berechnen. Ein päpstlicher Legat zog allein aus dem kleinen Dänemark mehr als 2.000.000 durch Ablaßverkauf. Leo X. fand es vorteilhaft, den Ablaß in einigen Bezirken an große Unternehmer für bestimmte Summen zu verpachten. Diese Generalpächter hatten wieder ihre Unterpächter, damit die Länder ja recht ausgesogen wurden. Einer der Hauptpächter war der Markgraf von Brandenburg, Bischof von Halberstadt, Erzbischof von Magdeburg und endlich auch Erzbischof und Kurfürst von Mainz und Kardinal! Er war dem Papste 30.000 Dukaten Palliengelder schuldig und übernahm den Ablaßkram in einigen Ländern, in der Hoffnung, diese Summe dabei zu gewinnen, welche ihm auch gegen Verpfändung des Ablaßerlöses von dem Grafen Fugger in Augsburg vorgeschossen wurde.

Der edle Erzbischof betrieb diese Sache mit großem Eifer, und sehr interessant ist die von ihm den Ablaßträumen gegebene Instruktion, weshalb ich ihren Inhalt hier mitteilen will.

«Zuerst sollen die Ablaßprediger dem Kurfürsten schwören, ihn nicht zu betrügen. Dann gibt er ihnen Gewalt, nach aufgerichtetem Kreuz und aufgehängtem Wappen des Papstes, in den Kirchen den Ablaß zu verkündigen und ihn denjenigen Personen zu erteilen, welche von ihren ordentlichen Geistlichen in den Kirchenbann getan oder mit sonstigen Kirchenstrafen belegt sind. Dann wird dem Ablaßprediger befohlen, in jeder Ablaßpredigt dem Volke drei bis vier Stücke aus der Ablaßbulle des Papstes nach Möglichkeit zu erklären und anzupreisen, damit die päpstliche Gnade nicht in Verachtung gerate und die Leute nicht einen Ekel vor dem Ablaß bekommen mögen.

Ferner will der Kurfürst, daß dem Volke gesagt werden solle, es gelte außer den seinigen in den nächsten acht Jahren kein anderer Ablaß, den man bereits erhalten habe oder noch erhielte; aber durch diesen erlange nicht nur ein jeder völlige Vergebung der Sünden, sondern er komme nach dem Tode auch gar nicht in das Fegefeuer. Den Kranken, welche nicht in die Kirche kommen könnten, solle der Ablaß auch zu Hause, aber für eine größere Summe erteilt werden. Wenn die Prediger die Größe des Ablasses jemandem hinlänglich erklärt haben, und es dann dazu kommt, zu bestimmen, was er wohl zu zahlen habe, so sollen sie ihn fragen, wieviel Geld er wohl für den völligsten Ablaß um Vergebung seiner Sünden aufopfern werde? Dies sollen sie vorausschicken, um die Leute desto leichter zum Kaufen des Ablasses zu bewegen. Wenn nun auch die Ablaßprediger stets den Nutzen der Peterskirche vor Augen haben und den Beichtenden vorreden müssen, daß eine so hohe Gnade niemals zu teuer bezahlt sei, um sie zu einer möglichst hohen Abgabe zu bewegen, so spricht sich dennoch der Kurfürst wie folgt aus: Weil die Beschaffenheit der Menschen zu sehr verschieden, und wir dennoch gewisse Taxe zu bestimmen nicht vermögen, so vermeinen wir doch, daß in der Regel die Taxen also könnten gesetzt werden: Große Fürsten geben 25 rheinische Goldgulden. Äbte, höhere Prälaten, Grafen, Freiherrn und ihre Frauen zahlen für jede Person zehn rheinische Goldgulden. Andere Leute, die jährlich 500 Goldgulden einzunehmen haben, zahlen sechs Goldgulden; Frauen und Handwerker einen, noch Geringere einen halben Gulden. Obwohl eine Frau von des Mannes Gütern nichts geben kann, so kann sie doch von ihren Dotal- und Paraphernal-Gütern in diesem Falle, auch wider des Mannes Willen, beitragen. Wenn arme Weiber und Töchter die Taxen von anderen erbetteln können, sollen sie solche ebenfalls in den Ablaßkasten liefern. Wenn jemand für eine Seele im Fegefeuer so viel beiträgt, als er etwa für sich zu bezahlen hätte, so ist nicht nötig, daß er im Herzen bußfertig sei oder mit dem Munde beichte: denn dieser Ablaß gründet sich nur auf die Liebe, mit welcher der, so im Fegefeuer sitzt, abgeschieden ist, und auf die Beiträge der Lebendigen. Wer einen Beichtbrief von den Ablaßpredigern kauft, wird teilhaftig aller Almosen, Fasten, Wallfahrten nach dem heiligen Grabe, Messen, Reinigung und guten Werken, die in der ganzen christlichen Kirche verrichtet werden, ob er gleich weder bußfertig ist noch gebeichtet hat.»

Daß auf einen gewandten Reisenden sehr viel ankommt, weiß jeder Kaufmann, und der Erzbischof war bemüht, einen solchen zur Vertreibung seiner Ware aufzufinden. Er fand ihn in dem Dominikanermönch Johann Tetzel aus Pirna. In der Jugend hatte sich derselbe etwas mit dem Studieren abgegeben, und sein Religionseifer erwarb ihm die Würde eines Doktors der Theologie. In Innsbruck wurde er einst darüber erwischt, als er, wie die Chronik sagt, Frauen seinen geistlichen Samen in fremden Acker streute. Kaiser Maximilian I. hatte Befehl erteilt, die Brunst des verliebten Paters im Wasser zu kühlen, das heißt, ihn in einem Sacke zu ersäufen. Nur auf dringende Fürbitte des Kurfürsten Friedrich kam er mit dem Leben davon.

Dieser unverschämte, feiste Schlingel, dessen Portrait in einem sehr guten Kupferstiche vor mir liegt, ist das wahre Ideal eines Pfaffen! Der Spitzbube sieht so durchtrieben und komisch aus, daß ich beinahe glaube, ich ließe mir selbst von ihm einen Ablaßzettel aufschwatzen. Welch' Glück mußte er nun erst bei den Gläubigen machen! Er führte einen eisernen, mit dem Wappen des Papstes verzierten Kasten mit sich herum und zog von Markt zu Markt, indem er sang: «So wie das Geld im Kasten klingt, die Seele aus dem Fegefeuer springt.» Überall versammelte er eine große Menge um sich, und seine Anpreisungen des Ablasses waren wahrhaft ergötzlich, wenn auch fromme Christen sie gotteslästerlich nannten. Er rühmte sich, daß er durch den Ablaß mehr Seelen aus der Hölle errettet habe, als von dem Apostel Petrus durch die Predigt des Evangeliums Heiden bekehrt worden wären.

Er könne nicht allein begangene Sünden vergeben, sondern auch solche, die man erst noch begehen wolle, und die Kraft seines Ablasses sei so groß, daß es keine Sünde gebe, welche durch denselben nicht gesühnt werden könne; ja, wenn jemand, was doch unmöglich sei, «die Mutter Gottes genotzüchtigt und geschwängert habe», durch seinen Ablaß könne derselbe von der dadurch verwirkten Strafe befreit werden!

Dieser Tetzel trieb die Frechheit so weit, daß der damalige Bischof Johann von Meißen vorhersagte, dieser Mönch würde der letzte Ablaßkrämer sein. Man erzählt von ihm eine Menge Stückchen, die Zeugnis ablegen von seiner grenzenlosen Unverschämtheit. In Annaberg, wo damals reiche Silberbergwerke waren, machte er den Leuten weis, daß alle Berge ringsumher gediegen Silber werden würden, wenn sie nur brav zahlten. In dieser Stadt scheint es ihm gefallen zu haben, denn er blieb hier zwei Jahre. In Freiberg sammelte er binnen zwei Tagen 2.000 Gulden. Als er aber wieder dorthin kam, hatte Luther den Leuten den Star gestochen, und die Bergleute waren so wütend, daß Tetzel es für geraten hielt, sich schleunigst davonzumachen. In Zwickau wollte er sich einst bei dem dortigen Küster zu Gaste bitten; aber dieser entschuldigte sich mit seiner Armut. Darauf befahl er diesem, im Kalender nachzusehen, ob auf den anderen Tag der Name eines Heiligen zu finden wäre. Der Küster fand aber nur den heidnischen Namen Juvenal.

«Das tut nichts», sagte Tetzel, «wir wollen diesen Heiligen schon zu Ehren bringen, beruft nur morgen das Volk durch alle Glocken zur Kirche, wie ihr es sonst an den höchsten Festtagen zu tun pflegt.» Der Küster tat, wie ihm befohlen, und die Menge strömte auch zahlreich in die Kirche. Tetzel predigte. «Die alten Heiligen», sagte er, «sind alt und müde, uns zu helfen; aber dieser heilige Juvenal, dessen Gedächtnis wir heute begehen, ist noch ziemlich unbekannt; wenn ihr ihn anfleht und ihm opfert, so wird er sich gewiß beeilen, euch zu helfen.» Darauf riet er zur Freigebigkeit und ermahnte besonders die Vornehmen, mit gutem Beispiel voranzugehen. Er blieb bei dem «Gotteskasten» stehen und sah zu, was jeder hineinlegte, und die guten Zwickauer steuerten reichlich zu Ehren des heiligen Juvenal! Tetzel flüsterte dem Küster ins Ohr: «Es ist genug geopfert, nun wollen wir weidlich davon schmausen!» In der Schweiz absolvierte Tetzel einen reichen Bauern wegen eines Totschlages, und als ihm dieser gestand, daß er noch einen Feind habe, den er gern ermorden wolle, erlaubte es ihm der nichtswürdige Pfaffe gegen eine kleine Summe!

Trotz aller Pfiffigkeit wurde Tetzel aber doch einmal angeführt. In Magdeburg kam ein Herr von Schenk zu ihm und bot ihm eine nicht unbedeutende Summe, wenn er ihn für eine große Sünde absolvieren wolle, die er noch zu begehen gedenke. Schmunzelnd strich der Pfaff das Geld ein und gab den verlangten Ablaßbrief. Als nun einige Tage darauf Tetzel von Magdeburg nach Braunschweig zog, beladen mit einigen 1.000 Gulden, überfiel ihn in einem Walde bei Helmstedt der Herr von Schenk und nahm ihm seine ganze Barschaft ab. Der Pfaff schrie Zetermordio und klagte über Gewalt; allein Schenk zeigte seinen Ablaßbrief vor und sagte: «Entweder hat mein Verfahren nichts zu bedeuten, oder deine Ware ist Betrug!» Schenk behielt das Geld, und Tetzel hatte das Nachsehen.

Dieser nichtswürdige Mönch hatte die Art, den Leuten das Geld aus dem Beutel zu locken, und er nahm mehr ein als alle anderen Ablaßkrämer, die sich damit begnügten, folgende Redensarten herzuplappern: «Sehet doch, der Himmel stehet euch überall offen. Wollt ihr jetzt nicht hineingehen, wann werdet ihr dann hineinkommen? O ihr unsinnigen und verstockten Menschen, die ihr fast den wilden Tieren gleich seid und die große Verschwendung und Ausgießung der päpstlichen Gnade nicht zu würdigen verstehet. Sehet! So viel Seelen könnet ihr aus dem Fegefeuer erlösen! O ihr Hartnäckigen und Saumseligen! Ihr könnt mit 12 Groschen euren Vater aus dem Fegefeuer reißen und seid doch so undankbar, daß ihr euren Eltern in so großer Not nicht beistehet. Ich will am Jüngsten Gerichte die Schuld davon nicht auf mich nehmen usw.»

Tetzel wußte die Sache den Leuten weit plausibler zu machen, und da war keine Dirne, die ihm nicht einige Groschen für irgendeine kleine Sünde, die sie begehen wollte, gezahlt hätte. Wie schnell er Geld zusammenzubringen wußte, beweist folgendes: In Görlitz war die Peterskirche gebaut worden, und es fehlte nur noch das kupferne Dach, wozu 1.800 Zentner Kupfer erforderlich waren. Diese kosteten damals 48.600 Taler. Man wandte sich an Tetzel, und in drei Wochen hatte er diese Summe gesammelt.

Luthers 95 Thesen gegen den Ablaß ruinierten dem Pater den ganzen Handel. Vielleicht war es der Ärger darüber, der ihn in Leipzig auf das Krankenlager warf, von dem er nicht wieder aufstand. Er starb und liegt in dieser Stadt im Paulino begraben, wo sein Monument wahrscheinlich noch zu sehen ist.

Die Ablaßrechnung ist eine ganz kuriose Rechnung, und es ist schwer, sich hineinzufinden. Manche Leute kauften Ablaß für mehrere 100 Jahre, während sie doch höchstens auf 100 zählen konnten. Aber die Jahre im Fegefeuer zählten mit, das änderte die Rechnung! Für diese Sünde hatte man, nach Angabe der Pfaffen, 20 Jahre zu braten, für jene gar 30, und so kamen bei einem geübten Sünder schon leicht einige 100 Jahre zusammen. Wollte er nun dennoch direkt in den Himmel spazieren, so mußte er schon für so viele Jahre Ablaß kaufen, als ihm kraft seiner Sünden im Fegefeuer zukamen. Das war übrigens nicht so schwer, denn wer eine Reliquie küßte und besonders wer dafür bezahlte, erhielt auf drei oder mehr Jahre Ablaß, je nach der Heiligkeit der Reliquie. Erzbischof Albrecht besaß einen solchen Schatz von Reliquien, daß damit Ablaß zu gewinnen war: «39-mal 1.000, 200-mal 1.000, 45.000, 120 Jahre, 220 Tage.»

Unter den Reliquien, die er von Halle nach Mainz schaffen ließ, befanden sich aber auch sehr rare und heilige Stücke! Achtmal vom Haare der Jungfrau Maria, fünfmal von ihrer Milch, dann das Hemd, in welchem sie Jesus geboren, ein halber Kinnbacken von St. Paulus nebst vier Zähnen.

Die Summen, welche die Geistlichkeit durch ihren Handel gewann, sind gar nicht zu berechnen, so unermeßlich sind sie. Liest man einzelne Angaben, so kann man gar nicht begreifen, wie es nur möglich war, bei dem früheren hohen Wert des Geldes so viel zusammenzuscharren. Als in der französischen Revolution die Klöster aufgehoben und die geistlichen Güter eingezogen werden sollten, bot die Geistlichkeit der Nationalversammlung 400.000.000 Franken Bargeld! – Die Venetianer schätzten das Vermögen ihrer Geistlichkeit auf 206.000.000 Dukaten.

Von der Einnahme der Geistlichkeit, die sich nichts abgehen ließ und prächtig leben wollte, wanderte nur ein kleiner Teil nach Rom in die päpstliche Schatzkammer; und deshalb wird die Angabe einiger dieser Summen den besten Maßstab dafür abgeben, was dem schon ohnehin genug geplagten Volke von den Pfaffen abgepreßt wurde. Aus dem Gebiete von Venedig, welches nur 2.500.000 Einwohner zählte, gingen innerhalb zehn Jahren 2.760.164 Skudi nach Rom und aus Österreich unter Maria Theresia binnen 40 Jahren 110.414.560 Skudi! Sind diese Angaben richtig – und sie sind aus authentischen Quellen –, so erscheint die Berechnung viel zu gering, nach welcher innerhalb von 600 Jahren aus der katholischen Christenheit nur 1.019.690.000 Gulden nach Rom gezahlt wurden.

Und wofür wurde dieses Geld bezahlt? Für lauter Dinge, die zusammen noch keine hohle Nuß wert sind! Ja, für Dinge, die wahres Gift für das Volk waren. Und an wen wurden jene 1.019.690.000 gezahlt? An einen italienischen Bischof, der uns ebensowenig angeht wie der Kaiser von Japan, der sich mit demselben Rechte Statthalter Christi nennt, wie ich es tun könnte, und der unter diesem Titel zu seiner Zeit behauptete, Herr der ganzen Erde zu sein, von welcher derjenige, dessen Statthalter er zu sein vorgibt, nicht einmal so viel besaß, um sein Haupt darauf zu legen!

4. Kapitel
Die Statthalterei Gottes zu Rom

Die Welt hat es erfahren,
dass einst der Glaub' in Priesterhand
mehr Böses tat in tausend Jahren,
als in sechstausend der Verstand.
«Als die Leute schliefen und stockdumm waren,
hat der böse Feind, der Teufel, das Papsttum
gestiftet.»

Mit konsequenter Unverschämtheit kann in der Welt alles durchgesetzt werden, es mag auf den ersten Anblick auch noch so abgeschmackt und verrückt erscheinen. Beweise dafür liefert die Geschichte in großer Menge, den glänzendsten aber die des Papsttums! Hätte Karl der Große den närrischen Einfall gehabt, zu behaupten, der Mond sei viereckig, und hätten seine Nachfolger einen jeden verbrennen lassen, der sich erkühnte, anderer Meinung zu sein, so bin ich vollkommen davon überzeugt, daß es heute nach 1.000 Jahren noch Millionen von Menschen geben würde, welche wirklich daran glaubten, daß der Mond viereckig sei, obgleich sie sich an jedem schönen Mondabend von der Verrücktheit ihres Glaubens durch den Augenschein überzeugen könnten.

Meine Behauptung klingt lächerlich; allein lehrt nicht die Erfahrung, daß der Glauben eine Art epidemischen Wahnsinns ist, welcher die davon Ergriffenen zu den tollsten Handlungen hinreißt und sie blind macht, sowohl leiblich wie geistig? Wäre dies nicht der Fall, wie könnte es noch heute Millionen Menschen geben, welche in dem Papste den Stellvertreter Gottes auf Erden sehen, die ihn für den Oberherrn der Erde, die ihn für heilig und unfehlbar halten? Und doch sind die Behauptungen, auf welche sich die päpstliche Macht gründet, ebenso abgeschmackt und haltlos als die, daß der Mond viereckig sei. Das Bestehen des Papsttums ist der schlagendste Beweis von der schrecklichen Verdummung und Verknechtung der freigeborenen Menschen und von dem traurigen Zerfall der reinen Religion, die Jesus gestiftet hat. Das Christentum hatte ein Ende, als das Papsttum begann, und die Anhänger und Bekenner der Päpste haben als solche auf den Namen Christen keinen Anspruch, denn Papst und Christus haben so wenig miteinander gemein als Gutes und Böses.

Jeder Mensch mit einigem Verstande, der die Geschichte kennt, weiß, daß dies Wahrheit ist, und muß sich in seinem Herzen vom Papste losgesagt haben, wenn er sich auch äußerlich noch zur römischen Kirche bekennt. Die Geschichte ist der Gerichtshof, vor welchem jede Handlung, die auf die Menschheit einen Einfluß übte, ihre verdiente Würdigung findet, und sollte es in schwierigen Fällen auch erst nach Jahrhunderten der Fall sein.

Ebenso konsequent, wie das Papsttum danach trachtet, die Lüge zu verbreiten und die Verdummung zu fördern, so trachtet die Bruderschaft der wahren Geschichtsschreiber danach, die Wahrheit an das Licht zu ziehen und die Aufklärung zu verbreiten. Zweifellos: Es gab gute Päpste, wie es auch lügnerische Geschichtsschreiber gab; aber jene vermochten es ebensowenig, den Lügengeist des Papsttums zu unterdrücken, wie diese im Stande waren, die Wahrheit zu vernichten.

Die Geschichte ist der furchtbarste Feind sowohl der Päpste als der weltlichen Despoten, und darum waren beide von jeher bemüht zu verhindern, daß dieselbe nicht unter das Volk kam; denn wäre dem Volke die Geschichte bekannt, so gäbe es weder Päpste noch Despoten.

Solange die Wissenschaften das Privilegium der sogenannten «Gelehrten» waren, mußte die Geschichte dem Volke ein verschlossenes Buch bleiben, denn unsere deutschen Gelehrten schrieben zwar hin und wieder deutsch; aber es klang den Deutschen wie griechisch; das Volk verstand ihre Sprache nicht. Das hat sich nun geändert. Die Wissenschaften sind populärer geworden, und Männer aus dem Volke schreiben Geschichtsbücher, welche das Volk liest und versteht, wenn sie auch von Gelehrten belächelt werden, die wohl gar eine Art von Ruhm darin setzen, daß sie nicht populär schreiben können!

Der oft ungeheure Absatz, den derartige Geschichtswerke haben, ist der sicherste Beweis, daß das Volk begierig danach ist, den Zusammenhang der Dinge in der Welt und die Ursache der bestehenden Einrichtungen kennenzulernen. Ist einmal im Volke dieser Sinn für die Geschichte erweckt, dann haben wir auch die Hoffnung, daß es uns bald Gelegenheit geben wird – seine Taten in ihre Bücher einzutragen, denn bis jetzt ist die Weltgeschichte nur eine Leidensgeschichte der Völker! Eine Geschichte der Päpste zu schreiben, liegt nicht in meinem Plan; aber derselbe gestattet mir den Versuch, es in der bisher befolgten skizzenhaften Art zu beweisen, daß das Papsttum auf den gröbsten Betrug gegründet ist, und zu zeigen, welche nichtswürdigen Wege die Päpste einschlugen, welche verbrecherischen und abscheulichen Mittel sie anwendeten, um sich die Welt tributpflichtig zu machen, und was diese Päpste für Menschen waren!

In dem ersten Kapitel dieses Buches habe ich in der Kürze nachgewiesen, wie die Pfaffen entstanden sind und wie die Bischöfe eine geistliche Obergewalt über ihre Gemeinden usurpierten. Wo ich dort stehenblieb, muß ich wieder anknüpfen, um auf die Geburt des Papsttums zu kommen.

Die Bischöfe begnügten sich mit der erlangten Macht nicht, und je besser es ihnen glückte, ihre Brüder zu knechten, desto ausschweifender wurden sie in ihren Ansprüchen. Die Macht der jüdischen Priester – ihrer Vorbilder – war es, nach welcher sie trachteten. Das Bild des Priesters Samuel schwebte ihnen beständig vor Augen. Ein Betrüger schmiedete falsche Schriften, welche er den Aposteln zuschrieb und welche unter dem Namen der apostolischen Konstitutionen bekannt sind. Ihr Zweck ist es, das Ansehen und die Gewalt der Bischöfe zu erhöhen, und sie enthalten das Verrückteste, was man bisher zur Ehre der Bischöfe gesagt hatte. Diese werden darin irdische Götter, Väter der Gläubigen, Richter an Christi Statt und Mittler zwischen Gott und den Menschen genannt. In demselben Sinne sprachen von ihnen viele der angesehensten Kirchenväter.

Als die römischen Kaiser zum Christentum übertraten, behaupteten sie zwar selbst ihre Würde als pontifices maximi (Oberpriester); aber sie förderten das Ansehen der Bischöfe ihren Gemeinden gegenüber. Ja, manche der Kaiser waren so einfältig, ihre Kinder diesen Bischöfen zur Erziehung anzuvertrauen, was denn die natürliche Folge hatte, daß diese erzogen wurden «in der Furcht Gottes», das heißt in der Demut gegen die Pfaffen. Die Kaiser warfen sich bald so weit weg, daß sie diesen gleißnerischen Pfaffen die Hände leckten, und so war es denn kein Wunder, wenn diese in ihrer Aufgeblasenheit gar bald verlangten, daß die

Majestäten ihnen auch den Pantoffel leckten. So forderte schon der Bischof Leontius von Tripolis, daß die Kaiserin Eusebia, Gemahlin des Kaisers Konstanz, vor ihm aufstehen und sich verneigen solle, um seinen Segen zu empfangen! Die protestantischen Bischöfe der neueren Zeit hätten es gern auch so weit gebracht. Als der vorige König von Preußen einst in Magdeburg aus dem Wagen stieg und sich dabei bückte, erhob schon der Bischof D… seine Hände und seine Stimme – um ihm den Segen zu erteilen. Zum großen Verdruß des heiligen Bischofs schob ihn aber der sonst so fromme König beiseite und sagte sehr ärgerlich: «Dumm' Zeug! – So was nicht leiden!» Das Hauptstreben der Bischöfe war darauf gerichtet, die Einmischung der «weltlichen» Macht in die Kirchenangelegenheiten zu beseitigen, ja wo möglich, die Kaiser sich unterzuordnen. Der Bischof Ambrosius von Mailand machte damit gleich auf sehr freche Weise den Anfang. Er nahm es sich heraus, den Kaiser Theodosius zu exkommunizieren, das heißt von der Kirchengemeinschaft auszuschließen.

Manche Kaiser, denen die Pfaffen mit der Hölle die Hölle heiß machten, waren schwach genug, zu der pfäffischen Anmaßung zu schweigen, und wenn nun das Volk sah, wie ihre gefürchteten Oberherren sich so demütig gegen die Bischöfe betrugen, dann mußte es natürlich auf den Gedanken kommen, daß diese übermenschliche Wesen wären. Ja, an einigen Orten wurden die Bischöfe von den Christen mit dem evangelischen Hosianna empfangen! So schwoll den Pfaffen immer mehr der Kamm. Schon 341, auf der Synode von Antiochien, wurde es den Geistlichen verboten, sich in kirchlichen Angelegenheiten ohne Erlaubnis der Bischöfe an den Kaiser zu wenden. Die niedere Geistlichkeit wurde überhaupt immer mehr unterdrückt, und die Landbischöfe, welche über ihre Gemeinden dasselbe Recht gehabt hatten wie die Stadtbischöfe, wurden 360 durch Beschluß der Synode von Laodicäa ganz abgeschafft.

Das gewöhnliche Sprichwort sagt: Eine Krähe hackt der andern kein Auge aus; aber die Pfaffen waren schlechter als die Krähen, sie hackten sich nicht allein die Augen aus, sondern die Köpfe ab, wenn sie konnten. Wegen der lächerlichen theologischen Streitigkeiten lagen sie sich fortwährend in den Haaren und erfüllten deshalb die Welt mit Unruhe und Mord.

Einen bedeutenden Einfluß auf diese theologischen Streitigkeiten hatten die zahllosen Mönche, welche ihre Meinungen nicht allein mit den geistlichen Waffen, sondern weit wirksamer mit höchst irdischen Knüttel verfochten.

Sie bildeten förmliche Freikorps, welche von den fanatischen Bischöfen benutzt wurden und oft die gräulichsten Exzesse begingen. Ein römischer Feldherr, Vitalianus, mußte 314 mit 60.000 Mann in Konstantinopel einrücken, um die Stadt vor den wütenden Mönchen zu schützen.

Die zweite Kirchenversammlung zu Ephesus 449 n. Chr. erhielt den Namen der Mörderversammlung, weil hier die tollen Mönche mit dem Degen in der Faust die Annahme der Glaubenssätze erzwangen, welche sie für gut hielten. Einer der größten Fanatiker war der Bischof Cyrillus von Alexandrien. Sein Haß traf die in dieser Stadt seit 700 Jahren wohnenden Juden. Er hetzte den Pöbel und die Mönche gegen sie auf, ließ ihre Synagogen niederreißen und jeden Juden niederhauen, der ihnen in die Hände fiel. So verlor Alexandrien 40.000 seiner fleißigsten Bürger.

Der römische Präfekt Orestes wollte dem Unfug Einhalt tun, aber er verlor darüber fast sein Leben; ein wütender Mönch schlug ihm mit einem Steine den Kopf entzwei. Und die römische Regierung schwieg, so sehr waren die Pfaffen schon gefürchtet!

Die schändlichste Grausamkeit verübten aber diese Mönche an der Geliebten dieses Präfekten, die Tochter des Mathematikers Theon, die liebenswürdige Philosophin Hypatia. Zur Fastenzeit rissen die Mönche dies herrliche Weib aus ihrem Wagen, zogen sie nackend aus und schleppten sie wie ein Opferlamm in die Kirche. Hier ermordete man sie auf die grausamste Weise. Kannibalische Pfaffen kratzten ihr mit Muscheln das Fleisch von den Knochen und warfen die noch zuckenden Glieder ins Feuer! Und gegen solche Bestien soll man noch zarte Ausdrücke gebrauchen, das jedenfalls will die Zensur! Stolz, Herrschsucht und Habgier hatten in den Herzen der Pfaffen die Stelle der christlichen Liebe eingenommen. Die demokratische christliche Gleichheit war schon längst als unchristlich gebrandmarkt. Jeder Bischof strebte nur danach, sich über die anderen Bischöfe emporzuschwingen, und so entstanden denn unter ihnen allerlei Rangabstufungen.

Die Bischöfe in den Hauptstädten von Provinzen oder Ländern erlangten bald eine Art von Oberhoheit über die der anderen Städte und nannten sich Metropoliten. Aber auch unter diesen usurpierten einige wieder einen höheren Rang und wußten die Bischöfe mehrerer Länder unter ihre Oberhoheit zu bringen. Sie nannten sich zuerst Exarchen, dann aber Patriarchen.

Zur Zeit des Kaisers Theodosius II. gab es fünf solcher Patriarchen zu: Konstantinopel, Antiochien, Jerusalem, Alexandrien und Rom. Sie waren voneinander völlig unabhängig und in ihrem Range wie in ihren Vorrechten einander vollkommen gleich.

Rom war die Hauptstadt der damaligen Welt; von hier gingen alle Befehle aus, welche sie regierten. Die Pfarrer der römischen Gemeinde, welche sahen, wie herrlich das Regieren von Rom aus vonstatten ging, wurden lüstern danach, die kirchliche Welt ebenso zu regieren wie die Kaiser die weltliche.

Die übrigen Bischöfe fanden dies natürlich höchst einfältig und abgeschmackt und ärgerten sich über die Lügen, mit welchen ihre Kollegen zu Rom ihre Ansprüche unterstützten. Wenn wir diese Lügen untersuchen, so wissen wir nicht, ob wir mehr über deren Dummheit oder über deren Unverschämtheit erstaunen sollen! Die Bischöfe in Rom sagten: «Jesus machte Petrus zum Obersten der Apostel; diese waren ihm untergeordnet. Petrus war 24 Jahre, fünf Monate und zehn Tage in Rom Bischof; wir sind seine Nachfolger, folglich – stehen alle Bischöfe und alle Fürsten der Christenheit unter unserer Oberhoheit.» Selbst wenn Jesus so unchristlich gehandelt und Petrus einen Vorrang vor den anderen Jüngern gegeben hätte; selbst wenn Petrus Bischof in Rom gewesen wäre, so ist es noch immer eine sehr kühne Behauptung, daß deshalb seine Nachfolger Statthalter Gottes auf Erden sind! Doch darüber brauchen wir gar nicht einmal zu streiten, denn es ist ja klar bewiesen, daß es Jesu nicht einfiel, Petrus einen Vorrang zu geben, und daß Petrus niemals in Rom war!

Das erste bedarf kaum eines Beweises. Jesus spricht es oft genug gegen seine Jünger aus, daß keiner vor dem anderen einen Vorrang habe, und Petrus ist es auch niemals eingefallen, darauf einen Anspruch geltend zu machen, das sehen wir aus seinen Briefen. In einem derselben sagt er: «Die Ältesten, so unter euch sind, ermahne ich als Mitältester» usw. (1. Petr. 5. 1.) Auch Paulus sagt kein Wort von dem Avancement des Petrus, sondern er schreibt (2. Korinth. Kap. 11-12), daß alle Apostel untereinander gleich gewesen wären.

Doch wozu soll ich mich bei solcher offenbaren Abgeschmacktheit länger aufhalten. Petrus verdiente es auch nächst Judas gewiß von allen Jüngern Jesu am allerwenigsten, gleichsam als Oberhaupt an ihrer Spitze zu stehen. Er zeigte sich schwächer als jeder andere, indem er Jesus dreimal verleugnete und nicht einmal eine Stunde für Jesus wachen konnte, nachdem er doch vorher ruhmredig versichert hatte, daß er sein Leben für ihn lassen wolle!

Petrus war ein unüberlegter Hitzkopf, der mancherlei Übereilungen beging, wozu der gegen Malchus geführte Streich – den ich ihm indessen gar nicht übelnehme – und die Ermordung des Ananias und dessen Weibes gehören. Nebenbei war er ein Duckmäuser, den Paulus wegen seiner Heuchelei schilt (Gal. 2, 11 usw.), ja, der sogar einmal den sanften Jesus so in Eifer brachte, daß er ihn einen Satan nannte (Matth. 16, 23).

Daß Petrus die christliche Gemeinde zu Rom gegründet habe, ja daß er hier an 25 Jahre Bischof gewesen sei, ist eine noch dreistere Lüge, die sich mathematisch aus der Bibel nachweisen läßt. Deshalb wollen die Päpste es nicht leiden, daß sie von den Katholiken gelesen wird!

Die Apostelgeschichte geht bis in das Jahr 61 n. Christi Geburt. Nach der Erzählung der päpstlichen Geschichtsschreiber ist Petrus schon über 20 Jahre früher nach Rom gekommen; aber die Apostelgeschichte, die doch am Anfange so viel und so weitläufig von Petrus spricht, sagt von dieser so wichtigen Reise kein Wort!

Ganz sicher bewiesen ist es, daß Paulus in Rom war und hier unter Nero, zwischen den Jahren 66 bis 68, den Märtyrertod erlitt, zugleich, wie die Päpstler sagen, mit Petrus. Paulus war zwei Jahre in Rom und schrieb Briefe an verschiedene christliche Gemeinden, in denen er mehrerer seiner Freunde und Anhänger gedenkt; aber von Petrus spricht er kein Wort! Wäre dieser Bischof in Rom gewesen, so hätte es Paulus gar nicht umgehen können, ihn zu nennen, sei es auch nur, um sich über ihn zu beschweren, daß er ihn nicht in seinem Werke unterstützte, denn er sagt ausdrücklich, daß die von ihm genannten Männer seine einzigen Mitarbeiter im Reiche Gottes wären (Kolosser 4, 7-14). Also «Paulus schreibt davon nichts», daß Petrus jemals in Rom war. Doch wenn dieser auch wirklich, ganz gegen seinen Beruf als Apostel, 25 Jahre lang der Pfarrer einer Anzahl bettelhafter Christen gewesen wäre, folgt denn daraus, daß die nachherigen Bischöfe von Rom das Recht hatten, mit Völkern, Kaisern und Königen wie mit Bettlern umzuspringen? Ei, ihr Herren Päpste, nennt euch in Gottes Namen Nachfolger Petri, aber macht auch nicht mehr Ansprüche als dieser!

Wo Petrus gestorben ist, das weiß man zum Glück für die Päpste nicht; und so konnten diese eine sehr schöne und rührende Geschichte erfinden. Paulus wurde als römischer Bürger bloß enthauptet; aber der Jude Petrus wurde gegeißelt und dann gekreuzigt, den Kopf nach unten, wie er es – so erzählt die Legende – aus Demut und zum Unterschied mit Christus verlangte. Aller Wahrscheinlichkeit nach war die Gemeinde der Christen zu Rom zur Zeit, als Paulus dort war, noch nicht so groß, daß sie eines eigenen Aufsehers bedurfte, und von einem Bischofe in späterem Sinne konnte vollends nicht die Rede sein. Das Verdienst – wenn man es so nennen kann, die christliche Gemeinde zu Rom gestiftet zu haben, gebührt also unbedingt dem Paulus; dem Petrus aber auf keinen Fall.

Alle Ansprüche also, welche die römischen Bischöfe darauf gründeten, daß sie Nachfolger des Petrus wären, zerfallen demnach in nichts. – Ursprünglich wurden diese Peterlügen von ihnen nur deshalb erfunden, weil sie dadurch bewirken wollten, daß ihre Stimme bei Kirchenstreitigkeiten als die entscheidende gelten sollte. Als sie dies erst durchgesetzt hatten, griffen sie weiter, denn l'appetit vient en mangeant.

Konsequenterweise beginnen die Päpste ihre Reihe mit Petrus. Nach ihm nennt man eine Menge zum Teil erdichteter Namen, um nur die Lücken auszufüllen; denn die erste Geschichte der römischen Bischöfe ist ebenso dunkel wie die der römischen Könige. Mir soll es nicht einfallen, diese Herren Stadtpfarrer, denn anderes waren sie nicht, aufzuzählen. Ich will mich damit begnügen, nur diejenigen näher zu beleuchten, welche die größten Schritte taten, um dem Gipfelpunkt näherzukommen, nach welchem sie alle strebten.

Die Reihen der römischen Kaiser, die der asiatischen Despoten, kurz, keine Fürstenreihe der Welt bietet solche moralischen Ungeheuer dar als die Reihe der Päpste, die sich die Statthalter Gottes nennen! – Aber sie mochten es noch so arg treiben, den verdummten Menschen gingen die blöden Augen nicht auf. Fürsten und Völker ließen sich von diesen heiligen Männern das Fell über die Ohren ziehen und küßten den Tyrannen noch demütig den Pantoffel. Fuhr einmal ein vernünftiger Fürst dem hochmütigen Priester zu Rom über die Glatze, dann schrie das dumme Volk Zetermordio, und war einmal das Volk vernünftig genug, den römischen Anmaßungen entgegenzutreten, dann kam gewiß ein einfältiger Fürst mit geweihtem Schwert und Hut und wetterte hernieder auf die verfluchten Ketzer!

So kam es denn, daß die Päpste bis auf den heutigen Tag ein Recht ausüben, das ihnen niemand gegeben. Durch eine unerhörte Dreistigkeit, durch die klügste Benutzung der Dummheit der Menschen haben sie sich nach und nach in den faktischen Besitz desselben gesetzt, denn die Christen der ersten Jahrhunderte waren weit entfernt, ihnen dasselbe einzuräumen.

Ein Unrecht kann aber nie ein Recht werden, mag es auch Jahrtausende faktisch bestanden haben. Die, welche darunter leiden, haben volles Fug und Recht, sich von dem aufgezwungenen Joche loszumachen, sobald sie können. Die sonst auf ihre Macht so eifersüchtigen Fürsten sind mir in ihrer Stellung zum Papste unbegreiflich! Sie dulden eine Gewalt im Staate, welche der ihrigen überall Abbruch tut, welche durch ihre Beamte das Volk beherrscht und stets bereit ist, dasselbe aufzuwiegeln, wenn der Fürst etwas unternimmt, was dem römischen Interesse zuwider ist.

Und wie häufig müssen dergleichen Fälle nicht vorkommen und besonders in Ländern, in denen die protestantische Religion die vorherrschende und die der Regierung ist! Die neueste Zeit hat es bewiesen, wie die römischen Beamten stets bereit sind, der weltlichen Regierung ihres Landes entgegenzutreten!

Wie schwach zeigt sich eine solche Regierung, und wie erbärmlich steht sie den anderen Untertanen gegenüber, wenn sie schon von einem Rom verkauften Bischof ins Gesicht trotzen läßt. Ein Schriftsteller, der es wagt, eine Regierungsmaßregel zu tadeln, dem macht man den Prozeß wegen Majestätsbeleidigung, frechen und unehrerbietigen Tadels der Gesetze und wie die neuerfundenen Ausdrücke alle heißen mögen; ein Minister oder ein anderer Beamter, der mit einer fremden Regierung gegen die vaterländische konspiriert, wird mit Recht als Hochverräter angeklagt, und – ein römisch-katholischer Bischof darf das alles tun, ja er darf durch Reden und Schriften das Volk zum Aufruhr reizen!

Ein solches Benehmen der Regierungen macht – wie man im gemeinen Leben zu sagen pflegt – böses Blut. Vor dem Gesetze sei jeder gleich, der katholische Bischof wie der protestantische Bauer. Ist es nicht so, dann werden die

Herzen aller vernünftigen Untertanen, welcher Konfession sie auch sein mögen, der Regierung entfremdet; die echt römisch-katholischen sind es von vornherein; denn halb gehören sie dem Vaterlande an, halb dem fremden Manne, der sich Papst nennt.

Meine Herren Fürsten, Sie sind im Irrtum, die Wiederkehr der Jesuiten beweist es: Das Volk will keine Restauration, nein, es will eine Reformation, und bedenken Sie: Vox populi, vox Dei.

Doch das sind «mißliebige» Äußerungen, und um den fatalen Eindruck zu verwischen, den sie vielleicht machten, eile ich aus der Gegenwart zurück ins finstere Mittelalter.

Wie schon oben gesagt, vor Ende des ersten Jahrhunderts hatte die römische Gemeinde wahrscheinlich weder einen besonderen Bischof noch eine besondere Kirche. Die armen Christen mußten sich herumdrücken, wie sie konnten, und ihre Ältesten waren gewiß Männer von unbescholtenen Sitten, denen es mit der Lehre Christi Ernst war. Das Märtyrertum war ihnen unter den Verfolgungen so ziemlich gewiß, und daraus geht schon ganz sicher hervor, daß sie andere Leute waren wie ihre Nachfolger, welche durchaus nicht nach dem Martyrium schmachteten. Der erste römische Bischof, der schon mehr gelten wollte als seine Kollegen, hieß Victor (192 - 201). Er verlangte sehr ungestüm, daß alle übrigen Christen das Osterlamm zu der Zeit essen sollten, wenn es in Rom geschah, nämlich am Auferstehungstage Jesu, und nicht, wie es andere Christen beibehalten hatten, am jüdischen Passahfest, wo es auch Christus aß.

Die anderen Bischöfe meinten, es rapple wohl dem Herrn Kollegen in Rom unter der Mütze, und von seiner Berufung auf Petrus, der diesen Gebrauch in Rom eingeführt haben sollte, nahmen sie nur so viel Notiz, daß ihm der Bischof Polykrates von Ephesus antwortete: «Daß nicht Petrus, sondern Johannes an der Brust Jesu gelegen wäre.» Von einer Oberhoheit des Petrus über die anderen Apostel schien man damals, so nahe der Quelle, noch nichts zu wissen, und 1.000 Jahre später glaubte alle Welt daran!

Als die Christen in Rom einst zur Bischofswahl versammelt waren, setzte sich zufällig eine Taube auf den Kopf eines Mannes Fabianus, und mit echt altrömischem Wunderglauben rief das Volk: «Der soll Bischof sein!» Seitdem nahm man an, daß der Heilige Geist bei jeder Bischofswahl gegenwärtig sei und sie leite. Das war bequem, nun konnte jede dumme Wahl ihm in die Schuhe geschoben werden.

Stephanus, welcher 253 Bischof wurde, war der erste, der behauptete, er sei mehr als die anderen Bischöfe, denn er sei der Nachfolger des heiligen Apostels Petrus. Ja, diees Papstwickelkind ging schon so weit, daß es den asiatischen Bischöfen die Kirchengemeinschaft aufkündigte, weil sie seinen Vorschriften nicht parieren wollten. Diese waren höchst erstaunt über die Frechheit ihres Herrn Bruders in Christo, und der Bischof Firmilian von Kappadokien äußerte sich in einem, den Bischöfen zugeschickten Rundschreiben wie folgt: «Mit Recht muß ich mich in diesem Punkte über eine so offenbare als unverkennbare Torheit des Stephanus ärgern, welcher sich seines Bischofsitzes rühmt und sich für einen Nachfolger des Apostels Petrus ausgibt.»

Als Kaiser Konstantin die christliche Religion zur Staatsreligion machte, da wurde dieser Umstand sogleich von den römischen Bischöfen zur Erhöhung ihrer Macht benutzt. Durch niedrige Schmeichelei und Kriecherei gelang es ihnen, denen stets das Ohr der Kaiser zu Gebote stand, diese zu bewegen, daß ihnen immer mehr Vorrechte eingeräumt wurden. Dabei waren sie nicht blöde, sie nahmen, wo sie etwas bekommen konnten, wie ich schon im ersten Kapitel erzählt habe. So wurden sie reich und mit dem Reichtum von Jahr zu Jahr hochmütiger. Die Stelle des römischen Bischofs wurde nun eine sehr beneidenswerte und sehr begehrte. Der heidnische Statthalter zu Rom, Prätextatus, sagte: «Macht mich zum Bischof von Rom, dann will ich sogleich Christ werden.» Die Bewerber um diese Stelle lieferten sich die blutigsten Gefechte, in denen Hunderte von Menschen ihr Leben einbüßten.

Mit der Frömmigkeit und Heiligkeit der römischen Bischöfe war es längst vorbei, und wir sehen auf dem Bischofsstuhl schon Ehebrecher und Mörder. Doch bei solchen Kleinigkeiten wollen wir uns nicht aufhalten und ebensowenig bei den ehrgeizigen Kämpfen zwischen den Bischöfen Roms und denen der anderen Städte.

Es ist zwar sehr interessant zu beobachten, wie durch konsequente Anwendung von Lüge, Unverschämtheit, List und Gewalt die Macht der römischen Bischöfe immer weiter um sich griff; allein eine solche Auseinandersetzung würde mich hier zu weit führen und ich will mich damit begnügen, die Stellung der römischen Bischöfe in den verschiedenen Jahrhunderten, sowohl ihren Mitbischöfen als der weltlichen Macht gegenüber, zu charakterisieren und nur einzelne dieser Ehrenmänner als Beispiel anzuführen.

Schon im vierten Jahrhundert hatten die römischen Bischöfe es erlangt, daß ihnen der erste Rang unter den Patriarchen, also auch unter allen Bischöfen, zuerkannt wurde. Dies geschah jedoch nicht, weil sie Nachfolger des Petrus sein wollten, sondern weil sie ihren Sitz in der Hauptstadt der damaligen Welt hatten. Aber man dachte noch nicht daran, ihnen eine höhere Würde als den anderen

Patriarchen einzuräumen. Mehr erlangten sie auch nicht im fünften, sechsten und siebenten Jahrhundert, wenn sie selbst auch schon anfingen, sich eine höhere Stellung anzumaßen und zu behaupten, daß sie vermöge der ihnen von Petrus anvertrauten Gewalt mit der Vorsorge für die allgemeine Kirche beauftragt wären.

Diese Anmaßungen wurden indessen noch von niemand anerkannt. In diesen Jahrhunderten hielt man noch die allgemeinen Kirchenversammlungen für die einzige rechtmäßige kirchliche Behörde, welche für die Erhaltung der Einheit der Kirche Sorge tragen mußte. Über die Beobachtung der allgemeinen Kirchengesetze hatte jeder Bischof in seiner Diözese, und vorzüglich jeder Patriarch in seinem Bezirk zu sorgen. Die von den Aposteln gestifteten Gemeinden waren allerdings die Richtschnur für die übrigen, und da Rom im Abendlande die einzige der Art war (da sie von Paulus gestiftet wurde), so war es denn ganz natürlich, daß sich die abendländischen Bischöfe hin und wieder in streitigen Fällen kollegialisch an die Bischöfe von Rom wandten und um Rat baten.

In solchen Fällen waren diese stets darauf bedacht, ihren Rat in Form eines Befehls zu kleiden und wohl gar hinzuzufügen: «So beliebt es dem Apostolischen Stuhl.» Wenn nun auch einzelne Bischöfe zu solchen Anmaßungen schwiegen, worauf die römischen sogleich ein Recht gründeten, so protestierte man doch von allen Seiten dagegen, und an ein Primat des römischen Stuhls dachte vollends noch niemand als höchstens die römischen Bischöfe selbst.

Kaiser Justinian erklärte sogar durch ein eigenes Gesetz die Kirche zu Konstantinopel für das Haupt aller christlichen Kirchen, und andere legten dem dortigen Patriarchen, zum größten Ärger des römischen, den Titel und Charakter eines allgemeinen Bischofs bei. Selbst im

Abendlande, wo doch der römische Bischof noch im höchsten Ansehen stand, räumte man ihm in dieser Zeit nicht einmal einen besonderen Titel ein. Alle Bischöfe nannten sich Papst (von papa, Vater), auch Oberpriester, auch sogar Stellvertreter Christi, und gaben sich untereinander diese Titel, also auch dem Bischof von Rom, der bald Papst der Stadt Rom, bald schlichtweg Papst genannt wurde.

Sogar der Titel Patriarch wurde im Abendlande nicht einmal allein dem Bischof von Rom gegeben. Es nannten sich die meisten Metropoliten so, und noch im Jahre 883 wurde der Bischof von Lyon, der auf der zweiten Synode zu Maçon den Vorsitz führte, Patriarch genannt. Hierin liegt der Beweis, daß man im Abendlande noch nicht daran dachte, dem römischen Bischof einen höheren Rang einzuräumen.

Über das Verhältnis der römischen Bischöfe den Kaisern gegenüber habe ich schon im ersten Kapitel gesprochen. Es blieb dasselbe im fünften, sechsten und siebten Jahrhundert. Zeigten sich einzelne Kaiser nachgiebiger gegen die Bischöfe, so lag dies in ihrer Persönlichkeit. Der römische Bischof stand wie jeder andere Staatsbeamte unter dem Kaiser, und dieser und sein Statthalter waren seine Richter. Die Reichssynoden wurden von den Kaisern berufen, und sie präsidierten hier durch einen Kommissarius, und wenn auf der Synode zu Chalcedon der Legat des römischen Bischofs Leo den Vorsitz führte, so geschah es, weil er sich dies als eine besondere Gnade vom Kaiser erbeten hatte. Die Beschlüsse dieser Synoden wurden nicht vom Bischof in Rom, sondern von den Kaisern bestätigt, und selbst wenn eine solche Kirchenversammlung gegen den Willen des römischen Bischofs gehalten wurde, so verlor sie dadurch nichts an ihrer allgemeinen Gültigkeit.

Bei streitigen Bischofswahlen entschied immer der Kaiser, und kein Bischof durfte seine Würde antreten ohne die kaiserliche Bestätigung. Machte auch der Stolz hin und wieder einen der Bischöfe verrückt, so wagten sie es doch nicht, sich über die Kaiser zu erheben. Selbst Gregor I. (590 - 604), in dem schon der Geist der späteren Päpste spukte, war demütig wie ein Hund vor den Kaisern.

In seinen Briefen an den Kaiser Mauritius gebraucht er die kriechendsten Wendungen, indem er schreibt: «Wer bin ich, der ich zu meinem Herrn rede, als Staub und Wurm.» Er nennt den Kaiser seinen «frommen Herrn, dem die Gewalt über alle Menschen vom Himmel herab erteilt worden sei; und sich selbst nennt er seinen «unwürdigen Diener». Dies war er in der Tat, denn er war durch und durch ein lasterhafter, heuchlerischer Schurke. Sein Benehmen gegen den Tyrannen Phokas beweist dies schon allein. Der Kaiser Mauritius, einer der edelsten Menschen, die jemals auf einem Throne saßen, wurde durch diesen Phokas, einen seiner Hauptleute, entthront. Selbst Nero ist gegen dieses blutdürstige Ungeheuer ein guter, sanfter Mensch. Phokas ließ fünf Kinder des Mauritius vor dessen Augen grausam hinrichten und dann ihn selbst. Er rottete die ganze kaiserliche Familie aus und mordete auf die scheußlichste Weise bis an das Ende seines Lebens. Gregor hatte von Mauritius nur Gutes erfahren, ernannte ihn selbst seinen Wohltäter, und dennoch verleumdete er aus Kriecherei gegen Phokas den edlen Kaiser. An den blutdürstigen Tyrannen schrieb er: «Bisher sind wir hart geprüft gewesen; der allmächtige Gott aber hat Eure Majestät erwählt und auf den kaiserlichen Thron gesetzt, um durch Eurer Majestät barmherzige Gesinnung und Einrichtung aller unserer Not und Traurigkeit ein Ende zu machen. Der Himmel freue sich daher, und die Erde sei fröhlich, und das ganze Volk müsse wegen einer so glücklichen Veränderung Dank sagen.» Und so warf sich Gregor weg, um Phokas und sein nichtswürdiges Weib auf seine Seite zu ziehen, damit er ihn vor dem Bischof von Konstantinopel bevorzuge, welcher zum größten Mißfallen Gregors den Titel «allgemeiner Bischof» angenommen hatte. Doch ich muß die Äußerungen der Verachtung gegen diesen elenden Menschen unterdrücken, denn wo soll ich sonst Worte finden für die Handlungen seiner noch verruchteren Nachfolger? Diesem Gregor verdankt die christliche Kirche die Einführung einer Menge sinnloser Zeremonien, die noch bis zum heutigen Tage Geltung haben. Er war es, welcher noch die letzten Spuren des wahren Christentums verwischte. Er ist der Erfinder des Fegefeuers, dieser päpstlichen Prellanstalt, welche so trefflich rentierte, und auch der eifrigste Förderer des Mönchswesens. Er hinterließ eine Menge Schriften, die von dem wundervollsten Unsinn strotzten. In diesen Schriften sind auch Regeln für Geistliche enthalten, welche sogar vorschreiben, wie eines Bischofs Nase beschaffen sein soll! «Ein Bischof darf keine kleine Nase haben, denn – er muß Gutes und Böses zu unterscheiden wissen, wie die Nase Gestank und Wohlgeruch, daher auch das Hohelied sagt: 'Deine Nase ist gleich dem Turme auf Libanon.' Ein Bischof darf aber auch keine allzu große oder gekrümmte Nase haben, um nicht spitzfindig oder niedergedrückt von Sorgen zu sein; er darf nicht triefäugig sein, denn er muß helle sehen; noch weniger krätzig oder beherrscht vom Fleische.»

Im siebten Jahrhundert trug sich eine Veränderung zu, welche zwar dem Christentume einen harten Stoß gab, aber für das Ansehen der römischen Bischöfe in der Folge höchst vorteilhaft wirkte: Mohammed trat auf als der Stifter einer neuen Religion.

Mohammed lehrte: «Es ist nur ein einziger Gott, welcher die ganze Welt beherrscht; er will von den Menschen treu verehrt sein durch Tugend. Tugend besteht in Ergebung in den göttlichen Willen, andächtigem Gebete, Wohltätigkeit gegen die Armen und Fremden, Redlichkeit, Keuschheit, Nüchternheit, Reinlichkeit, tapferer Verteidigung der Sache Gottes bis in den Tod. Wer diese Pflichten erfüllt, ist ein Gläubiger und empfängt den Lohn des ewigen Lebens.»

Diese Lehre mußte in der damaligen Zeit großen Anklang finden, denn sie war einfach und verständlich, während die der Christen sich von der Jesu so weit entfernt hatte, daß sie unverständlicher, unklarer, mystischer und unvernünftiger geworden war, als die der Heiden jemals gewesen.

Der Islam, so nannte man die Lehre Mohammeds, verbreitete sich mit großer Schnelligkeit über ganz Asien und Nordafrika und vernichtete die christliche Kirche in diesen Ländern. Dadurch verschwanden die Patriarchen von Antiochien, Jerusalem und Alexandrien und mit ihnen die gefährlichsten Gegner der römischen Anmaßungen. Mohammed und seine Nachfolger arbeiteten für die Päpste.

Diese waren aber bis zum Ende des siebten Jahrhunderts noch gar weit von ihrem Ziele entfernt. Die Kaiser küßten ihnen noch nicht den Pantoffel, wie sie es später taten, sondern gingen mit ihnen ebenso um wie mit anderen Staatsbeamten.

Der Bischof Liberius, welcher sich in Glaubenssachen nicht fügen wollte, wurde von Kaiser Konstantin abgesetzt und verwiesen. Der stolze Bischof Leo der Große (452) mußte sich von Kaiser Valentinian als Gesandter zu dem Hunnenkönig schicken lassen, und der Bischof Apapet wurde in derselben Eigenschaft von dem Ostgotenkönig Theodat zu Kaiser Justinian gesandt. Wie demütig Gregor war, haben wir gesehen, und das war wenigstens klug von ihm, denn die Kaiser ließen nicht immer mit sich scherzen, wie es Konstanz dem Bischof Martin (649 - 655) bewies.

Martinus wagte es, den Befehlen des Kaisers entgegen zu handeln, ja, er ließ sich in hochverräterische Pläne ein. Dies bewog den Kaiser, den Bischof durch seinen Statthalter in Rom gefangennehmen und nach Naxos bringen zu lassen, wo er ein Jahr im Gefängnis saß. Von hier brachte man den Heiligen Vater nach Konstantinopel, sperrte ihn 39 Tage lang dort ein und schleppte ihn dann vor ein Gericht, welchem der Großschatzmeister präsidierte. Der Bischof hatte das päpstliche Übel, das Podagra in den Beinen – seine Nachfolger hatten es häufig im Kopfe – und erschien sitzend in einem Sessel. Aber der Richter befahl ihm, das Verhör stehend abzuwarten, und da er dies nicht konnte, so wurde er von zwei Männern aufrecht gehalten.

Die Schuld war offenbar, und so war ihm denn bald das Urteil gesprochen. «Du hast gegen den Kaiser verräterisch gehandelt», sagte der Großschatzmeister, «du hast Gott verlassen, und Gott hat dich wieder verlassen und in unsere Hände gegeben.» Darauf übergab er den Bischof von Rom dem Gouverneur von Konstantinopel mit der Weisung, ihn ohne Bedenken in Stücke zerhauen zu lassen, wenn er wolle.

Dem hochverräterischen Heiligen Vater wurde nun ein Halseisen umgelegt, und an Ketten wurde er durch die Stadt geschleppt. Vor ihm her ging der Scharfrichter mit entblößtem Schwert, zum Zeichen, daß der Verbrecher zum Tode verurteilt sei. Darauf wurde er ins Gefängnis gebracht und mit eisernen Ketten auf eine Bank geschlossen und unter freien Himmel gestellt, wie es mit allen Verbrechern den Tag vor ihrer Hinrichtung geschah. Über den armen deutschen König Heinrich erbarmte sich niemand, als er halbnackt im Schloßhofe von Canossa im Schnee stand, aber Martin fand mitleidige Seelen. Die Gefängnisweiber legten ihn ins Bett, und der Kämmerling des Kaisers ließ ihm zu essen bringen. Ja, der sterbende fromme Patriarch Paulus von Konstantinopel, den Martin feierlich als Ketzer verflucht hatte, bat auf seinem Sterbebett den Kaiser um seines Feindes Leben. Es wurde ihm bewilligt. Martin wurde aus dem Lande verwiesen. Wo bat jemals ein römischer Bischof um das Leben seines Feindes? Der Nachfolger des Martinus zeichnete sich durch nichts aus, als daß er diesen verhungern ließ!

Im achten Jahrhundert taten die Päpste einen mächtigen Sprung vorwärts, wozu sie im Anfang desselben nicht die geringste Hoffnung hatten. Als die Langobarden Herren Italiens waren, da beschränkte sich die Macht der römischen Bischöfe nur auf ihre Diözese, denn die barbarischen Könige erkannten sie nicht einmal als Patriarchen von Italien an, und die anderen Bischöfe dieses Landes behaupteten ihre Unabhängigkeit. Das änderte sich aber bald, als das langobardische Reich unter die Herrschaft der Franken kam. Durch sie wurden die römischen Bischöfe die größten Landbesitzer in Italien, und dies, wie die Unterstützung der Frankenkönige, half ihnen zum Primat in Italien. Sie verloren zwar in dieser Periode vollends allen Einfluß auf Spanien, dafür traten sie aber wieder in nähere Berührung mit Gallien und legten danach den Grund zu ihrer Herrschaft in Deutschland. In England hatten sie schon zu Ende des sechsten Jahrhunderts festen Fuß gefaßt, indem die dortigen christlichen Kirchen auf ihre Veranlassung gestiftet wurden.

Von 715 bis 735 saß Gregor II. auf dem bischöflichen Stuhle zu Rom. Unter ihm brach der große Bilderstreit aus, von dem ich schon früher gesprochen habe und der das ohnedies schon durch Thronstreitigkeiten zerrüttete oströmische Reich noch mehr schwächte. Eigentlich hatte man sich schon seit den ersten Jahrhunderten des Christentums wegen der Verehrung der Bilder gezankt, und die angesehensten und frömmsten Kirchenlehrer hatten den Bilderdienst als scheußlichsten Götzendienst verdammt. Um von den vielen Beispielen nur eins anzuführen, führe ich den Ausspruch Tertullians hier an: «Ein jedes Bild ist nach dem Gesetz Gottes ein Götze, und ein jeder Dienst, der demselben erwiesen wird, eine Abgötterei.»

So wie dieser verdammten Eusebius von Cäsarea, Clemens von Alexandrien, Origenes, Chrystostomus und viele andere der geachtetsten Kirchenväter die Verehrung der Bilder als eine der christlichen Lehre durchaus Hohn sprechende Abgötterei. Aber die römischen Bischöfe und die Mönche, welche den Vorteil erkannten, den ihre Kasse aus diesem Götzendienst ziehen mußte, verteidigten die Bilder mit Leib und Leben.

Gregor II. war ein großer Bildernarr, und als der oströmische Kaiser Leo, der Isaurier, die Bilder mit Gewalt aus den Kirchen Italiens entfernen lassen wollte, da kam es zu den blutigsten Zwistigkeiten, welche der Langobardenkönig Luitprand dazu benutzte, seine Herrschaft in diesem Lande immer weiter auszudehnen. Gregor hetzte alles gegeneinander und wiegelte das Volk gegen den Kaiser auf. An diesen schrieb er den unverschämtesten Brief, in welchem er ihn einen «Ignoranten, einen Tölpel, einen dummen und verrückten Menschen, einen gottlosen Ketzer» nannte. Der rechtschaffene Kaiser, anstatt diesen hochmütigen Pfaffen hängen zu lassen, antwortete ihm mit großer Mäßigung, aber nun stieg erst recht die Frechheit Gregors, und in einem seiner Briefe schrieb der «Vater der Christenheit» an den Kaiser: «Jesus Christus schicke dir den Teufel in den Leib, damit dein Geist zum Heil gelange!» Leo griff nun den unverschämten Bischof am richtigen

Flecke an; er entzog ihm sein ganzes Patrimonium in Sizilien und Kalabrien und unterwarf es dem Patriarchen von Konstantinopel. Dadurch verlor Gregor jährlich 224.000 Livres Einkünfte. Die katholische Kirche verehrt diesen Gregor als einen Heiligen. Sein Nachfolger, Gregor III., fuhr ganz in demselben Geiste fort und wiegelte das Volk zu offener Empörung gegen den Kaiser auf. Als er aber auch den Langobardenkönig beleidigte, rückte dieser vor Rom. Der geängstigte Bischof, den nun alle heiligen Knochen nicht schützten, bat Karl Martell, den fränkischen Oberhaushofmeister, um Hilfe und wand sich vor ihm wie ein Wurm. Endlich ließ sich der Franke bewegen, ihn zu schützen, als er versprach, sich vom Kaiser loszusagen und ihm Rom zu unterwerfen.

Nach Gregors und Martells Tode wurde der Nachfolger des ersteren, Zacharias, wieder arg von den Langobarden bedrängt und sah nirgends Trost und Hilfe als bei den Franken. Hier führte der Sohn Karl Martells, Pipin, das Schwert des Reiches und hatte große Lust, den schwachen König Childerich III. zu entthronen. Zacharias wußte es so zu lenken, daß die fränkischen Stände an ihn die Frage richteten: «Ob nicht ein feiger und untüchtiger König des Thrones beraubt und ein würdigerer an seine Stelle gesetzt werden dürfe?» Der römische Bischof antwortete ja und machte sich dadurch den nun zum Frankenkönig erwählten Pipin zum Freunde. Er erlebte aber die Früchte seiner Politik nicht. Von ihm verdient noch bemerkt zu werden, daß er einen Bischof namens Virgilius in den Bann tat und als Ketzer verdammte, weil dieser behauptet hatte, daß die Erde eine Kugel sei und daß auf der anderen Seite derselben Menschen wohnten, die uns die Fußsohlen zukehrten.

Bischof Stephanus II. (752 - 757) erntete, was seine Vorgänger gesät. Bedrängt von den Langobarden, begab er sich in Person zu Pipin. Dieser schickte ihm seinen Sohn Karl 30 Meilen weit entgegen und ritt selbst eine Meile, um ihn zu begrüßen. Er litt nicht, daß der Bischof vom Pferde stieg, sondern begleitete ihn selbst zu Fuß, gleich einem Stallknechte. So erzählen die päpstlichen Geschichtsschreiber.

Pipin ließ sich in Paris von Stephan salben, und dieser entband ihn feierlich des Eides, den er seinem Könige geleistet, und tat die Franken, wenn sie Pipin und seine Nachkommen nicht als Könige anerkennen würden, in den Bann.

Diese freche und unverschämte Handlungsweise, weit entfernt die Franken zu empören, festigte Pipins Macht, so sehr war dies tapfere Volk schon von dem päpstlichen Aberglauben umgarnt. Pipin zeigte sich dankbar; er schenkte dem Bischof das Exarchat, nämlich die heutige Romagna und Ankona, das ihm gar nicht gehörte! Als Stephan nach Hause zurückgekehrt war und die Franken zu lange zögerten, ihn von den Langobarden zu befreien, schrieb er einen Brief nach dem anderen an Pipin, und als dieser noch immer nicht kam, griff er zu einem ganz unerhörten, schamlosen Betrug. Er schickte einen Brief des Apostel Petrus an Pipin, seinen Sohn und die fränkische Nation, in welchem dieser Apostel auf die Langobarden schimpft, dringend um Hilfe bittet, aber auch droht, «daß, wenn Pipin nicht helfen wolle, er vom Reiche Gottes ausgeschlossen sei». Pipin und seine Franken waren solche Einfaltspinsel, diesen groben Betrug für Wahrheit zu halten, und da sie es sich mit dem Himmelspförtner nicht verderben wollten, so rückten sie in Italien ein, zwangen die Langobarden, das Exarchat zu räumen, und setzten den Bischof von Rom in Besitz dieses Landes, welches dem oströmischen Kaiser gehörte und dessen Untertan auch

Stephan II. war. Während die römischen Bischöfe selbst darum besorgt waren, in Italien ihr Schäfchen ins Trockene zu bringen, arbeitete für sie in unserem Deutschland Bonifatius, welcher seiner Beschützer ganz würdig war. Ich habe schon früher von diesem Unglücksapostel gesprochen, dem wir, in dieser Zeit der Denkmale, eine Schandsäule setzen sollten, damit das Volk endlich aufhöre, solche jämmerlichen Schufte unter seine großen Männer zu zählen! Dieser Bonifatius kam nach Rom und leistete Gregor II. über dem erlogenen Grabe der Apostel einen Huldigungseid, durch welchen er sich dem Papsttume, nicht dem Christentume, mit Leib und Seele unterwarf. Mit heiligen Knochen aller Art ausgerüstet, ging nun Bonifatius nach Deutschland und wandte alle von seinem Meister zu Rom erlernten Mittel an, die deutschen Bischöfe dem römischen Stuhl zu unterwerfen.

Das Christentum hatte in Deutschland längst Wurzel gefaßt; allein Bonifatius rottete es als Ketzerei aus und gab dem Volke dafür die moderne Heidenreligion, die man schon damals in Rom für Christentum ausgab. Er stiftete als Legat des römischen Bischofs eine Menge Kirchen in Deutschland, die er alle demselben unterwarf, und seinen Bemühungen gelang es, zustande zu bringen, daß 744 sämtliche deutschen Bischöfe dem römischen Stuhle beständigen Gehorsam gelobten!

Auch über die fränkischen Bischöfe erlangte er eine Art von Hoheit; in Deutschland hatte sie noch enge Grenzen, und man war weit davon entfernt, ihm die gesetzgebende Gewalt über die ganze christliche Kirche einzuräumen.

Aber es war schon genug, daß man ihm eine gewisse Autorität zuerkannte. Mit Lug und Trug kamen, wie wir sehen werden, die Päpste bald weiter! Wenn auch Pipin sich sehr demütig zeigte, so fiel es doch seinem Sohne, Karl dem Großen, obgleich er sich in Rom vom Papste zum Kaiser krönen ließ, nicht im allerentferntesten ein, sich diesem unterzuordnen; er betrachtete ihn als den ersten Reichsbischof und trat in alle Rechte, welche sonst der römische Kaiser ausgeübt hatte. Aber dieser sonst so vernünftige und große Mann, welcher die Geistlichkeit wegen ihrer Habsucht, Prachtliebe und Sittenlosigkeit sehr derb herunterkanzelte, beging dennoch den dummen Streich, den Pfaffen ein Recht zu gewähren, welches nur dazu diente, die Macht zu erhöhen, von der Karls Nachfolger mißhandelt wurden. Er bestätigte den Zehnten!

Als die christlichen Priester sich ganz nach dem Muster der jüdischen bildeten, verlangten sie auch, wie diese, den zehnten Teil der Ernte usw. für sich. Bisher hatten sie die gläubigen Christen zur Zahlung dieser Abgabe durch Überredung zu verführen gesucht, und wenn auch schon am Ende des siebten Jahrhunderts eine fränkische Synode den Zehnten für eine göttliche Satzung erklärte und jeden mit dem Bann bedrohte, der ihn nicht bezahlte, so war dies eben weiter nichts als ein Beweis der pfäffischen Unverschämtheit, deren wir so viele haben. Karl der Große machte den Zehnten erst gesetzlich, und bald dehnten ihn die Pfaffen auf alles mögliche aus. Sie verlangten nicht nur den Zehnten von den Feldfrüchten, Schafen, Ziegen, Kälbern, Hühnern und dem Erwerb, sondern sie wollten ihn sogar von Dingen haben, die sich für Geistliche sehr schlecht schickten. Den Beweis dafür mag folgendes liefern:

Zu Brescia belehrte der Pfarrer die Frauen im Beichtstuhl, daß sie ihm auch den Zehnten von – den ehelichen Umarmungen entrichten müßten. Eine der Frauen, welche sich von der Rechtmäßigkeit der geistlichen Ansprüche hatte überzeugen lassen, wurde von ihrem

Manne über ihre lange Abwesenheit zur Rede gestellt; von ihm gedrängt – beichtete sie das saubere Beichtstuhlgeheimnis. Der beleidigte Ehemann sann auf eine herbe Züchtigung. Er veranstaltete ein großes Gastmahl, zu welchem auch der zehntenlustige Pfarrer geladen wurde. Als man in der besten Unterhaltung war, erzählte der Wirt die saubere Geschichte der Gesellschaft und wandte sich dann plötzlich gegen den entsetzten Pfaffen, indem er sagte: «Da du nun von meiner Frau den Zehnten von allen Dingen verlangst, so empfange nun auch den hier.» Dabei überreichte er ihm ein Glas voll Urin und – nun die Leser mögen sich denken, was darin war – zwang den halbtoten Pfarrer, dasselbe vor den Augen der ganzen Gesellschaft zu leeren! -Seitdem wird ihm wohl der Appetit nach dem Zehnten etwas vergangen sein!

Karls des Großen unwürdige Nachfolger begingen die Unklugheit, sich ebenfalls von dem Papste krönen zu lassen, und so wurde im dummen Volke bald die Idee erweckt, daß der Papst über dem Kaiser stehe, da er ihn durch die Krönung zum Kaiser mache. Die Einwilligung, welche die Päpste zu ihrer Wahl vom Kaiser bedurften, wurde stets sang- und klanglos eingeholt, damit das Volk nichts merkte. Papst Eugenius entwarf selbst den Eid, welchen er «seinen Herren, den Kaisern Ludwig und Lothar» leistete und den auch seine Nachfolger den Kaisern schwören mußten. Dieser Eid, den ich nicht ausführlich erwähnen will, steht auch in den Diplomen, die von den Kaisern Otto I. und Heinrich I. in der Engelsburg in Rom aufgefunden wurden. Es ist also klar bewiesen, daß die Päpste damals vollkommen anerkannten, daß sie Untergebene der Kaiser waren.

Es ist ordentlich erbaulich zu lesen, mit welcher grenzenlosen Unverschämtheit die Päpste dies abzustreiten versuchten! Wahrhaft groß darin war Nikolaus I. (858 -

868). Er behauptet, «daß die Kaiser, wenn sie Synoden für nötig hielten, stets nach Rom geschrieben und nicht befohlen, sondern nur gebeten hätten, eine Synode zusammenzurufen, und dann gutgeheißen oder verdammt hätten, was man in Rom für nötig fand». Er war sogar so dreist zu behaupten, «daß die Untertanen den Königen, die den Willen Gottes (d. h. des Papstes) nicht täten, keinen Gehorsam schuldig wären». Seinen Namen setzte er in allen Schriften vor den der Könige, ja, er wagte es, Lothar zu exkommunizieren, und dieser – bat wirklich demütig um Absolution!

Die Erzbischöfe Teutgaud von Trier und Günther von Köln traten kühn dem frechen Nickel entgegen. «Du bist ein Wolf unter Schafen», sagten sie zu ihm, «du handelst gegen deine Mitbischöfe nicht wie ein Vater, sondern wie ein Jupiter, du nennest dich einen Knecht der Knechte und spielst den Herrn der Herren – du bist eine Wespe–, aber glaubst du, daß du alles tun dürftest, was dir gefällt? Wir kennen dich nicht und deine Stimme und fürchten nicht deinen Donner; die Stadt Gottes, von der wir Bürger sind, ist größer als Babylon, das sich rühmt, ewig zu sein, und sich brüstet, als ob es nie irren könne.» Doch was halfen alle diese Anstrengungen? Die starke Kreuzspinne zu Rom spann ihr Lügengewebe über ganz Europa und bestrickte damit endlich Könige, Bischöfe und Volk! Es ging aber damit den Päpsten noch immer zu langsam und sie ersannen einen Betrug, der ihnen schneller zum Ziele helfen sollte und, dank der Dummheit der Welt, leider auch half!

Niemand wollte noch an die Rechtmäßigkeit all der Rechte glauben, welche die Päpste nach und nach usurpiert hatten. Dies war ihnen in vielen Fällen fatal und sie mußten sehr wünschen, es nachweisen zu können, daß schon die ersten römischen Bischöfe solche Machtvollkommenheit gehabt hätten, wie sie in Anspruch nähmen. Zu diesem Zweck wurden zu Anfang des neunten Jahrhunderts die in der Geschichte unter dem Namen der Pseudo-Isidorischen Dekretalen bekannten Urkunden von einem päpstlichen Betrüger zusammengestellt. Sie wurden unter dem Namen des höchst geachteten Bischofs Isidor von Sevilla (der 636 starb) verbreitet und begannen mit 60 Briefen der allerersten Bischöfe Roms, denen eine Menge bischöflicher Dekretalen (Beschlüsse), echte und falsche durcheinander, folgte. Der Hauptzweck dieses Buches war es, die ganze Kirchenzucht über den Haufen zu werfen, den römischen Bischof zum unumschränkten Kirchenmonarchen zu machen, ihm mit Vernichtung aller Metropolitan und Synodalgewalt die Bischöfe unmittelbar zu unterwerfen; die Kirche von aller weltlichen Gerichtsbarkeit unabhängig zu machen und allen Einfluß des Staates auf kirchliche Angelegenheiten und Verhältnisse zu zerstören. In diesem sauberen Machwerke ist auch eine Schenkungsurkunde enthalten, durch welche der Kaiser Konstantin dem Apostel Petrus das ganze abendländische Reich und dessen Hauptstadt Rom zusichert! Das Betrügerische dieser Briefe und Urkunden liegt so klar am Tage, daß man kaum begreift, wie selbst Bischöfe ihnen damals Glauben schenken konnten. Aber die meisten derselben waren ungelehrte Leute, welche nicht einmal die Geschichte ihrer Kirche kannten. Fragte ein Gescheiter unter ihnen nach den gewiß in Rom aufbewahrten Originalen dieser Dekretalen, dann wußte man sehr schlau und ausweichend zu antworten, und die meisten Bischöfe ließen fünf gerade sein, da sie lieber von dem entfernten Bischof von Rom als von ihrem Metropoliten abhängig sein wollten, der ihnen zu nah auf die Finger sah.

In diesen Briefen, die angeblich von den römischen

Bischöfen der ersten Jahrhunderte geschrieben waren, kommen Bezeichnungen von Dingen vor, die man zu ihrer Zeit noch gar nicht kannte. Ja, der betrügerische Fabrikant dieses Buches läßt sie Stellen aus der Bibel nach der Übersetzung des heiligen Hieronymus selbst aus Büchern zitieren, die erst im siebten Jahrhundert geschrieben wurden! Ja, es sind sogar Stellen aus den Beschlüssen einer Synode zu Paris im Jahr 829 in diesem Werke! Doch wie lächerlich es auch klingen mag, diese Pseudo-Isidorischen Dekretalen, dieses so ungeschickte, betrügliche Machwerk ist die Grundlage des Papsttums. Durch sie wurden die Päpste unumschränkte Gesetzgeber in geistlichen und weltlichen Dingen, durch sie erhoben sie sich über Völker und Fürsten, ließen sich als Halbgötter anbeten, verfügten willkürlich über mächtige Reiche, ja verschenkten ganze Weltteile.

Der Titel also, den ein meuchelmörderischer Schurke Phokas erteilte; die Schenkung gestohlenen Gutes, welches ein Usurpator, Pipin, machte, und eine ganz gemeine Fälschung, diese Pseudo-Isidorischen Dekretalen – sie bilden die unheilige Dreieinigkeit, auf weicher die päpstliche Macht gegründet ist. Mord, Diebstahl, Fälschung! Ein sauberes Fundament!

Das Gebäude, welches darauf erbaut wurde, hielt bis auf den heutigen Tag, denn es war gemörtelt mit der Dummheit der Menschen, und die Risse, welche die Vernunft zu manchen Zeiten darin machte, wurden zugeleimt mit dem Blute von Millionen!

Die Pseudo-Isidorischen Dekretalen äußerten schon ihre Kraft unter dem obengenannten Papst Nikolaus I. und noch mehr unter Johannes VIII., der 872 den römischen Stuhl bestieg. Er gebärdete sich schon wie ein rechter Papst und sprach von dem Kaiser Karl dem Kahlen: «Da er von Uns zum Kaiser gekrönt sein will, so muß er auch zuerst von Uns gerufen und erwählt sein!» Er war der erste, der den Kronkandidaten eine förmliche Kapitulation vorlegte, ehe sie zur Krönung nach Rom kommen durften! Karl dem Dicken, der einige Klostergüter verschenkt hatte, schrieb er: «Wenn du solche binnen 60 Tagen nicht wiederschaffst, sollst du gebannt sein, und wenn auch dies nicht hilft, durch derbere Schläge klug werden.» Er sprach in einem Schreiben an die deutschen Bischöfe mit dürren Worten aus, wohin das Streben aller Päpste zielte: «Was schaffen wir denn in der Kirche an Christi Statt, wenn wir nicht für Christus gegen der Fürsten Übermut kämpfen? Wir haben, sagt der Apostel, nicht mit Fleisch und Blut, sondern wider die Fürsten und Gewaltigen zu kämpfen.»

Stephan V. (885 - 891) war schon nicht mehr damit zufrieden, ein Mensch zu sein, denn er sagte: «Die Päpste werden, wie Christus, von ihren Müttern durch die Überschattung des Heiligen Geistes empfangen; alle Päpste seien so eine gewisse Art von Gott-Menschen, um das Mittleramt zwischen Gott und den Menschen desto besser betreiben zu können; ihnen sei auch alle Gewalt im Himmel und auf Erden verliehen worden.»

Der Strom der päpstlichen Nichtswürdigkeit und Unflätigkeit wird nun immer breiter. Mit dem zehnten Jahrhundert beginnt das sogenannte «römische Hurenregiment». Gemeine Buhldirnen regieren die Christenheit und schalten und walten nach Gefallen über den sogenannten Apostolischen Stuhl.

Ich könnte leicht parteiisch erscheinen, wenn ich diese schmachvolle Periode der Wahrheit getreu charakterisierte, deshalb mag für mich der Kardinal Baronius sprechen, ein durchaus päpstlicher Schriftsteller. Er sagt: «In diesem Jahrhundert war der Greuel im Tempel und Heiligtum des Herren zu sehen, und auf Petri Stuhl saßen die gottlosesten Menschen, nicht Päpste, sondern Ungeheuer. Wie häßlich sah die Gestalt der römischen Kirche aus, als geile und unverschämte Huren zu Rom alles regierten, mit den bischöflichen Stühlen nach Willkür schalteten und ihre Galane und Beischläfer auf Petri Stuhl setzten.» Doch man darf nicht glauben, daß nur die Päpste ein so unwürdiges Leben führten, nein, verdorben wie das Haupt, so waren auch die Glieder. König Edgard sagt in einer Rede von der englischen Geistlichkeit: «Man findet unter der Klerisei nichts anderes als Üppigkeiten, liederliches Leben, Völlerei und Hurerei. Ihre Häupter haben sie ganz infam gemacht und sie in Hurenherbergen verwandelt. Tag und Nacht wird darin gesoffen, getanzt und gespielt. Ihr Bösewichte, müsset ihr die Vermächtnisse der Könige und die Almosen der Fürsten so anwenden?» Ich werde später hinlänglich Beweise anführen, daß König Edgard die Wahrheit sprach und daß seine Strafrede nicht allein die Geistlichkeit Englands, sondern aller Länder anging.

Nicht der Heilige Geist, sondern die Mätresse des mächtigen Markgrafen Adalbert von Toskana, Marozia, erhob Sergius III. auf den päpstlichen Stuhl und zeugte mit ihm hier ein Söhnlein, welches später ebenfalls Papst wurde. Als dieser Papst starb, gaben ihm Marozia und ihre Schwester Theodora ihren Liebling Anastasius II. zum Nachfolger. Diesem folgte kurz darauf, weil das Schwesterpaar viel Päpste konsumierte, Johannes X., der es aber mit Marozia verdarb, die ihn gefangensetzen und ersticken ließ. Leo VI., der ihm folgte, wurde ebenfalls nach einigen Monaten ermordet. Endlich machte Marozia ihren mit Sergius gezeugten Sohn Johannes XI., der noch fast ein Kind war, zum Papst. Mord und Totschlag erfüllte Rom. Einer der Feinde des Papstes bemächtigte sich desselben und ließ ihn im Gefängnis vergiften.

Die tolle Wirtschaft, die in Rom und überhaupt in Italien zu dieser Zeit herrschte, ist zu verwirrt und bunt, als daß ich mich auf nähere Umstände einlassen könnte. Im Jahr 956 gelang es einem Enkel der Marozia, namens Oktavian, den päpstlichen Stuhl zu erobern, obwohl er erst 19 Jahre alt und niemals Geistlicher gewesen war. Er nannte sich Johannes XII. und ist ein wahres Juwel von einem Papst, der es noch toller trieb als sein gleichzeitiger Kollege, der griechische Patriarch Theophylaktus, ein Junge von 16 Jahren!

Johannes verkaufte Bistümer und Kirchenämter an den Meistbietenden und verwandte mehr auf Pferde und Hunde, als wohl einem Papst ziemt. Von ersteren hielt er nicht weniger als 2.000, und diese fütterte er aus bloßer Verschwendungssucht mit Pistazien, Rosinen, Mandeln und Feigen, die vorher in gutem Wein eingeweicht waren. Guter Hafer und Heu wäre ihnen höchstwahrscheinlich lieber gewesen. Unter seiner Regierung ging es recht lustig zu, man lachte und tanzte in der Kirche und sang dazu liederliche Lieder. Der päpstliche Palast wurde von ihm in ein Serail verwandelt. Kein Weib war mehr so keck, sich sehen zu lassen, denn Johannes notzüchtigte alles, Mädchen, Frauen und Witwen, selbst über den Gräbern der heiligen Apostel. So erzählt von ihm der Bischof von Cremona, Luitprand. Diese Wirtschaft wurde endlich dem Kaiser Otto I. zu toll. Er berief ein Konzil, und hier erfuhr er von dem «Heiligen Vater» höchst unheilige Dinge. Die achtungswertesten Bischöfe traten gegen ihn als Ankläger auf. Einer sagte, daß er gesehen, wie der Papst einen im Pferdestalle zum Bischof ordinierte; andere bewiesen, daß er Bischofsstellen für Geld verkaufte und daß er einen zehnjährigen Knaben zum Bischof von Lodi gemacht habe. Die Unzucht will ich hier übergehen, weil sie zuviel Platz wegnehmen würde. Man beschuldigte ihn ferner, daß er den Kardinal-Subdiakonus kastriert, mehrere Häuser in Brand gesteckt, beim Wein auf des Teufels Gesundheit getrunken und beim Würfelspiel oftmals Venus und Jupiter angerufen habe. Nachdem die Synode feierlich die Wahrheit dieser Aussagen beschworen hatte, bat sie den Kaiser, den Papst trotz aller Beweise nicht ungehört zu verdammen. St. Johannes wurde also herbeizitiert, aber statt seiner kam ein Brief, in welchem er schrieb: «Wir hören, daß ihr einen anderen Papst wählen wollt. Ist das eure Absicht, so exkommuniziere ich euch alle im Namen des allmächtigen Gottes, damit ihr außer Stand gesetzt werdet, weder einen Papst zu ordinieren, noch Messe zu halten.» Nun machte Kaiser Otto I. nicht viel Umstände mit Johann, setzte ihn ab und den von Volk, Adel und Geistlichkeit erwählten Leo VIII. an seine Stelle. Johann hatte sich mit den Schätzen der Peterskirche davongemacht. Als Kaiser Otto mit seinen Deutschen abmarschiert war, da verlangten die römischen Damen nach ihrem Liebling Johannes und wußten es durch ihren Anhang dahin zu bringen, daß er wieder im Triumph in Rom eingeführt wurde. Leo gelang es zu entkommen, aber mehrere seiner Freunde fielen Johannes in die Hände, und er ließ sie schändlich verstümmeln. Otgar, Bischof von Speyer, der noch in Rom war, wurde so lange gepeitscht, bis er starb! St. Johannes genoß aber die neue Herrlichkeit nicht lange. Er entführte eine schöne Frau, wurde von dem Manne derselben auf frischer Tat ertappt und «auf der Bresche» der erstürmten Zitadelle totgeschlagen. Ein seltsames Sterbekissen für einen heiligen Papst! Ich habe die Taten dieses Johannes etwas ausführlicher erzählt, um die Leser vorzubereiten auf die späteren Päpste, die noch heiliger waren. Die anderen «heiligen Väter» dieses Jahrhunderts will ich etwas summarischer behandeln.

Leo VIII. und Benedikt V. wurden bald abgetan, und es bestieg den päpstlichen Stuhl Johann XIII. (965 - 972), den die Römer wegjagten, weil er zu stolz und gewalttätig war, und an dessen Stelle Benedikt VI. zum Papst gemacht wurde. Dieser wurde aber auch bald von einem Sohn der Marozia und des Papstes Johann X. ins Gefängnis geworfen und erdrosselt.

Johann XIV. ließ einen seiner Gegenpäpste ebenfalls einsperren und vergiften; aber dieser starb bald darauf, und seine Leiche wurde von den erbitterten Römern durch alle Pfützen geschleift und dann auf offener Straße liegen gelassen wie ein Aas. Einige Geistliche holten sie weg und begruben sie heimlich.

Johann XV. (985 - 996) maßte sich das Recht der Selig- und Heiligsprechung an, welches bisher jeder Bischof nach Gefallen ausübte. Johannes XVI. wurde von seinem Gegner Gregor V. (996 - 998) gefangengenommen und hatte ein klägliches Ende. Gregor ließ ihn an Augen, Ohren und Nase schrecklich verstümmeln, in einem beschmutzten priesterlichen Gewande rücklings auf einem Esel, den Schwanz in der Hand, durch die Straßen führen und dann in einem Kerker elend verhungern! Ehe ich es vergesse, muß ich hier noch eine Sage einschieben, welche von den Feinden des Papsttums immer mit großer Schadenfreude erwähnt wurde, wenn auch neuere Schriftsteller sie durchaus als eine Erfindung behandeln. Es ist dies die berüchtigte Geschichte von der Päpstin Johanna.

Man erzählt nämlich, daß zwischen Leo III. und Benedikt IV. ein Frauenzimmer unter dem Namen Johann VIII. auf dem päpstlichen Stuhl gesessen habe. Bald macht man diese Päpstin zu einem englischen, bald zu einem deutschen Mädchen und nennt sie Johanna, Guta, Dorothee, Gilberte, Margarethe oder Isabelle. Sie soll mit ihrem

Liebhaber, als Jüngling verkleidet, nach Paris gegangen sein, dort studiert und sich solche Gelehrsamkeit erworben haben, daß man sie, als sie nach Rom kam, zum Papste wählte.

Dieser Papst war aber, so erzählt die Sage weiter, vertrauter mit seinem Kämmerer als mit dem Heiligen Geist, und der Heilige Vater fühlte, daß er eine Heilige Mutter werden wollte. Es erschien ihr ein Engel, der ihr die Wahl ließ, ob sie ewig verdammt oder vor der Welt öffentlich beschimpft sein wolle? Sie wählte natürlich das letztere und kam in öffentlicher Prozession zwischen dem Kolosseum und der Kirche St. Clemens mit einem jungen Päpstlein nieder.

Es hat jeder Hof seine geheime Geschichte, und die vorgefallenen Schändlichkeiten werden meistens so gut vertuscht, daß der spätere gewissenhafte Geschichtsschreiber die sich hin und wieder davon vorfindenden Erzählungen als nicht hinlänglich begründet verwerfen muß. Ich habe Büchertitel gelesen, auf denen versprochen ist, die Echtheit der Päpstin Johanna aus mehr als 100 päpstlichen Schriftstellern nachzuweisen; aber andere Titel, die ebenso gründlich und zuversichtlich klingen, versprechen gerade das Gegenteil. Die Sache ist an und für sich nicht so wichtig, deshalb habe ich meine Zeit nicht damit verloren, sie historisch zu untersuchen, was eine sehr mühsame Arbeit sein möchte, und ich muß sie dem Glauben der Leser überlassen.

Seit dieser ärgerlichen Geschichte, fährt die Sage fort, mußte sich der neuerwählte Papst auf einen durchlöcherten Stuhl setzen, vor versammelter Geistlichkeit und dem Volk. Dann mußte ein Diakonus untersuchen, ob der Heilige Vater das habe, was der Johanna fehlte. Fand er alles in Ordnung, dann rief er mit feierlicher Stimme: Er hat, er hat, er hat! Und das Volk jubelte: Gott sei Dank! Dieser Stuhl hieß der Untersuchungsstuhl oder die sella stercoraria. Erst Leo X. soll diesen Brauch abgeschafft haben.

Gregor V., der letzte Papst im zehnten Jahrhundert, war der erste, welcher das Interdikt auf ein Land schleuderte, und zwar auf Frankreich. Das Interdikt war die furchtbarste und wirksamste Taktik der Kirchendespoten und der recht eigentliche Hebel der geistlichen Universalmonarchie.

Jetzt mag der Papst bannen und interdizieren, soviel er will, es kräht kein Hahn darum; allein in jener Zeit des Aberglaubens konnte ein Land kaum ein größeres Unglück treffen als das Interdikt. Trauer und Verzweiflung waren über dasselbe ausgebreitet, als wüte die Pest. Der Landmann ließ seine Arbeit liegen, denn er glaubte, daß der verfluchte Boden nur Unkraut statt Frucht trüge; der Kaufmann wagte es nicht, Schiffe auf die See zu schicken, weil er befürchtete, Blitze möchten sie zertrümmern; der Soldat wurde ein Hasenfuß, denn er meinte, Gott sei gegen ihn.

Keine Wallfahrt, keine Taufe, keine Trauung, kein Gottesdienst, kein Begräbnis mehr! Alle Kirchen waren geschlossen, Altäre und Kanzeln entkleidet, die Bilder und Kreuze lagen auf der Erde, keine Glocke tönte mehr, kein Sakrament wurde ausgeteilt, die Toten wurden ohne Sang und Klang verscharrt wie Vieh, in ungeweihter Erde! – Ehen wurden nur eingesegnet auf den Gräbern, nicht vor dem Altar, alles sollte verkündigen, daß der Fluch des Heiligen Vaters auf dem Lande laste. Kurz, die ganze Pfaffheit war suspendiert. Es war ein Zustand, wie ich ihn – die Dummheit des Volkes abgerechnet – dem deutschen Volke von ganzem Herzen wünsche! Der Bann oder die

Exkommunikation kommt schon weit früher in der christlichen Kirche vor; aber dann war er immer nur gegen einen Einzelnen gerichtet, und dieser hatte daran schwer genug zu tragen, wenn er sich auch persönlich nichts daraus machte. Das Volk betrachtete ihn als einen Teufelsbraten und floh seine Gemeinschaft, als ob er ein Pestkranker wäre. Die Überbleibsel seiner Tafel, und waren es die einer kaiserlichen, rührte selbst der Ärmste nicht an, sie wurden verbrannt. Mit der Exkommunikation wurde der Gebannte auch zugleich für bürgerlich tot erklärt. Er konnte keine Rechtssache vor Gericht führen, nicht Zeuge sein, kein Gut zu Lehen oder in Pacht geben usw. Vor die Tür eines Gebannten stellte man eine Totenbahre, und seine Leiche durfte nicht in geweihter Erde begraben werden. Hieraus wird man es erklärlich finden, daß selbst Könige vor dem Banne zitterten.

Sylvester II., der Nachfolger Gregors V., ist der einzige Papst, von welchem die päpstlichen Geschichtsschreiber mit Bestimmtheit melden, daß ihn der Teufel geholt habe. Er war nämlich ausnahmsweise ein gescheiter Mann, der besonders Mathematik trieb und die Wissenschaften begünstigte. Ihm verdanken wir auch die arabischen, das heißt unsere gewöhnlichen Zahlen. Diesem gescheiten Papst hatte, so erzählt man, der Teufel die Papstwürde verheißen und versprochen, ihn nicht eher zu holen, als bis er zu Jerusalem Messe lesen würde. Dazu war wenig Hoffnung, denn diese Stadt war von den Sarazenen besetzt. Aber der Teufel ist ein Schalk. Es gab in Rom eine Kapelle, die Jerusalem hieß. Hier las der Papst Messe, und so holte ihn denn der Teufel. Sylvesters Grab hat lange geschwitzt und seine Gebeine rasselten. Grauenhaft!

Die Pseudo-Isidorischen Dekretalen hatten im zehnten Jahrhundert schon ihre Blüten entfaltet; aber im elften fingen sie erst recht an, Früchte zu tragen. Wir erblicken in ihm das Papsttum in seiner höchsten Macht, und Gregor VII. erklomm den Gipfel derselben. Ehe ich von diesem gewaltigen Papst rede, muß ich noch erwähnen, daß schon vor ihm das Kollegium der Kardinäle zu sehr hoher Bedeutung gelangte. Ursprünglich gab es nur sieben Cardinales (von Cardo, Türangel), und es waren dies die vornehmsten Geistlichen Roms. Da aber der Einfluß dieser Herren mit der Zeit stieg, und alle Geistlichen nach dieser Würde trachteten, so sahen sich die Päpste genötigt, die Zahl der «Türangeln der Kirche» unter allerlei Abstufungen zu vermehren, bis sie endlich, weil Jesus 70 Jünger hatte, auf 70 stieg.

Allmählich wurde der Geistlichkeit und dem Volk das Recht der Papstwahl «entzogen», was man auf deutsch gestohlen nennt, und die Kardinäle maßten sich das Recht derselben an. Dieses Kollegium, aus dem der Papst nun gewählt wurde, hatte ein direktes Interesse daran, das Ansehen des päpstlichen Stuhles auf jede Weise zu fördern, denn es konnte ja schließlich jedes Mitglied Papst werden!

Die Kardinäle errangen bald die größten Vorrechte. Sie machten Anspruch auf einen Rang unmittelbar nach den Königen und verlangten den Vorrang vor allen Kurfürsten, Herzögen und Prinzen. Sie, die eigentlichen Privatdiener des Papstes, standen weit höher als Erzbischöfe und Bischöfe, welche doch alle ebensoviel waren wie der Papst. Doch haben ja auch in manchen unserer deutschen Staaten die Kammerherren, die dem Fürsten den Operngucker nachtragen müssen, Oberstenrang! Die Kardinäle trugen Purpur. Begegneten sie einem Verbrecher auf seinem Gange zum Galgen, so konnten sie ihn befreien. Sie selbst verdienten diesen Galgen sehr häufig; aber ich glaube nicht, daß jemals ein Kardinal durch rechtskräftigen Urteilsspruch gehängt wurde. Es war auch beinahe unmöglich, ihn eines Verbrechens zu überführen, denn dazu gehörten 72 Zeugen. Kardinäle durften jede Königin oder Fürstin auf den Mund küssen, und keiner durfte ein Einkommen unter 4.000 Scudi jährlich haben. Der Posten eines Kardinals soll einer der bequemsten in der Christenheit sein. Gregor VII. (1073 - 85) war der Sohn eines Handwerkers und hieß eigentlich Hildebrand. Er war nur klein von Körper, aber der größte und kräftigste Geist, der je auf dem päpstlichen Stuhle gesessen. Sein Zeitgenosse, der Kardinal Damiani, nannte ihn nur einen heiligen Satan, und die späteren reformierten Schriftsteller titulierten ihn nie anders als Höllenbrand.

Schon als Kardinal beherrschte er unter den früheren Päpsten den «Apostolischen Stuhl» und wußte es durch Intrigen und Heuchelei dahin zu bringen, daß man ihn selbst auf denselben erhob und daß Kaiser Heinrich IV., trotz aller Warnungen gutgesinnter Bischöfe, ihn bestätigte.

Dieser Grobschmiedssohn Hildebrand schmiedete die Kette, unter welcher die Welt seit 800 Jahren seufzt. Er ist der eigentliche Begründer des Papsttums. Unablässig trachtete er danach, seine Idee einer Universalmonarchie zu verwirklichen, und seinem echt pfäffischen Genie, welchem kein Mittel zu schlecht war, gelang es auch.

Kaum war er Papst, so behauptete er: die ganze Welt sei Lehen des römischen Stuhles. Mehrere Fürsten waren auch wirklich so einfältig, ihm zu glauben und ihre Reiche von ihm zu Lehen zu nehmen! Solche Fürsten, bei welchen alle seine niederträchtigen Künste und Lügen nicht fruchteten, die tat er in den Bann, und ich habe oben beschrieben, was ein solcher Bann zu bedeuten hatte. Ein exkommunizierter König war nach Gregors Grundsatz seiner Macht und Würde verlustig, und alle Untertanen waren ihres Eides des Gehorsams entlassen. Da man sich bereits daran gewöhnt hatte, den Papst als den Statthalter Gottes zu betrachten, so wurde es ihm nicht schwer, bei den verdummten Menschen seinen Anmaßungen Geltung zu verschaffen.

Zur Ausführung seiner ehrgeizigen Pläne hielt es Gregor für nötig, die Geistlichkeit von allen Banden zu trennen, durch welche sie mit der bürgerlichen Gesellschaft und mit dem Staate verbunden war. Da Familienbande die fesselndsten und einflußreichsten sind, so unternahm er es, um jeden Preis die Ehe bei Geistlichen auszurotten. Gregor VII. ist der Urheber der erzwungenen Ehelosigkeit der Priester oder des Zölibats. Wer die Süßigkeit und den Segen des Familienlebens kennt, kann sich wohl vorstellen, daß die Geistlichen dem Papste hierin den größten Widerstand leisteten. Der Kampf der Priester um ihre Weiber dauerte zwei Jahrhunderte; endlich unterlagen sie! In der Folge werde ich mich weitläufiger über diesen Kampf auslassen, bei welchem der dumme Fanatismus des Volkes die Päpste mächtig unterstützte, wie auch über die entsetzlichen Folgen, welche das Zölibat für die Welt hatte.

Ein anderer Schritt, den Gregor zur Erreichung seines Zweckes tat, war die Vernichtung des Investiturrechtes. Die höhere Geistlichkeit war von den Fürsten mit Reichtümern überschüttet, mit Land und Leuten begabt und mit fürstlichen Ehren und Rechten versehen worden; Erzbischöfe, Bischöfe und Äbte waren Vasallen des Reiches. Als solche übergaben ihnen die Fürsten bei der Belehnung einen Ring, zum Zeichen der Vermählung des Bischofs mit der Kirche, und einen Hirtenstab, als Zeichen des geistlichen Hirtenamtes. Der Geistliche wurde nicht eher in den Genuß seiner Würde eingesetzt, bis diese Zeremonie nicht geschehen war. Diese nannte man die Investitur. Sie war das Band, durch welches die Bischöfe mit dem Landesfürsten zusammenhingen. Dieses Band wollte Gregor lösen, um der weltlichen Macht alle Gewalt über die Kirche und die Geistlichkeit zu entziehen. Auf einer Synode (1075) erließ er ein Dekret, welches allen Geistlichen bei Strafe des Verlusts ihrer Ämter verbot, die Investitur aus der Hand eines Laien, das heißt Nichtgeistlichen, zu empfangen, und welches den Laien untersagte, dieselbe bei Strafe des Bannes zu erteilen.

Die Fürsten waren erstaunt über die neue Anmaßung des hochmütigen Narren und hielten sich nicht an seine Befehle. Gregor aber mühte sich nicht mit den kleineren Fürsten ab, er wollte ihnen seine Macht zeigen, indem er sie gegen den angesehensten unter ihnen, gegen den Kaiser, seinen Herren, richtete.

Heinrich IV. hatte in unter Deutschlands Mächtigen viele Gegner. Gregor schürte die Streitigkeiten mit denselben und machte die Sache der Feinde des Kaisers zu der seinigen. Endlich hatte er die Frechheit, den Kaiser nach Rom zu zitieren, damit er sich vor ihm verantworte! Heinrich, dessen Vater noch drei Päpste abgesetzt hatte, war empört über diese Unverschämtheit und berief eine Synode nach Worms, von welcher Gregor einstimmig gebannt und abgesetzt wurde.

Während dies in Worms geschah, sprang auch in Rom eine Mine gegen Gregor. Eine Menge Gebannter vereinigten sich, überfielen ihn in der Kirche, als er gerade Hochamt hielt, und schleppten ihn bei den Haaren hinweg ins Gefängnis; aber der verblendete Pöbel in Rom setzte ihn wieder in Freiheit!

Gregor lechzte nach Rache. Das Absetzungsdekret beantwortete er dadurch, daß er Heinrich IV. und alle seine Anhänger in den Bann tat, die Untertanen ihres Eides entband und den Kaiser absetzte! Zugleich überschwemmten

Mönche, die bereitwilligen Handlanger der Päpste, ganz Deutschland und bearbeiteten das Volk. Zuerst schrie man hier fast einstimmig gegen den verwegenen Papst, denn im Schreien ist Deutschland groß; aber Heinrichs Gegner handelten. Durch Hildebrands Intrigen verführt, fielen allmählich die Anhänger des Kaisers von demselben ab, nur der Herzog Gottfried von Lothringen blieb ihm treu. Gregor schaffte ihn durch Meuchelmord aus dem Wege!

Die elenden deutschen Fürsten versammelten sich zu Tibur und erklärten hier dem Kaiser, «daß sein Reich zu Ende sei, wenn er sich nicht innerhalb eines Jahres vom Banne befreie!» Niedergedrückt von dem finsteren Geiste seiner Zeit, von aller Welt verlassen – nur wenige Soldaten waren noch bei ihm –, entschloß er sich, nach Rom zu gehen und den furchtbaren Gegner zu versöhnen. In der strengsten Kälte, in einem armseligen Aufzuge, ging er über die Alpen. Die Italiener strömten ihm zu und verlangten, er solle an der Spitze eines Heeres den frechen Großpfaffen zur Rede stellen. Aber die Niederträchtigkeit der Deutschen hatte den Mut und das Herz des ohnehin schwachen Kaisers gebrochen. Er wollte demütig von Gregor Gnade erflehen!

Dieser ließ sich nichts weniger träumen als das. Er war auf einer Reise nach Augsburg bereits bis in die Lombardei gekommen. Als er die Ankunft des Kaisers vernahm, floh er eiligst nach dem festen Schloß Canossa, welches seiner Buhlerin, der reichen Gräfin Mathilde, gehörte. Hier erschien der deutsche Kaiser. In einem wollenen Büßerhemde, bloßen Hauptes, barfuß, stand er in dem Raum vor der inneren Ringmauer des Schlosses – drei Tage und drei Nächte lang, mitten im Januar, zitternd vor Frost und matt vor Hunger und Durst!

Aus den Fenstern des Schlosses schaute Gregor am Arm seiner Buhlerin auf seinen gedemütigten Feind herab und hätte ihn gern so sterben sehen. Des Papstes unmenschliche Härte brachte alle Hausgenossen zum Murren, und endlich gab er den Bitten der Mathilde nach, die zwar auch Heinrichs Feindin, aber barmherziger war, und führte den Kaiser an den Altar. Hier durchbrach Gregor eine Hostie. «Bin ich der Verbrechen schuldig, deren du mich zu Worms bezichtigt hast», redete er ihn an, «so mag Gott der Herr meine Unschuld bewähren oder mich durch einen plötzlichen Tod strafen!» – Dann nahm er die Hälfte der Hostie. Der Bann wurde von Heinrich genommen, aber unter den entehrendsten Bedingungen. «Wirst du dich», sagte Hildebrand, «auf dem zusammenzurufenden Reichstage rechtfertigen und die Krone wiedererhalten, so sollst du mir gehorchen und untertänig sein.» Nach Deutschland zurückgekehrt, richtete der von Kummer aller Art betroffene Kaiser sein Auge auf den von ihm selbst erbauten Dom zu Speyer und sagte zu seinem alten Freunde, dem Bischof: «Siehe, ich habe Reich und Hoffnung verloren, gib mir eine Pfründe, ich kann lesen und singen.» Der Bischof antwortete: «Bei der Mutter Gottes, das tue ich nicht!» – Pfui über den schuftigen Pfaffen! Die lombardischen Städte und Fürsten waren empört über Heinrichs Demütigung und sagten ihm unverholen ihre Meinung. Da ermannte sich der niedergedrückte Kaiser und stellte sich an die Spitze der bald um ihn versammelten Armee. – Die pflichtvergessenen deutschen Fürsten aber erwählten in dem Herzog Rudolph von Schwaben einen neuen Kaiser. Gregor verhielt sich ruhig, solange nichts Entscheidendes geschehen war; als aber Heinrich in einer Schlacht geschlagen wurde, sandte er dem Gegenkaiser eine Krone zu mit der stolzen Inschrift: Der Fels (der Kirche) gab Petrus, Petrus gab Rudolph die Krone. Über Heinrich wurde aufs neue der gräßlichste Bannfluch ausgesprochen.

Aber dieser hatte seine Mannhaftigkeit wiedergefunden. Eine Synode setzte Gregor abermals ab und Guibert, Erzbischof von Ravenna, wurde als Clemens III. zum Papst erwählt. Gregor versuchte seine alten Künste. Er gab den Rebellen die Versicherung, daß noch in demselben Jahre vor dem Petersfeste ein falscher König sterben werde. Um seine Prophezeiung an Heinrich zu erfüllen, sandte er einige Meuchelmörder aus; aber des Papstes Fluch wurde dem Kaiser zum Segen. Am 15. Juni 1080 schlug er Rudolph, und dieser starb in Folge einer in der Schlacht erhaltenen Wunde.

Nun rückte Heinrich auf Rom los, vernichtete das Heer der Papsthure Mathilde, eroberte die Stadt und belagerte den rasenden Hildebrand in der Engelsburg. Die von diesem zur Hilfe gerufenen Normannen, welche damals in Unteritalien herrschten, befreiten ihn zwar; aber Gregor mußte vor der Wut der Römer fliehen. Er ging nach Salerno zu den Normannen und endete hier sein fluchbeladenes Leben.

Gregor war der erste wirkliche Papst. Er befahl auf einer Synode, daß von nun an nur einer Papst heißen solle in der Christenheit, denn bisher nannten sich alle Bischöfe so. Ein Schriftsteller aus jener Zeit sagt schon: Das Wort Papst in der Mehrzahl sei ebenso gotteslästerlich, als den Namen Gottes in der Mehrzahl zu gebrauchen! Gregor wollte die Kaiser und Könige zu seinen Untergebenen machen und keine andere Herrschaft als die seinige auf Erden dulden. Darum schrieb er an Heriman, Bischof von Metz: «Der Teufel hat die Monarchie erfunden!» Um die christliche Kirche leichter zu regieren, ordnete er an, daß beim Gottesdienst überall die römischen Gebräuche befolgt und die lateinische Sprache gebraucht werden sollten. In den meisten deutschen Kirchen hatte dies schon der

Römerknecht Bonifatius eingeführt. In einem seiner hinterlassenen Briefe hat Gregor seine Grundsätze niedergelegt. Es sind 27, aber ich will nur einige aufführen (Man hat hin und wieder an der Echtheit dieser Sätze gezweifelt, allein es mag sich damit verhalten, wie es wolle, Gregors Grundsätze sind vollkommen darin ausgesprochen.): Der Papst allein kann den kaiserlichen Schmuck tragen. – Alle Fürsten müssen dem Papst den Fuß küssen und dürfen dieses Zeichen der Ehre außer ihm keinem anderen erweisen. Es ist dem Papst erlaubt, Kaiser abzusetzen. – Sein Urteil kann von keinem Menschen umgestoßen werden, er aber kann aller Menschen Urteil umstoßen. – Die römische Kirche hat nie geirrt und wird auch nach der Schrift niemals irren. – Derjenige ist kein Katholik, der es nicht mit der römischen Kirche hält. – Der Papst kann die Untertanen vom Eide der Treue lossprechen, den sie einem bösen Fürsten geleistet haben. Es scheint mir nicht nötig, noch einige Bemerkungen über Gregor hinzuzufügen, und ich überlasse das Urteil über ihn dem Leser. «Sein Leben klagt ihn an, seine Verkehrtheit verdammt, seine hartnäckige Bosheit verflucht ihn.» So spricht von ihm Thierry, Bischof von Verdun.

Ich habe nun das Papsttum bis zum Gipfel seiner Macht begleitet. Der Raum gestattet mir nicht, in derselben Weise fortzufahren, und ich muß mich darauf beschränken, aus jedem Jahrhundert einige Päpste biographisch zu skizzieren und an ihnen zu zeigen, wie sie alle danach strebten, Gregor nachzueifern und das von ihm aufgestellte System einer Universalmonarchie zur Ausführung zu bringen und fest zu begründen. Alle gefielen sich in der Vorstellung, sich als Christus, die weltlichen Regenten als die Eselin, die er ritt, und das Volk als das Eselsfüllen zu betrachten. –Die Eselin ist unterdessen gestorben; aber das Eselsfüllen ist seitdem ein alter Esel geworden, der geduldig auf sich reiten läßt!

Im elften Jahrhundert trennte sich die griechische Kirche vollends von der abendländischen, indem die griechische behauptete, daß weder die Lehre noch die Disziplin der letzteren mit der Heiligen Schrift und den heiligen Überlieferungen übereinstimme, also ketzerisch sei. Die Oberherrschaft des päpstlichen Stuhls verwarf sie als eine antichristliche Einrichtung.

Unter Hadrian IV., der 1153 den «Apostolischen Stuhl» bestieg, begann der Kampf der Päpste mit den deutschen Kaisern aus dem Geschlechte der Hohenstaufen. Friedrich I., der Rotbart, trat den Anmaßungen dieses Papstes kräftig entgegen, und die Ehrenbezeugungen, welche derselbe von ihm verlangte, machte er lächerlich, selbst indem er sie gewährte. Friedrich hielt dem Papste den Steigbügel – so weit war es bereits mit den Kaisern gekommen –, aber er hielt ihm den auf der rechten Seite, auf welcher der Schinder zu Pferde stieg, und antwortete auf die Bemerkung Hadrians darüber: «Ich war nie Stallknecht, Eure Heiligkeit werden verzeihen.»

Den schwersten Stand hatte Friedrich mit Alexander III. (1159 - 1181). Es war dies einer der mutigsten und klügsten Päpste, der niemals im Unglück verzagte oder im Glücke übermütig wurde, aber stets darauf bedacht war, die Usurpationen seiner Vorgänger zu behaupten. Der große Kaiser Friedrich kam 1177 zum erstenmal mit ihm in Venedig zusammen und – küßte ihm den Pantoffel. Die Pfaffenlegende erzählt, daß der Papst bei diesem Kuß den Fuß auf des Kaisers Nacken gesetzt und gesagt habe: «Auf Schlangen und Ottern mögest du gehen und treten auf junge Löwen und Drachen.» Aber Alexander war gewiß viel zu klug, um den ihm an Geist ebenbürtigen Kaiser durch solche unnützen Worte zu reizen, und Friedrich viel zu stolz, um sich dergleichen gefallen zu lassen. Glaublicher ist die Erzählung, daß dieser beim Pantoffelkusse zum Papste sagte: «Nicht dir gilt es, sondern Petrus», und Alexander antwortete: «Mir und Petrus.» Auch der kräftige König, Heinrich II. von England, mußte sich vor dem Worte des mächtigen Papstes beugen. Heinrich hatte seinen Liebling, Thomas Becket, mit Gnaden überschüttet und endlich zum Erzbischof von Canterbury gemacht. Nun war der Schurke am Ziele. Er verband sich mit dem Papste gegen seinen Herrn und Wohltäter, dem er durch pfäffische Nichtswürdigkeiten aller Art das Leben verbitterte.

Im Unmute rief einst der geplagte König aus: «Wie unglücklich bin ich, daß ich in meinem Königreiche vor einem einzigen Priester nicht Frieden haben kann! Ist denn niemand zu finden, der mich von dieser Plage befreit?» Diese Worte hörten vier Ritter, welche dem Könige treu ergeben waren, sie eilten sogleich hinweg, fanden den Erzbischof vor dem von ihm geschändeten Altar, spalteten ihm den Kopf und machten ihn dadurch zum Heiligen, denn Wunder fanden sich. Einige Stalleute des Königs hatten einst dem Pferde des Erzbischofs den Schwanz abgehauen und zeugten forthin für diesen Frevel lauter Kinder mit – Schwänzen. Die Pfaffheit sann wegen dieses Mordes nach Rache. Alexander drohte mit dem Interdikt, und Heinrich, der sein Volk nicht leiden sehen wollte, unterwarf sich allen Strafen, die der Papst über ihn verhängte. Der König schwur feierlich, daß er den Mord des Erzbischofs nicht gewollt; aber das half ihm nichts. Er mußte barfuß zum Grabe des neuen Heiligen wallen, sich hier andächtig niederwerfen und – von 80 Geistlichen geißeln lassen! Jeder gab ihm drei Hiebe – macht 240! Mit Kaisern und Königen gingen jetzt die Päpste oft wie mit Hunden um. Als Cölestin

III. (1191 - 1198) den Sohn des in Palästina gestorbenen Friedrich I., Heinrich VI., gekrönt hatte und dieser ihm den Pantoffel küßte, stieß er dem Kaiser mit dem Fuße die Krone vom Kopfe, zum Zeichen, daß er sie ihm geben und nehmen könne! Der mächtigste aller Päpste war aber Innocenz III. (1198 - 1215). Alle Rechte, die Gregor VII. zu haben behauptete, übte dieser mächtige Papst wirklich aus. Als der den päpstlichen Stuhl bestieg, war er in seiner vollen Manneskraft, denn er war erst 37 Jahre alt. Die Könige zitterten vor ihm wie Schulknaben vor dem strengen Schulmeister. Allen gab er seine Rute zu fühlen. Johann von England rief einst beim Anblick eines sehr feisten Hirsches aus: «Welches dicke und feiste Tier, und doch hat es nie Messen gelesen!» Aber auch dieser Spötter über das Pfaffentum kroch demütig zu Kreuze, als ihm das heilige Raubtier zu Rom die apostolischen Zähne wies. Innocenz III. ist der Erfinder der wahnsinnigen Lehre von der Transsubstantiation, das heißt von der Lehre, daß sich durch die Weihung des Priesters das Brot und der Wein beim Abendmahl wirklich in Leib und Blut Christi verwandele. Hierbei fällt mir die Antwort eines Indianers ein, welchen der Missionar, nachdem er ihm das Abendmahl gereicht hatte, fragte: «Wie viele Götter gibt es?» – «Keinen», antwortete der Indianer, «denn du hast ihn mir ja soeben zu essen gegeben!»

Ebenso materielle Vorstellungen vom Abendmahl hatte ein lutherischer Bauer. Der Herr Pastor war ein großer Whistspieler, und durch Zufall war eine weiße runde Whistmarke mit unter die gleichfalls runden Oblaten auf den Hostienteller geraten. «Nehmet und esset, denn dies ist mein Leib», sagte der Geistliche und steckte dem Bauern die unglückliche Marke in den Mund. Der Bauer biß herzhaft zu; als er aber das Ding gar nicht klein bekommen konnte, sagte er: «Wies der Dübel, Herr Paster, ick mut 'nen Knoken erwischt hebben!»

Innocenz führte auch die Ohrenbeichte ein, von der ich schon früher geredet habe, und das scheußlichste Tribunal, welches jemals die Erde und die Menschheit schändete – die Inquisition, von der ich später ausführlicher reden werde.

Der gefährlichste Feind des Papsttums kam mit dem großen Hohenstaufen, Friedrich II., auf den deutschen Kaiserthron. Er hatte in der Jugend unter der Vormundschaft Innocenz III. gestanden, aber dennoch wurde er nichts weniger als ein Pfaffenknecht, sondern ein Mann, dessen religiösen Begriffe seiner Zeit bedeutend vorangeeilt waren. Hätte ihn das Volk unterstützt, dann wäre vielleicht damals das Papsttum zu Grabe gegangen. Aber das damalige Volk glich den heutigen Meiningschen Landständen, denen ihr Fürst auch zu freisinnig ist! Friedrichs Wahlspruch war: «Laß lärmen und dräuen, und die Esel schreien!»

Den heftigsten Kampf hatte er mit Gregor IX. (1227 - 1241). Dieser tat ihn einmal über das andere in den Bann und legte ihm Verbrechen zur Last, die ihn als den verruchtesten Ketzer brandmarkten. Friedrich sollte gesagt haben: Die Welt sei von drei Betrügern getäuscht worden, wovon zwei in Ehren gestorben, der dritte aber am Galgen: Moses, Mohammed und Christus. – Ferner habe er darüber gelacht, daß der allmächtige Herr des Himmels und der Erde von einer Jungfrau geboren sein sollte und geäußert, daß man nichts glauben solle, was nicht durch Natur und Vernunft bewiesen werden könne. Diese letzte Äußerung sah allerdings dem Kaiser sehr ähnlich, der aus dem Morgenlande, wohin er einen Kreuzzug unternehmen mußte, sehr freie Ansichten über die Religion mitgebracht hatte. Einst äußerte er: Wenn der Gott der Juden Neapel gesehen hätte, würde er gewiß nicht Palästina gewählt haben; und beim Anblick einer Hostie rief er: «Wie lange wird dieser Betrug noch dauern?» Als er einst an ein Weizenfeld kam, hielt er sein Gefolge vor demselben zurück, indem er sagte: «Achtung, hier wachsen unsere Götter.» Die Hostie wird nämlich aus Weizenmehl gebacken.

Gregor hatte den deutschen Ritterorden sehr liebgewonnen und schenkte ihm Preußen. Aber die Ritter zeigten sich nicht sehr dankbar gegen den päpstlichen Stuhl und gegen die Pfaffen. Einer ihrer Großmeister, Reuß von Plauen, sagte: «Man muß den Geistlichen keine Güter geben, sondern nur Besoldung, wie anderen Staatsdienern auch, sie sollen sich an den schlichten Text des Evangeliums allein halten.» Und der Hochmeister Wallenrode äußerte: «Ein Pfaff in jedem Lande ist genug, und den muß man einsperren und nur herauslassen, wenn er sein Amt verrichten soll.»

Innocenz IV. (1243 - 1254) setzte den Kampf mit Friedrich II. fort. Er war ein Graf Fiesco und ein genauer Freund des Kaisers gewesen. Als man diesen wegen der Wahl seines Freundes zum Papste beglückwünschte, antwortete Friedrich: «Fiesco war mein Freund, Innocenz IV. wird mein Feind sein, kein Papst ist Ghibelline (nämlich liberal).» Es war so, wie der Kaiser sagte, der bald in den Bann getan wurde, den Friedrich nun schon anfing gewohnt zu werden. Er rückte dem Papst zu Leibe, und der Heilige Vater machte, als Soldat verkleidet, einen Angstritt von 54 italienischen Meilen in einer kurzen Sommernacht, um der Gefangenschaft zu entgehen.

Der Papst floh nach Lyon, wo er 1245 eine Synode zusammenberief, auf der Friedrich abermals gebannt und abgesetzt wurde. Friedrich kämpfte wie ein Mann; aber die

Welt war dumm und band ihm überall die Hände. Die deutschen Fürsten zeigten sich dem edlen, großen Kaiser gegenüber so niedrig, so unendlich klein! Elende Pfaffenknechte! Nur in der Schweiz schlugen ihm treue Herzen, trotz Bann und Interdikt. Mehrere Kantone sandten ihm Hilfstruppen, und Luzern und Zürich hielten zu ihm bis zum letzten Augenblick. – Aus den verachteten Ochsenjungen waren Helden geworden, aber jetzt sind die Helden wieder-Kuhjungen!

Kaiser Friedrich starb an päpstlichem Gift. Innocenz jubelte; nun stand ihm der Weg nach Rom wieder offen. Er zog ab und bedankte sich bei den Lyonern für die gute Aufnahme. Diese hatten aber keine Ursache, den Heiligen Vater zu segnen. Kardinal Hugo sagte nämlich in seinem Abschiedsschreiben mit echt pfäffischer Unverschämtheit: «Wir haben euch, Freunde, seit unserer Abwesenheit in dieser Stadt, einen wohltätigen Beitrag gestiftet. Bei unserer Ankunft trafen wir kaum drei bis vier Huren, bei unserem Abzug hingegen überlassen wir euch ein einziges Hurenhaus, welches sich vom östlichen bis zum westlichen Tore durch die ganze Stadt verbreitet.» Lyon hatte demnach Ähnlichkeit mit einer deutschen Hauptstadt, von welcher ihr König dasselbe sagte und welche Papst Pius VI. Deutsch-Rom nannte!

Innocenz IV. verlieh den Kardinälen als Auszeichnung rote Hüte. Auf ihn folgt eine Reihe unbedeutender Päpste. Urban IV., der Sohn eines Schuhflickers, stiftete das Fronleichnamsfest zu Ehren der Hostie oder vielmehr des Abendmahls. Eine verrückte Nonne hatte ein Loch im Monde gesehen, und das – flickte der päpstliche Schuhflicker mit einem neuen Kirchenfeste aus! Martin V., ein Franzose, war ein erbitterter Feind der Deutschen. Er wünschte, «daß Deutschland ein großer Teich, die Deutschen lauter Fische und er der Hecht sein möchte, der sie auffresse wie der Storch die Frösche», Stockfische waren wir von jeher, die von den römischen Haifischen gefressen wurden!

Die Hohenstaufen erlagen im Kampfe mit dem Papsttum. Die Habsburger nahmen sich ein warnendes Exempel daran; sie spielten mit dem «Leckerlein zu Rom» unter einer Decke und zogen nun dem Volke vereinigt das Fell über die Ohren. –

Innocenz V. war der erste Papst, der im Konklave gewählt wurde. Sein Vorgänger, Gregor X., hatte nämlich befohlen, daß nach seinem Tode sämtliche Kardinäle in ein Zimmer geschlossen werden sollten, welches für jeden eine besondere Zelle und keinen anderen Ausgang hatte als zum Abtritt. Jeder Kardinal hatte nur einen Diener bei sich. Das Zimmer durfte nicht verlassen werden, bis ein neuer Papst gewählt war. War dies nach drei Tagen nicht geschehen, so erhielt jeder der Kardinäle in den folgenden 14 Tagen nur ein Gericht, und nach dieser Zeit nur Brot, Wein und Wasser. Diese Hungerkur förderte merklich den Verkehr mit dem Heiligen Geist!

Unter der Kirchenherrschaft von Nikolaus IV. (1288 - 1292) regierte über Tirol der wackere Graf Meinhardt. Dieser hielt die liederlichen Pfaffen gehörig im Zaum und zog sich dadurch den Zorn des Papstes zu, der ihn in den Bann tat.

Meinhardt verteidigte sich wacker. Er sagte: «Ich bin nicht der Angreifer, sondern meine Bischöfe, die keine Hirten, sondern Wölfe sind. Statt zu lehren, suchen sie sich nur zu bereichern, Bastarde in die Welt zu setzen, zu tafeln und zu zechen. Weidet man so die Schafe Christi? Sie nehmen gerade umgekehrt das Wort: 'Gebet ihnen den Rock!'; sie nehmen auch noch den Mantel und sind schlimmer als

Juden, Türken und Tartaren. Sie blenden das Volk durch Zeremonien, und es genügt ihnen nicht, die Schafe zu melken und zu scheren, sie schlachten sie. »Mit Cölestin V. wurde aus einem einfältigen Eremiten ein noch einfältigerer Papst, und als der Kardinal Cajetan eines Nachts durch ein versteckt angebrachtes Sprachrohr in sein Schlafzimmer schrie: »Cölestin, Cölestin, Cölestin – lege dein Amt nieder, denn diese Last ist dir zu schwer«, glaubte der Dummkopf, der liebe Gott würdige ihn wirklich einer persönlichen Unterredung, und dankte ab. Kardinal Cajetan trat als Bonifaz VIII. (1295 - 1303) an seine Stelle. Auf einem kostbar aufgezäumten Schimmel, der von den Königen von Apulien und von Ungarn geführt wurde, ritt er zur Krönung. Nach der Rückkehr aus der Kirche, wobei 40 Menschen im Gedränge erdrückt wurden, tafelte er öffentlich, und die beiden Könige standen als Bediente hinter seinem Stuhle und warteten ihm auf! Wenn man das liest, dann möchte man fluchen wie ein Papst!

Nun gab es aber noch viele Leute, welche die Abdankung Cölestins als ungültig betrachteten. Dieser wurde überall als Heiliger bestaunt. Um der Sache ein Ende zu machen, ließ Bonifaz ihn einfangen. Der arme Waldesel bat fußfällig, ihn doch in seine Höhle zurückkehren zu lassen; aberall sein Flehen war umsonst. Er wurde auf dem festen Schloß Fumone in ein enges Behältnis eingesperrt, wo er kläglich verhungern mußte!

Dieser Bonifatius war ebenso stolz wie Gregor VII. und Innocenz III. In einer Bulle von 1294 (Bulle heißt das Siegel von Wachs unter den Urkunden. Am unteren Ende derselben wurde nämlich durch das Pergament oder Papier ein Faden gezogen, dessen beide Enden durch das Siegel verbunden wurden. Um dieses vor Beschädigung zu schützen, schloß man es oft in eine Kapsel ein. Von diesem

Siegel erhielten besonders die päpstlichen Erlasse den Namen Bulle.) sagt er: «Wir erklären, sagen, bestimmen und entscheiden hiermit, daß alle menschliche Kreatur dem Papste unterworfen sei, und daß man nicht seligwerden könne, ohne dieses zu glauben.» Dieser ungemessene Stolz mußte ihn natürlich sehr bald in eine feindselige Berührung mit den weltlichen Monarchen bringen. Philipp IV. von Frankreich, der Schöne, geriet mit Bonifaz auf das heftigste zusammen. Aber der König war kein Heinrich IV., seine Großen keine Deutschen und der Papst kein Hildebrand. Er schrieb zwar an Philipp: «Bischof Bonifaz an Philipp, König von Frankreich. Fürchte Gott und halte seine Gebote! Du sollst hiermit wissen, daß du uns im Geistlichen und Weltlichen unterworfen bist. – Wer anders glaubt, den halten wir für einen Ketzer.»

Hierauf antwortete ihm aber der von seinem Parlament wacker unterstützte König: «Philipp von Gottes Gnaden, König von Frankreich, an Bonifaz, der sich für den Papst ausgibt, wenig oder gar keinen Gruß! Du sollst wissen, Erzpinsel (maxima Tua Fatuitas), daß wir in weltlichen Dingen niemandem unterworfen sind. – Andersdenkende halten wir für Pinsel und Wahnwitzige.»

Wie erbärmlich erscheint dagegen König Erich von Dänemark, welcher, mit Bann und Interdikt bedroht, schreibt: «Erbarmen, Erbarmen! Was haben meine Schafe getan? Alles, was Eure Heiligkeit mir auflegen, will ich tragen. – Rede, dein Knecht höret.»

Der stolze «Erzpinsel» wurde aber bitter gedemütigt. Philipps Abgesandter, Nogaret, verbunden mit dem Sciarra Colonna, gegen dessen Familie der Papst die unerhörtesten Grausamkeiten begangen hatte, überfielen ihn in seinem Schlosse Anagni und nahmen ihn gefangen. «Willst du die Tiara abtreten, die du gestohlen hast?» schnob ihn der wütende Colonna an. Bonifaz antwortete hochmütig. Da loderte der Zorn des schwer mißhandelten römischen Edelmannes hoch auf, er schlug den Papst ins Gesicht und schrie: «Willst du das Maul halten, Höllensohn, alter Sünder!» Mit Mühe hielt Nogaret den Wütenden zurück, daß er seine Rache nicht vollends befriedigte an dem 86jährigen Bösewicht, der Seelenstärke genug hatte, Colonna zuzurufen: «Hier ist der Hals und hier ist das Haupt!»

Darauf setzte man den Vizegott auf ein Pferd ohne Sattel und Zaum, das Gesicht dem Schwanze zugekehrt, und brachte ihn in ein elendes Gefängnis, wo er, aus Furcht vergiftet zu werden, drei Tage und drei Nächte lang nichts genoß als ein wenig Brot und drei Eier, welche ihm ein altes Mütterchen zusteckte. – Man möchte Mitleid haben mit dem alten Manne; aber er war ein alter Bösewicht, und man denke an den armen Cölestin, den er verhungern ließ.

Das Volk zu Anagni befreite Bonifaz und brachte ihn im Triumph nach Rom. Aber die Demütigung hatte den stolzen Mann wahnsinnig gemacht. Er befahl seinen Dienern, sich zu entfernen, und schloß sich in sein Zimmer ein. Am Morgen fand man ihn tot. Sein weißes Haar war mit Blut befleckt, vor seinem Munde stand Schaum, und der Stock, den er in der Hand hielt, war von seinen Zähnen zernagt.

So endete Bonifaz VIII., wie man von ihm vorhergesagt hatte: «Er wird sich einschleichen wie ein Fuchs, regieren wie ein Löwe und sterben wie ein Hund.»

Er starb wie ein Hund und lebte wie ein Schwein. Er erklärte öffentlich, daß Hurerei, Ehebruch und Unzucht keine Sünde sei, weil ja Gott Weiber und Männer dazu gemacht habe. Er lebte mit einer verheirateten Frau und mit ihrer Tochter zu gleicher Zeit und mißbrauchte seine Pagen zur unnatürlichsten Wollust, so daß sich diese untereinander H… des Papstes nannten.

Was von seinem Glauben zu halten ist, ergibt sich aus folgenden Äußerungen, deren ihn Philipp gegen Clemens V. beschuldigt; Gott lasse es mir Wohlergehen auf dieser Welt, nach der anderen/rage ich nicht soviel als nach einer Bohne. – Die Tiere haben so gute Seelen wie der Mensch. Es ist abgeschmackt, an einen und an einen dreifachen Gott zu glauben. An Maria glaube ich so wenig als an eine Eselin und an den Sohn so wenig als an ein Eselsfüllen. Maria war eine Jungfrau, wie meine Mutter eine war. – Sakramente sind Possen usw. – Philosophen und andere Freigeister haben dergleichen Gedanken wohl schon öfter ausgesprochen; allein im Munde eines Papstes klingen sie um so seltsamer, als die Inquisition Tausende wegen weit unbedeutenderer Äußerungen verbrennen ließ. – Clemens V. erklärte ihn aber für einen frommen katholischen Christen, und nun wissen wir doch, wie ein solcher beschaffen sein muß, um den Päpsten zu gefallen. Bonifaz VIII. ist derselbe, welcher das Jubeljahr erfand. Er war auch der erste Papst, der ein Wappen führte und der auf die Tiara, oder päpstliche Mütze, eine zweite Krone setzte. Früher trugen die römischen Bischöfe die sogenannte phrygische Mütze der Priester der Cybele, Mitra genannt. Ein Bischof, Hormidas, setzte die von König Clodwig erhaltene Krone hinzu. Die dritte Krone kam erst mit Johann XXII. oder mit Benedikt XII. auf die päpstliche Nachtmütze. Mit Clemens V. begann die sogenannte babylonische Gefangenschaft der Päpste (von 1305 - 1374). König Philipp der Schöne fand es nämlich vorteilhaft, die Päpste für seine Zwecke bei der Hand zu haben, und verleitete sie durch allerlei Lockungen, ihren Sitz in Avignon zu nehmen, wo sie 70 Jahre lang residierten. Sie waren hier völlig abhängig von den französischen Königen, lebten aber unter deren Schutz dafür auch weit sicherer als in Rom. Sie beschäftigten sich in ihrem

Exil damit, neue Geldprellereien zu ersinnen und das umliegende Land durch ihre eigene und die Sittenlosigkeit ihres Hofes zu demoralisieren. Nach dem Zeugnis der geachtetsten Geschichtsschreiber stammt die spätere große Sittenlosigkeit in Frankreich hauptsächlich von dem 70jährigen Aufenthalte der Päpste zu Avignon her.

Clemens V. trat ebenso fest wie Bonifatius, nur nicht so heftig und deshalb klüger auf, wodurch er auch mehr gewann. In dem deutschen Kaiser Heinrich VII., dem Luxemburger, würde wahrscheinlich ein Feind des Papsttums, gleich Friedrich II., erwachsen sein – wenn er nicht, wie man es in Rußland nennt, gestorben worden wäre. Der Dominikaner Bernard von Montepulciano, so erzählt man, reichte ihm eine vergiftete Hostie, und der Kaiser war zu religiös, um dem Rate seines Arztes, ein Brechmittel zu nehmen, zu folgen. So starb er denn an seiner Frömmigkeit.

Das größte Schanddenkmal hat sich Clemens V. durch den nichtswürdigen Prozeß gegen den Ritterorden der Tempelherren und den Justizmord der unglücklichen Ritter gesetzt. Er war freilich nur die Katze, welche mit ihren heiligen Pfoten die gebratenen Kastanien für Philipp den Schönen aus dem Feuer langte. Die Sittenverderbnis unter den Tempelherren war groß; allein waren etwa die anderen geistlichen Herren, ja selbst die Päpste reiner?

Ihre Sittenlosigkeit hätte den Templern schwerlich den Hals gebrochen; aber sie wagten es, vernünftigere und freiere Religionsansichten zu haben als der andere Kuttenpöbel, und dann waren sie ungeheuer reich! Deshalb mußten sie untergehen. Ich werde wohl später noch auf die Templer zurückkommen müssen. Johann XXII., eines Schuhflickers Sohn, war schon ein Schuft und Betrüger, ehe er den päpstlichen Stuhl bestieg, und auf demselben vervollkommnete er sich nur in seinen Tugenden. Ich habe schon im vorigen Kapitel Erbauliches von ihm erzählt und füge nur noch weniges hinzu.

Er lag im beständigen Streit mit dem deutschen Kaiser, Ludwig von Bayern, und dem Könige von Frankreich. Ersterer wehrte sich tüchtig, kuschte aber doch zuletzt, denn «er hatte zwei Seelen, eine kaiserliche und eine bayrische». Philipp der Schöne aber ließ dem übermütigen Papst sagen, er werde ihn als Ketzer verbrennen lassen. Leider ist das nicht geschehen. Johann starb 90 Jahre alt und hinterließ, außer seinen 33.000.000, welche die Kirche verdaute, die bekannte Hymne: Stabat mater dolorosa.

Sein Nachfolger, Benedikt XII., war ein herzensguter Mann und hatte nur den einen großen Fehler, daß er Papst war. Aber auch diesen suchte er so viel als möglich zu mildern. Er erklärte: «Ein Papst hat keine Verwandten» und beschämte dadurch seine Vorgänger und Nachfolger, welche ihre Neffen usw. nicht reich genug beschenken konnten. Hohe Personen hielten um seine Nichte an. Er aber sagte: «Für ein solches Roß schickt sich kein solcher Sattel» und gab sie einem Kaufmann aus Toulouse. Clemens VI., der Benedikt folgte, war nach dem Ausdruck eines gleichzeitigen Geschichtsschreibers «höchst ritterlich und nicht sehr fromm», welches letztere man wohl von mehreren «Heiligen Vätern» sagen konnte. Er benahm sich sehr hochmütig gegen Kaiser Ludwig und hatte leichtes Spiel mit dessen Gegner, dem Pfaffenkönig Karl IV. Obwohl er selbst sehr locker lebte, hielt er es doch für nötig, die höhere Geistlichkeit wegen ihres schlechten Lebenswandels gehörig abzukanzeln, und sagte ihnen unter anderem in der Strafpredigt: «Ihr wütet wie eine Herde Stiere gegen die Kühe des Volkes!» Clemens war sehr prachtliebend, und mit ungeheurem Pomp krönte er Don Sanchez, den zweiten Sohn des Königs von Kastilien, zum König der glücklichen Inseln, wie damals die Kanarischen Inseln hießen. Beim Krönungszuge kam als üble Vorbedeutung ein Platzregen, so daß Papst und König pudelnaß wurden, und in der Tat wurde auch das Königreich zu Wasser, denn die Normannen hatten es in Besitz und hielten es fest.

Mit diesem Sanchez hatte Clemens große Absichten. Er versprach, ihn an die Spitze eines neuen Kreuzzuges zu stellen und ihm den Titel König von Ägypten zu geben. Der Prinz war außer sich vor Dankbarkeit und rief: «Nun so mache ich Eure Heiligkeit zum Kalifen von Bagdad!» So erzählt der berühmte Dichter Petrarca.

Philipps des Schönen Beispiel hatte den Päpsten böse Früchte getragen, denn die Kraft ihres Bannes fing an zu erlahmen. Das fühlte Urban V. Ein Erzbischof weigerte sich, einen Mönch zu ordinieren, der ihm von seinem Landesherrn, Barnabo Visconti von Mailand, empfohlen war. Dieser ließ den Erzbischof vor sich zitieren und sagte: «Weißt du nicht, du alter H…r, daß ich König, Papst und Kaiser in meinem eigenen Reiche bin?» Für dieses ungeheure Verbrechen tat ihn Urban in den Bann und belegte sein Land mit dem Interdikt! Als die Legaten des Papstes die Bannbulle nach Mailand brachten, führte sie Visconti samt ihrem Wisch auf die Naviglio-Brücke und fragte sie: «Wollt ihr essen oder trinken?» Die Legaten sahen mit sehr langen Gesichtern auf den Fluß und verlangten höchst kleinmütig zu essen. «Nun so freßt den Wisch da!» – Die Herren Legaten fraßen.

Gregor XI. verlegte die Statthalterei Gottes wieder nach Rom. Zu Avignon hätte man sie passender die Stuterei des Teufels nennen können, denn die Geschichtsschreiber können von der dort herrschenden Unzucht nicht genug erzählen, und die meisten Dinge verschweigen sie aus

Schamgefühl. Das müssen schöne Dinge gewesen sein, denn im Mittelalter war man noch nicht so prüde wie heutzutage, wo eine englische Dame Vapeurs bekommt, wenn sie das Wort Hosen aussprechen hört. Ein schönes Papstexemplar war Urban VI. (1378 -1389). Fünf Kardinäle, die nicht für ihn gestimmt hatten, und mehrere Prälaten ließ er fürchterlich foltern und dann teils in Säcke stecken und ins Meer werfen, teils lebendig verbrennen, erdrosseln oder enthaupten. Einen sechsten Kardinal, der von der Tortur so elend war, daß er nicht fortkonnte, ließ er unterwegs erwürgen. Als die Kardinäle zur Tortur abgeführt wurden, sagte der Heilige Vater zum Henker: «Martere so, daß ich Geschrei höre.» Dabei ging er im Garten spazieren und las im Brevier. Die Leichen von zwei Kardinälen ließ dieser Henkerpapst in Öfen austrocknen und dann zu Staub zerstoßen. Dieser wurde auf seinen Befehl in Säcke getan und nebst den roten Hüten der Kardinäle auf seinen Reisen auf Mauleseln vor ihm hergeführt, anderen als schreckliches Exempel!

Zu Ende des 14. und am Anfang des 15. Jahrhunderts finden wir immer wenigstens zwei, meistens drei Päpste zugleich, die von den verschiedenen Parteien als die echten Statthalter Gottes betrachtet wurden. Ich habe es beinahe satt, die scheußlichen Taten der Heiligen Väter zu erzählen, und müßte vollends ermüden, wenn ich die Schandtaten dieser verschiedenen Gegenpäpste berichten sollte. Man durchwandere ein Bagno mit der Schreibtafel in der Hand und lasse sich von jedem der Galeerensklaven erzählen, welche Verbrechen er begangen, so wird man ein Verzeichnis der Schandtaten der Päpste in dieser Periode haben.

Das böse Beispiel der Päpste und überhaupt der Geistlichkeit hatte die übelsten Folgen. Von der damaligen

Zügellosigkeit unter dem Volke, und besonders unter den höheren Ständen, hat man heutzutage gar keinen Begriff. Alle Gesetze der Moral und der Sitte waren aufgelöst. Die Notwendigkeit einer Beendigung dieses Zustandes wurde allgemein gefühlt, und man kam dahin überein, auf einem großen Konzil die Ordnung vorerst in der Kirche herzustellen.

Dies Konzil wurde 1414 zu Konstanz gehalten und ist eines der glänzendsten, die jemals stattgefunden. Man sah auf demselben nächst einem Papste und dem Kaiser alle Kurfürsten, 153 Fürsten, 132 Grafen, über 700 Freiherren und Ritter, vier Patriarchen, 29 Kardinäle, 47 Erzbischöfe, 160 Bischöfe, über 200 Äbte, ein Heer von Mönchen, Geistlichen und Rechtsgelehrten und – die gewöhnliche Begleitung des päpstlichen Hofes – gegen 1.000 öffentliche Dirnen, die heimatlichen und unterhaltenen gar nicht mitgerechnet.

Drei Päpste stritten sich um die Tiara: Johann XXIII., ein Gregor und ein Benedikt. Johann war dreist genug, auf dem Konzil zu erscheinen; aber als man ernstlich daranging, seinen Lebenslauf zu mustern, da hielt es der Heilige Vater für geratener, als Postknecht verkleidet mit Hilfe des Herzogs Friedrich von Tirol zu entwischen. Man hatte seine Verbrechen in 70 Artikel zusammengefaßt und gab sie dem Heiligen Vater zur Durchsicht. Er äußerte aber kein Verlangen, in dieselben Einsicht zu nehmen. Der Zweck dieser Flucht war, das Konzil zu zersprengen; aber dies gelang nicht. Johanns Taten wurden öffentlich verlesen, das heißt nur 54 Artikel davon, denn die anderen schämte man sich öffentlich auszusprechen. 37 Zeugen bewiesen, daß Johann nicht nur Hurerei, Ehebruch, Blutschande, Sodomie, Simonie, Freigeisterei, Räuberei und Mord verschuldet, sondern auch 300 Nonnen verführt und genotzüchtigt habe, die er dann zum Sündenlohn zu Äbtissinnen und Priorinnen beförderte. Sein eigener Sekretär, Niem, erzählt, daß der Papst zu Bologna einen Harem von 200 Mädchen unterhalten hätte. Auch beschuldigte man Johann, daß er seinen Vorgänger, Clemens V., vergiftet habe.

Johann wurde abgesetzt. Gregor dankte freiwillig ab; aber der alte Benedikt spielte in einem Winkel Spaniens, wohin er geflohen war, den irdischen Donnergott, aber niemand kehrte sich an seine Blitze. Endlich ließ der neuerwählte Papst, Martin V., den 90jährigen Benedikt mittels Gift aus dem Wege schaffen.

Unbegreiflich ist es, wie dieser in aller Wollust sich wälzende Heilige Vater ein so hohes Alter erreichen konnte, und berühmte Kanzelredner predigten öffentlich gegen sein abscheuliches Leben.

Das Konzil von Konstanz verurteilte Johann Hus und Hieronymus von Prag als Ketzer zum Feuertode und verursachte dadurch blutige Kriege; aber der Zweck des Konzils, eine Reformation an Haupt und Gliedern der Kirche, wurde nicht erreicht.

1418 gingen die Herren Reformatoren auseinander. Die Stadt Konstanz hatte vier Jahre lang einen schönen Verdienst durch die 100.000 Fremden mit 40.000 Pferden, die sie so lange beherbergen mußte. Für das gute Verhalten erhielt die Bürgerschaft vom Kaiser unschätzbare Belohnungen, nämlich das Recht, eine 14tägige Messe zu halten, mit rotem Wachs zu siegeln, im Felde eigene Trompeter zu halten und auf ihr Banner – einen roten Schwanz zu setzen, der sie vielleicht an die vielen Kardinäle erinnern sollte, denn ich bin nicht bewandert genug in der Heraldik, um die Bedeutung dieses seltsamen Wappenvogels zu erklären.

Wäre das Konzil heutzutage gehalten worden, dann hätte der Bürgermeister die Brust voll Orden bekommen, wie Blücher oder Wellington; aber der von Konstanz mußte sich mit dem Ritterschlage begnügen. Von Eugenius VI., Calixt III. und Pius II., der sich schminkte und eine Krone trug, die 200.000 Dukaten wert war, ebenso von dem schändlichen Meuchelmörder Sixtus IV., der in Rom die ersten öffentlichen Bordelle anlegte und seinen Kardinälen 20 - 30 liederliche Weibsbilder zu ihrer Einnahme anwies, wie man in Rußland Bauern verschenkt; der für Geld die Erlaubnis erteilte, bei der Frau eines Abwesenden die Stelle des Mannes zu vertreten; der mit seiner Schwester einen Sohn zeugte, seine beiden Söhne zur unnatürlichen Wollust mißbrauchte und unendlich viel andere Schandtaten beging – von allen diesen Päpsten schweige ich, obgleich ihre Geschichte gewiß sehr lehrreich und erbaulich wäre.

Innocenz VIII. (1484 - 1492) sorgte mit väterlicher Zärtlichkeit für seine Kinder und scharrte unendlich viel Geld zusammen. Doch das taten alle Päpste. Er zeichnet sich nur noch durch seine Sündentax-Ordnung aus, die in 42 Kapiteln 500 Taxansätze enthält. Ich habe schon früher davon gesprochen; hier noch einige Beispiele aus diesem schönen Dokument: Begeht ein Geistlicher vorsätzlich einen Mord, so zahlt er nach Reichswährung zwei Goldgulden acht Groschen. Vater-, Mutter-, Bruder- und Schwesternmord ist taxiert zu einem Gulden 12 Groschen! Will aber ein Ketzer im Beichtstuhl absolviert werden, so hat er zu bezahlen 14 Gulden acht Groschen. Eine Hausmesse in einer gebannten Stadt kostet 40 Gulden.

Dieser Papst Innocenz VIII. widmete dem Hexenwesen ganz besondere Aufmerksamkeit und kann als der Begründer der Hexenprozesse betrachtet werden, welche so viele alte und junge Weiber das Leben kosteten. In der abgeschmackten Bulle, die er hierüber erließ, faselt er von bösen Geistern, die sich auf den Menschen, und solchen, die sich unter ihn legen. Innocenz war gewiß einer der ersten Art. – Auf das Hexenwesen komme ich wohl später noch, wenn die Leser nicht die Geduld verlieren! Alexander VI. (1492 - 1502) war der Nachfolger von Innocenz und das größte Scheusal unter den Päpsten, was wirklich bedeutendes Talent erfordert. Er war in Valencia geboren und hieß ursprünglich Roderich Langolo; aber sein Vater veränderte diesen Namen in den Borgia. Roderich studierte, wurde dann aber Soldat und verführte eine Witwe namens Vanozza und ihre beiden Töchter. Von einer derselben hatte er vier Söhne: Franz, Cäsar, Ludwig und Gottfried und eine Tochter Lucretia. Sein Oheim, Alphons Borgia, wurde unter dem Namen Calixtus III. Papst, und Roderich begab sich schleunigst nach Rom. Der Papst überschüttete ihn mit Würden und Geschenken und machte ihn endlich zum Kardinal. Nun richtete er seine Augen auf die päpstliche Krone. Als Innocenz VIII. starb, bestach er von 27 Kardinälen 22 durch Versprechungen und wurde Papst. Als er sein Ziel erreicht hatte, ermahnte er die verbrecherischen Kardinäle zur Besserung und räumte sie allmählich durch päpstliche Hausmittelchen aus dem Wege. Für das Schicksal seiner Kinder war Alexander VI. auf das zärtlichste besorgt. Er verheiratete sie alle vortrefflich und sorgte für ihr Fortkommen. Cäsar wurde zum Kardinal gemacht und hatte die Freude, seinen Bruder Gottfried mit Sanzia, der Tochter des Königs Karl VIII. von Frankreich, zu verheiraten, der noch weit größere Opfer bringen mußte, um den Papst zu bewegen, daß er seine Absichten auf das Königreich Neapel unterstützte. Karl mußte unendlich viele Dukaten opfern, denn Geld war bei Alexander VI. die Losung.

Um dies zu erlangen, verschmähte er kein Mittel. Schändlich war sein Betragen gegen den unglücklichen

Prinzen Dschem. Dieser hatte sich gegen seinen Bruder, den Sultan Bajazet, empört, war gefangen und dem Papst Innocenz gegen ein Jahrgeld von 40.000 Dukaten zur Aufbewahrung übergeben worden. Um Geld zu gewinnen, ließ Alexander dem Sultan weismachen, daß Karl VIII., wenn er Neapel erobert habe, gegen ihn ziehen wolle und sich bereits seinen Bruder Dschem erbeten habe, um ihn an die Spitze des Unternehmens zu stellen. Zugleich erbat sich Alexander die fälligen 40.000 Dukaten. Der wirklich besorgte Sultan schickte gleich 50.000 und schrieb an den «ehrwürdigen Vater aller Christen» – so nannte er Alexander – einen sehr freundschaftlichen Brief, in welchem er ihn aufmuntert, «seinen Bruder so bald als möglich von dem Elend dieser Welt zu befreien und ihm zu einem glücklicheren Leben zu verhelfen.» Wenn der Papst diese seine Bitte erfüllen wolle, so verspreche er ihm feierlich und eidlich 300.000 Dukaten, die kostbare Reliquie des Leibrocks Christi und ewige Freundschaft! Alexander wollte aber noch mehr Nutzen aus dem «Heiden» ziehen, der in seinem Gewahrsam war; er lieferte ihn Karl VIII. für 200.000 Dukaten aus, aber bereits mit einem Tränkchen im Leibe, woran er baldigst starb; – «an einer Speise oder einem Trank, die ihm nicht gut bekamen», sagt einer der Geschichtsschreiber. Bajazet hielt ebenso Wort wie der Papst.

Alexander erhob seinen ältesten Sohn, den Herzog von Gandia, den er am liebsten hatte, zum Herzog von Benevent. Dies war sein Tod, denn der eifersüchtige Cäsar, sein Bruder, ließ ihn ermorden. Man zog den von neun Dolchstichen durchbohrten Leichnam aus dem Tiber, und die Römer spotteten: «Alexander ist der würdigste Nachfolger Petri, denn er fischt aus dem Tiber sogar Kinder.» – Alexander war über den Tod seines Lieblings außer sich; aber er vergab Cäsar den kleinen Mord sehr bald, und alle Zärtlichkeit ging nun auf diesen würdigen Sprößling über.

Um nicht daran gehindert zu sein, durch Heirat zur Macht zu gelangen, verließ der Kardinal Cäsar Borgia den geistlichen Stand – ein bis dahin nie vorgekommener Fall –, und wurde von dem Könige von Frankreich zum Herzog von Valençe in der Dauphine ernannt, und bald darauf heiratete er eine Tochter der Königin von Navarra. Seine anderen Kinder vergaß der zärtliche Vater aber auch nicht. Lucretia hatte schon viel herumgeheiratet, als sie an Alphons, Herzog von Bisceglia, gelangte, der aber ermordet wurde und einem Prinzen von Ferrara Platz machen mußte. Die päpstliche Familie führte ein sehr gemütliches Stilleben. Die Brüder und der Vater «lebten» abwechselnd mit der schönen Lucretia, und sie beschenkte den letzteren mit einem Söhnlein namens Roderich, welches also der Bruder seiner Mutter und der Sohn und Enkel seines Vaters war und von diesem zum Herzog von Sermonata gemacht wurde!

Die italienischen Fürsten, welche von dem Heiligen Vater und seinem Cäsar geplündert wurden, vereinigten sich gegen diese Ungerechtigkeiten und «wurden fast sämtlich gestorben». Ein halbes Dutzend von ihnen besorgte Cäsar zur Ruhe, und ein anderes der Herr Papa. Cäsar würde sich wahrscheinlich unter dem Schutze seines Heiligen Vaters ein ganz artiges Reich zusammengestohlen haben, wenn dieser nicht plötzlich gestorben wäre. – Alexander hatte nämlich die Gewohnheit, solche reichen Leute, die er gern beerben wollte, aus der Welt zu entfernen, und eins seiner Lieblingsmittel war Gift, welches er höchst gemütlich Requiescat in pace nannte. Der Kardinal von Corneto, ein ungeheuer reicher Mann, sollte so beruhigt werden und wurde zu diesem Zweck vom Papst zum Abendessen geladen. Durch ein Versehen reichte ein Diener dem Papst den «in der Hölle gewürzten» Wein, und dieser endete am anderen Tage im 72. Lebensjahre sein heiliges Leben. Cäsar, der auch von dem vergifteten Wein getrunken, hatte ein volles Jahr daran zu verdauen.

Mit den Schandtaten dieses Papstes kann man ein ganzes Buch füllen; aber ich will dem Leser nur einige mitteilen. Von der Macht und Vortrefflichkeit der Päpste hatte Alexander die höchsten Begriffe, denn er sagte: «Der Papst steht über dem König wie der Mensch über dem Vieh», und mit der Religion, welche damals die christliche hieß, war er vollkommen zufrieden, denn er äußerte: «Jede Religion ist gut, die beste aber die – dümmste.» Er selbst hatte gar keine.

Höchst originell ist die Unterredung des gelehrten Prinzen Piko di Mirandola und dem Papst nach der Niederkunft der Lucretia mit dem nachherigen Herzog Roderich. Alexander fragte ihn: «Kleiner Piko, wen hältst du für den Vater meines Enkels?»

«Nun, Ihren Schwiegersohn!», nämlich den für impotent geltenden Alphons. «Wie kannst du das glauben?»

«Der Glaube, Eure Heiligkeit, besteht ja darin, Unmögliches zu glauben», und nun kramte der Prinz eine Menge geglaubter Unmöglichkeiten aus, daß der Heilige Vater sich vor Lachen ausschüttete. «Ja», sagte der Papst, «ich fühle wohl, daß ich nur durch Glauben, nicht durch meine Werke selig werden kann.»

«Eure Heiligkeit», antwortete der Prinz, «haben ja die Schlüssel des Himmelreichs, aber ich – wie ginge es mir dort, wenn ich bei meiner Tochter geschlafen, mich des Dolches und der Cantarella (Gift) so oft bedient hätte!» «Ernsthaft, sage mir», fuhr der Papst fort, «wie kann Gott am Glauben Vergnügen finden? Nennen wir nicht den, der da sagt, er glaube, was er unmöglich glauben kann, einen Lügner?»

«Großer Gott!» rief der Prinz und schlug das Kreuz, «ich glaube, Eure Heiligkeit sind kein Christ!» «Nun, ehrlich gesprochen, ich bin's auch nicht.» «Dacht' ich's doch!» Damit endete die seltsamste Unterredung, die wohl je zwischen einem Papst und einem Laien stattgefunden hat.

Die Liederlichkeit Alexanders läßt sich in unserer keuschen Sprache nicht gut schildern und kommt nur der des Cäsar Borgias und der Lucretias gleich. Alle Abarten der Wollust, welche wir Deutsche – Gott sei Dank – meistens nicht einmal dem Namen nach kennen und welche von früheren Päpsten einzeln getrieben wurden, dienten diesem Papst gewordenen Priap zur Unterhaltung. Burkard, der Zeremonienmeister Alexanders VI., hat uns in seinem Diarium das Leben an dem päpstlichen Hofe geschildert, und die üppigste Phantasie kann nichts erdenken, was hier nicht getrieben wurde. Burkard sagt: Aus dem Apostolischen Palast wurde ein Bordell und ein weit schandvolleres Bordell, als je ein öffentliches Haus sein kann.

«Einmal wurde», so erzählt Burkard, «auf dem Zimmer des Herzogs von Valençe (Cäsar Borgia) im Apostolischen Palast eine Abendmahlzeit gegeben, bei welcher auch 50 vornehme Kurtisanen gegenwärtig waren, die nach Tische mit den Dienern und anderen Anwesenden tanzen mußten, zuerst in ihren Kleidern, dann nackend. Darauf wurden Leuchter mit brennenden Lichtern auf die Erde gesetzt und zwischen denselben Kastanien hingeworfen, welche die nackten Weibsbilder, auf allen vieren zwischen den Leuchtern durchkriechend, auflasen, während Seine Heiligkeit, Cäsar und Lucretia zusahen. Endlich wurden viele Kleidungsstücke zum Preise für diejenigen hingelegt, die mit mehreren dieser Lustdirnen ohne Scheu Unzucht treiben würden, und sodann diese Preise ausgeteilt. Die schöne Szene ereignete sich an der Allerheiligen-Vigilie 1501.»

Einst ließ Alexander rossige Stuten und Hengste vor sein Fenster führen und ergötzte sich mit seiner Lucretia an dem Schauspiel. – Dieses Weib war über alle Beschreibung liederlich. Einige der Glossatoren des Papstrechts haben jedoch geäußert, daß man nur diejenige eine wahre Hure nennen könne, die 23.000 Mal gesündigt habe! Lucretia genoß das unbeschränkte Vertrauen ihres Vaters. In dessen Abwesenheit las sie alle Briefe, beantwortete sie nötigenfalls und versammelte die Kardinäle nach Gefallen. Man schrieb ihr folgende Grabschrift: «Hier liegt, die Lucretia hieß und eine Thais war, Alexanders Tochter, Weib und Schwiegertochter», letzteres, weil einer ihrer vielen Männer ein anderer Sohn des Papstes, also ihr Halbbruder war.

Die zu jener Zeit auflebenden Wissenschaften und die immer weiter um sich greifende Anwendung der höllischen Erfindung der Buchdruckerkunst machte den Papst sehr besorgt. Er fürchtete, daß die freie Presse dem Schandleben der Päpste ein Ende machen möchte, und hatte nicht Unrecht zu fürchten. Er führte daher die Bücherzensur ein, dies Institut, welches ich von ganzem Herzen verwünschen möchte – wenn es die Zensur erlaubte! Doch mit oder ohne Zensur! Die Gewalt weiß den «mißliebigen» Schriftsteller stets zu fassen. Der Kardinal Richelieu wettete einst mit einem Literaten, daß er nicht fünf Worte schreiben könne, ohne dafür in der Bastille zu landen. Letzterer schrieb: Zwei und eins macht drei. – «Unglücklicher», rief der Kardinal, «Sie leugnen die Dreieinigkeit!» – Von ähnlicher Beschaffenheit sind fast alle unsere modernen Preßprozesse; an ihnen ist nichts reell als die Gefängnisstrafe, welche der «mißliebige» Autor erhält. – St. Thieleus, bitt' für mich!

Julius II. (1503 - 1513) gelangte ebenfalls durch List und Bestechung auf den päpstlichen Stuhl. Er war ein tüchtiger Soldat, das ist das einzige, seltsame Lob, welches man diesem Statthalter Gottes geben kann. Er hetzte alle Fürsten gegeneinander, ließ Armeen marschieren, kommandierte sie selbst und belagerte und eroberte Städte. Seine Gegner beriefen eine Synode nach Pisa, um dem martialischen Sohn der Kirche sein unberufenes Handwerk zu legen. Von dieser Kirchenversammlung wurde er als ein Störer des öffentlichen Friedens, als ein Stifter der Zwietracht unter dem Volke Gottes, als ein Rebell und blutdürstiger Tyrann und als ein in seiner Bosheit verhärteter Mensch aller geistlichen und weltlichen Verwaltungen entsetzt.

Julius kehrte sich natürlich nicht an dieses Urteil; es erbitterte ihn nur noch mehr gegen seine Feinde und besonders gegen den vortrefflichen König von Frankreich Ludwig XII., den er absetzte. Ganz Frankreich wurde ebenfalls mit dem Interdikt belegt. Aber die aus dem Vatikan geschleuderten Blitze zündeten nicht mehr. Julius II. handelte nach dem Ausdruck des berühmten Geschichtsschreibers Mezeray, «wie ein türkischer Sultan und nicht wie ein Statthalter des Friedensfürsten und wie ein Vater aller Christen». In den Kriegen, die er aus Nachbegierde und Blutdurst führte, verloren zweimal 100.000 Menschen ihr Leben. Er starb während der Vorbereitungen zu neuen Kriegen. Er war so liederlich wie Alexander VI. und vor diesem hatte er noch voraus, daß er ein Trunkenbold war. Kaiser Maximilian I. sagte einst: «Ewiger Gott, wie würde es der Welt gehen, wenn du nicht eine besondere Aufsicht über sie hättest, unter einem Kaiser wie ich, der ich nur ein elender Jäger bin, und unter einem so lasterhaften und versoffenen Papste, als Julius ist.» Der Zeremonienmeister dieses Papstes, de Graffis, erzählt, daß der Heilige Vater einmal so heftig von der Krankheit angesteckt war, daß er am Karfreitage niemand zum Fußkuß lassen konnte!

Ein ebenso liederlicher Mensch war sein Nachfolger Leo X. (1513 - 1521), welcher seine Erhebung zum Papst derselben Krankheit verdankte, die Julius am Fußkusse verhinderte. Als er zur neuen Papstwahl ins Konklave kam, litt er an einem venerischen Geschwür am Hintern, welches einen pestilenzialischen Geruch verbreitete. Die anderen Kardinäle, welche angesteckt zu werden fürchteten, befragten die Ärzte des Konklaves, und diese erklärten einstimmig, daß Leo gewiß bald sterben werde. Um nur baldigst von dem Gestank befreit zu sein, erwählten ihn die Kardinäle zum Papst.

Leo X., ein Sprößling der berühmten Fürstenfamilie der Medicis, war ein gescheiter Mann, welcher Künste und Wissenschaften liebte und manche anderen Eigenschaften hatte, die wir an einem weltlichen Fürsten recht hoch schätzen würden. Er lebte «vergnügt wie ein Papst» und kümmerte sich ebensowenig um die Christenheit als um Geschäfte, wenn er nicht durch seine ungeheuren Geldbedürfnisse dazu gezwungen wurde. Er soll während der acht Jahre seiner Herrschaft 14.000.000 Dukaten verbraucht haben, was sehr glaublich ist, denn er achtete das so leicht erworbene Geld durchaus nicht. Bei seiner Krönung verschenkte er 100.000 Dukaten. Dichter und Maler erhielten von ihm sehr bedeutende Summen; aber die guten Christen deckten alles. Einst sagte Leo zum Kardinal Bambus: «Wieviel uns und den unsrigen die Fabel von Christo eingebracht hat, ist aller Welt bekannt.»

Sein Hof war der prächtigste, den es gab, und das Geld wurde mit vollen Händen weggeworfen, wie an denen der altrömischen Kaiser. So war es denn kein Wunder, daß er trotz seines Ablaßkrames noch bedeutende Schulden hinterließ.

Leo verkaufte alles, was nur Käufer fand, und sein Finanzminister, Kardinal Armellino, war der unverschämteste Blutsauger.

Leo wurde durch einen plötzlichen Tod aus seinem üppigen Leben hinweggerissen und hatte nicht einmal Zeit, die kirchlichen Sakramente zu empfangen. Dies gab einem Dichter Veranlassung zu einem Epigramm, welches in der Übersetzung lautet: «Ihr fragt, warum Leo in der Sterbestunde die Sakramente nicht nehmen konnte! Er hatte sie verkauft.»

Leos Ablaßkram, von dem ich bereits geredet habe, wurde die nächste Veranlassung zur Reformation. Die Geschichte derselben ist unendlich oft geschrieben worden und befindet sich in den Händen des Volkes; ich darf sie also als bekannt voraussetzen und kann hier schnell darüber hinweggehen.

Die gefährliche Lage des päpstlichen Stuhls hätte einen recht kräftigen Papst erfordert; aber Leos Nachfolger Hadrian VI. war dies durchaus nicht. Er war ein bornierter Gelehrter, mehr geeignet, «sich und die Jungens zu ennuyieren», als das lecke Schifflein Petri über Wasser zu halten, obwohl sein Vater Schiffszimmermann in Utrecht war.

Seiner Gelehrsamkeit wegen hatte man ihn zum Lehrer Karls V. gewählt, und als sein Zögling Kaiser war, machte man ihn zum Rektor der Universität Löwen. Luther sagte von ihm: «Der Papst ist ein Magister noster aus Löwen, da krönt man solche Esel.» Man möchte fast dieses Urteil unterschreiben, wenn man liest, daß Hadrian bei den herrlichsten Kunstwerken Roms, wie Laokoon, Apoll von Belvedere usw., mit einem flüchtigen Seitenblicke vorüberging, indem er sagte: «Es sind alte Götzenbilder.» Als dieser «deutsche Barbar» zu Fuß nach Rom kam, als er zu seinem Unterhalt täglich nicht mehr als 12 Taler brauchte, und – horribile dictu – Bier dem Wein vorzog, da machten die Kardinäle sehr lange Gesichter und kamen zu der Einsicht: «Daß der Heilige Geist keinen als einen Italiener verstehe.»

Hadrian war ein hölzerner Pedant und viel zu ehrlich, als daß man ihn lange auf dem päpstlichen Stuhl hätte dulden können. Die Satiriker nahmen ihn scharf mit. Der Dichter Verni charakterisiert dieses Papstes Regierung sehr ergötzlich. Die bezügliche Stelle heißt in der Übersetzung: «Eine Regierung voll Bedacht, Rücksicht und Gerede, voller Wenn und Aber, Jedennoch und Vielleicht und Worten in Menge ohne Saft und Kraft, voll Glaube, Liebe, Hoffnung, d. h. voll Einfalt, wird allgemach Hadrian zum Heiligen machen.»

Hadrian beging in den Augen aller Kardinäle und Geistlichen ein schreckliches Verbrechen, denn er gestand ein, daß Luther mit seinem Verlangen nach einer Reformation gar nicht so unrecht habe, indem er ehrlich genug war zu schreiben: «Gott gestattete die Verfolgung um der Sünde willen, die Sünde des Volkes stammt von den Priestern, die daher Jesus auch zuerst im Tempel aufsuchte und dann erst in die Stadt ging. Selbst von diesem unserem Heiligen Stuhl ist so viel Unheiliges ausgegangen, daß es kein Wunder ist, wenn sich die Krankheit vom Haupt in die Glieder, von Päpsten in die Prälaten gezogen hat. Wir wollen allen Fleiß anwenden, damit zuerst dieser Hof, von dem vielleicht alles Unheil ausging, reformiert werde, je begieriger die Welt solche Reformen erwartet.»

So etwas war unerträglich, und Hadrian «wurde gestorben». Der Jubel der Römer bei seinem Tode war sehr groß, und sie begingen die Unschicklichkeit, die Tür seines

Leibarztes zu bekränzen und mit der Inschrift zu versehen: Liberatori Patriae S. P. Q. R. (Der Senat und das Volk Roms dem Befreier des Vaterlandes). Damit man aber nicht in Versuchung kommt, das Schicksal dieses Papstes gar zu sehr zu beklagen, bemerke ich nur, daß er fünf Jahre lang Großinquisitor in Spanien war und dort 1.620 Menschen lebendig und 560 im Bildnis verbrennen ließ und 21.845 andere zu Vermögenskonfiskation, Ehrlosigkeit und dergleichen verurteilte. Clemens VII. (1523 - 1534), wieder ein Medici, folgte nun auf dem päpstlichen Stuhl. Er verstand es besser, den Kirchenmonarchen zu spielen, als sein Vorgänger; aber die Reformation konnte er nicht unterdrücken. Er hatte große Not auszustehen, denn der Konnetabel Karl von Bourbon stürmte mit seinem unbezahlten Heer Rom. Der Feldherr selbst wurde zwar erschossen; aber dies diente nur dazu, um die beutelustigen Truppen noch mehr zu erbittern. Unter ihnen befanden sich 14.000 Deutsche unter Georg von Fronsberg, der es besonders auf den Papst abgesehen hatte und einen goldenen Strick bei sich trug, um Seine Heiligkeit eigenhändig damit aufzuknüpfen!

Der Papst floh in die Engelsburg, und Rom wurde schrecklich geplündert. Die Kardinäle hatten eine schlimme Zeit, denn selbst die katholischen Spanier gingen mit ihnen unbarmherzig um. Wenn die Soldaten der damaligen Zeit Geld witterten, dann suspendierten sie alle Religion, stahlen und mordeten nach Herzenslust und ließen sich dann – absolvieren. Die Beute der Soldaten belief sich an Gold, Silber und Edelsteinen auf mehr als 10.000.000 Golddukaten, und an barem Geld, womit sich die Vornehmen ranzionieren mußten, auf eine noch größere Summe. Ich habe da ein altes Buch von 1569 vor mir, in welchem Adam Neißner, der in Diensten Fronsbergs mit in Rom war, die tolle Wirtschaft, welche die Soldaten dort neun Monate lang trieben, sehr treuherzig und einfach beschreibt. Ich will eine Stelle daraus wörtlich zitieren: «Die Landsknecht haben die Cardinäls Hut auffgesetzt, die roten langen Rock angethan, und sind auff den Eseln in der Statt umbgeritten, haben also ir Kurtzweil und Affenspiel gehalten. Wilhelm von Sandizell ist offtermals mit seiner Rott, als ein Römischer Bapst, mit dreyen Kronen für die Engelburg kommen, da haben die andern Knecht in den Cardinäls Röcken irem Bapst Reverentz gethan, ihre lange Rock vornen mit den Händen aufgehebt, den hindern Schwantz hinden auff der Erd lassen nachschlepffen, sich mit Haubt und Schultern tieff gebogen, niederkniet, Füß und Händ geküßt. Alsdann hat der vermeynt Bapst dementen einen Trunk gebracht, die angelegte Cardinäl sind auff iren Knien gelegen, haben ein jeder ein Glaß voll Wein außtrunken, und dem Bapst bescheyd gethan, darbey geschrien, Sie wollen jetzt rechte fromme Bäpst und Cardinal machen, die dem Keyser gehorsam, und nicht wie die vorige widerspenstig, Krieg und Blutvergießen anrichten.

Zuletzt haben sie laut vor der Engelsburg geschrien: Wir wöllen den Luther zum Bapst machen! Welchem solchs gefallen, der soll ein Hand auffheben, haben darauff all ihre Händ auffgehebt, und geschrien, Luther Bapst, und viel dergleichen schimpffliche lächerliche Spottreden gethan.

Grünenwald, ein Landsknecht, schrie vor der Engelburg mit lauter Stimm, er hett lust, daß er den Bapst ein Stück auß seinem Leib solt reissen, weil er Gottes, deß Kayers, und aller Welt Feind sey usw.» Nachdem Papst Clemens an die Truppen noch gegen 400.000 Dukaten gezahlt hatte, ließ man ihn aus der Engelsburg, als Diener verkleidet, entwischen. Clemens hatte kein Glück, aber auch kein Geschick. So viel hätte er mit ein wenig Verstand erkennen können, daß die Zeit der Innocenze vorüber war.

Er war unpolitisch genug, es mit dem despotischen Heinrich VII. von England zu verderben, den er exkommunizierte und der sich dafür mit seinem ganzen Lande von Rom lossagte. Dadurch verlor der päpstliche Stuhl den Petersgroschen – so nennt man nämlich die Abgabe, welche seit 740 von jedem englischen Hause nach Rom bezahlt wurde –, und der ihm bis dahin schon gegen 38.000.000 Gulden eingebracht haben mochte.

Die Reformation machte unter diesen beiden letzten Päpsten immer weitere Fortschritte. Die auf dem Reichstag zu Nürnberg (1522) versammelten Reichsstände erklärten, «daß sie die päpstlichen und kaiserlichen Verordnungen nicht vollstrecken lassen könnten, weil das Volk, welches den Lehren Luthers in großer Menge zugetan sei, dadurch leicht auf den Argwohn geraten könnte, als wolle man die evangelische Wahrheit unterdrücken und die bisherigen Mißbräuche unterstützen, und dies könnte leicht zu Aufruhr und Empörung Anlaß geben.»

Die deutschen Fürsten auf dem Reichstage nahmen nun kein Blatt vor den Mund, und in den «100 Beschwerden der deutschen Nation» sprachen sie geradezu von Betrügereien der Päpste, was man heute nicht wagen darf.

Doch damals war vieles anders. Jeder einzelne interessierte sich für öffentliche Angelegenheiten. Von dem Indifferentismus unserer Zeit wußte man noch nichts. Wenn jetzt jemand für Volksrechte eifert, Existenz und persönliche Freiheit auf das Spiel setzt, dann betrachten ihn die anderen wie einen närrischen Menschen und können nicht begreifen, wie man wegen einer Sache, die nicht gemünztes Metall ist, in Wallung geraten kann. Sehe ich unsere deutschen Vorkämpfer für die Volksrechte und dann dieses Volk selbst an, dann fällt mir immer jenes Verschen aus der schönen österreichischen Nationalhymne ein:

Ein Knötel schaut den andern an,
Wie er nur so sieden kann.

Ronges Brief an den Bischof Arnoldi hat für die heutigen Katholiken dieselbe Bedeutung wie Luthers 95 Thesen gegen den Ablaßkram für die des 16. Jahrhunderts. Ronges Schriften werden aber jetzt selbst in protestantischen Ländern verboten, so «wohlmeinend anständig» sie auch sind, während man Luthers unflätige Schimpfereien, welche man damals Satiren nannte, ungehindert verbreiten ließ.

Vor Päpsten und Fürsten zeigte der «Gottesmann Lutherus» gar wenig Respekt, wenn es der Verteidigung seiner Sache galt. Er geht mit ihnen um, als wären sie Bettelbuben, und sagt sowohl dem König von England als auch dem Herzog Georg von Sachsen auf das allerderbste die Wahrheit. Den Herzog von Braunschweig nannte er nur «den Hansworst». Am schlimmsten kam aber bei ihm der Papst weg.

In seinem Buche: «Das Papsttum vom Teufel gestiftet» nennt er die Kirche die Lerche und den Papst den Kuckuck, der die Eier fresse und dafür Kardinäle in das Nest hineinsch... – Er nennt Seine Heiligkeit einen «Gaukler, das Leckerlein zu Rom, päpstliche Höllischkeit und Spitzbube, ein epikurisch Schwein, das vom Teufel hintenaus geboren, und will, daß man ihm den Hintern küsse, – einen besch...n und f...n Papstesel, vor dessen F...n sich der Kaiser fürchtet, und der alle F... der Esel binden und die selbsteigenen angebetet haben will, und daß man dabei noch den Hintern lecke.»

Wagte es heutzutage ein Schriftsteller, so gegen lebende Fürsten zu schreiben, dann fiele halb Europa in Ohnmacht, und dem Verfasser winkte eine Haft, so lang wie das Fegefeuer.

Seine Gegner blieben Luther indessen nichts schuldig, und Dr. Eck, den er nur Dreck nannte, zahlte ihm mit gleicher Münze. Die gewöhnlichen Titel, die man ihm gab, waren Doktor Dreck-Märten, Doktor Sauhund von Wittemberg und dergleichen. Der Jesuit Weislinger sagte von Luther in bezug auf die Tischreden: «Luther ist Zeremonienmeister bei Hofe, wo man Mist ladet, Advokat zu Sauheim, wo nicht gar Stadtrichter zu Schweinfurt, – gäbe es ein Mistingen, Schmeisau oder Dreckberg, so gehörte der Sau-Luther dahin.»

Das nannte man in jener Zeit Satyre. In solchen Ausdrücken wagt jetzt niemand mehr zu schreiben, und diese Änderung wird wohl niemand tadeln. Allein wir sind jetzt superfein geworden. Daß wir nicht schreiben, wie wir wohl möchten, dafür sorgt die Zensur; allein diese Zensur hat sogar rückwirkende Kraft. Wir denken schon zensiert und sprechen auch so. Kein Ding darf mehr beim rechten Namen genannt werden; wir drehen uns mit «dürfte, möchte und könnte» drum herum wie die Katze um den heißen Brei. Jeder fürchtet sich das Maul zu verbrennen. Was soll man dazu sagen, wenn ein Leipziger Professor in einer öffentlichen Vorlesung nicht einmal den Titel eines Buches zu nennen wagt (Die vier Fragen von Jacobi), bloß weil es «höheren Orts» mißfallen hat. Damals kannte man solche «zarten Rücksichten» nicht; aber wie gesagt, damals war auch alles anders. Fürsten gingen mit den Völkern Hand in Hand und standen sich nicht gegenüber wie zwei Schachspieler. Damals war die schöne Phrase vom «beschränkten Untertanenverstand» noch nicht erfunden, und der Kurfürst von Sachsen, den man doch den Weisen nannte, glaubte nicht alle Weisheit gepachtet zu haben. Jetzt hat zwar, soviel ich weiß, kein einziger Fürst den Namen «der Weise»; aber sie sind alle weiser, als Friedrich.

Doch meine Litanei von «sonst und jetzt» könnte leicht so lang werden wie die marianische, und dann verpflichtet mich auch «der Trieb der Selbsterhaltung» dazu, das Maul zu halten. Ich will deshalb wieder zu den Päpsten zurückkehren. Die sind längst tot und mit keinem unserer regierenden Häupter verwandt, und ich brauche nicht zu befürchten, in kriminalistische Wolfsgruben zu fallen.

Clemens VII. war ein großer Freund der Mönche. Unter ihm entstanden die Kapuziner, eine Abart der Franziskaner, welche sich von diesen nur durch ihre größere Dummheit und Schweinerei auszeichneten. Die spitzen Kapuzen, die sie tragen und die einem Lichtauslöscher sehr ähnlich sehen, können zugleich als ihr Feldzeichen dienen, denn Clemens hoffte durch sie das Licht auszulöschen, welches durch Luther angezündet war. Paul III. (1539 - 1549), der nach Clemens Papst wurde, war schon in 26. Lebensjahr Kardinal geworden, und zwar, weil er seine schöne Schwester Julia Farnese an Alexander VI. verkuppelt hatte. Er war einer der liederlichsten Päpste. Blutschande, Mord und dergleichen waren ihm ganz geläufig. Er vergiftete sowohl seine eigene Mutter wie seine Schwester!

Doch das sind alles «Privatsachen», die uns eigentlich nichts angehen. Weit wichtiger ist es für uns, daß Paul am 27. September 1540 den Orden der Jesuiten bestätigte. Wir werden diese Fledermäuse noch näher kennenlernen und wollen ihnen dann sagen, was sie waren und was sie sind; denn sie selbst konnten und wollten darüber keine Auskunft geben und sagten, sie wären tales quales, das heißt: Diejenigen, welche – den Galgen verdient haben, füge ich hinzu.

Julius III. war ein Papst, der noch weniger taugte als sein Vorgänger. Er hielt sich mit dem Kardinal Ereszentius gemeinschaftlich Buhldirnen, und die Kinder erzogen sie auf gemeinschaftliche Kosten, weil keiner von beiden wußte, wer der Vater war. Seinen Affenwärter, einen häßlichen Jungen von 16 Jahren, machte er zum Kardinal, und als ihm die Kardinäle deshalb Vorwürfe machten, rief er: «Potta di Dio! Was habt ihr denn an mir gefunden, daß ihr mich zum Papste machtet?» Der Heilige Vater ließ einst in Rom Heerschau über die Freudenmädchen halten, und es fanden sich nicht weniger als 40.000 in der Stadt! Unter einem so liederlichen Papst, wie es Julius war, mußte ihr Handwerk natürlich gedeihen. Sein Nuntius, Johann a Casa, Erzbischof von Benevent, schrieb ein Buch über die Sodomiterei, worin er diese lebhaft in Schutz nimmt. Dies Buch ist 1552 zu Venedig gedruckt und – dem Papst gewidmet!

Paul IV. war ein vor Stolz halb wahnsinniger, 80jähriger Narr, und nebenbei ein mordlustiger Pfaffe. Unter ihm konnte die Inquisition nicht genug Opfer erwürgen. Hören wir, was Pasquino über ihn sagte; aber vorher noch einige Worte über Pasquino. Nach der Sage war dieser ein lustiger Schneider in Rom, dessen Schwänke viele Leute nach seiner Bude lockten. Dieser gegenüber stand eine verstümmelte Statue, an welche man häufig Satiren angeklebt fand, die man dem Schneider zuschrieb. Daher stammt das Wort Pasquill. Bald wurde nun eine andere Statue am Kapitol dazu ausersehen, die Antworten aufzunehmen, und so entstand ein Frage-und-Antwort-Spiel, welches nicht nur sehr ergötzlich, sondern auch von großem Nutzen war.

Als Paul IV. 1559 gestorben war, schlug Pasquino folgende Grabschrift vor: «Hier liegt Carassa (aus dieser Familie stammte der Papst), verflucht im Himmel und auf Erden, dessen Seele in der Hölle, dessen Aas im Boden ist. Der Erde mißgönnte er den Frieden, dem Himmel Gebet und Gelübde, ruchlos richtete er Klerus und Volk zugrunde; vor den Feinden kroch er, gegen Freunde war er treulos; wollte ihr alles auf einmal wissen? – Er war Papst!» Der Name «Papst» war damals in Rom zum Schimpfwort herabgesunken. Pasquino erwiderte einem Fragenden: «Warum jammerst du?» – «Ach, der Schimpf bricht mir das Herz!» – «Nun, was ist's?» – «Du errätst es nicht? – Sie haben mich», ruft er unter Schluchzen, «sie haben mich – einen Papst genannt!»

Paul war Kaiser Karls erbitterter Feind gewesen und wollte nach dessen Abdankung Kaiser Ferdinands Wahl nicht anerkennen, weil dessen Sohn und Thronfolger, Maximilian, meist unter Lutheranern aufgewachsen sei. Der Kaiser kehrte sich wenig an den Papst, dazu angeregt durch den Reichsvizekanzler Dr. Seld, den Metternich Ferdinands I. Dieser Minister sagte in einem Gutachten: «Man lacht jetzt über den Bann, vor dem man sonst zitterte, man hielt sonst alles, was von Rom kam, für heilig und göttlich, jetzt speiet männiglich, er sei alter oder neuer Religion, darüber aus. Die alten Kaiser haben die Päpste beim Kopf genommen, gestöcket, gepflöcket und abgesetzt, wir haben selbst erlebt, wie Karl mit Clemens umgegangen, solchen Ernstes sind Eure Majestät nicht einmal benötigt. Übrigens weiß man, daß Seine Heiligkeit die Kardinäle, welche Wahrheiten sagen, Bestien und Narren gescholten, solche mit Stecken geschlagen, woraus anzunehmen, daß dieselben Alters oder anderer Zufälle wegen nicht wohl bei Vernunft und Sinnen seien.» Unter Pius IV. wurde das Trientiner Konzil geschlossen, welches 18 Jahre versammelt gewesen war, um die schon längst als notwendig anerkannte Reformation der Kirche an «Haupt und Gliedern» vorzunehmen.

Dieses Konzil wurde mit denselben frohen Hoffnungen begrüßt wie eine andere erlauchte Versammlung unserer Zeit, die mit jenem Konzil in allen Stücken die vollkommenste Ähnlichkeit hat.

Ich könnte eine sehr interessante Parallele ziehen; aber ich muß es dem Leser überlassen, die wenigen Notizen, die ich hier über das Trientiner Konzil geben kann, auf unsere Zeit anzuwenden.

Das Konzilium stand unter der unmittelbaren Beaufsichtigung des Papstes. Kardinal del Monte stand mit ihm durch eine ununterbrochene Kurierlinie zwischen Trient und Rom in fortwährender Verbindung, und des Papstes Instruktionen hatten auf alle Beschlüsse den entschiedensten Einfluß. Alle Welt schrie, das Konzilium sei nicht frei, aber niemand konnte das ändern. Der Bischof Dudith von Tina in Dalmatien und mehrere andere sagten: «Der Heilige Geist, der die versammelten Väter in Trient bekehrte, kam im römischen Felleisen.» Die Heiligen Väter strengten sich nicht übermäßig an. Alle Monate einmal eine Sitzung, wenn nicht Ferien oder Festlichkeiten die Zeit wegnahmen; aber wenn man einmal Sitzung hielt, dann war man fast ebenso tätig wie jene andere Versammlung. Man disputierte mit allem Ernst, der so wichtigen Dingen gebührt, über Rang der Abgeordneten, über Kleidung, Siegel und dergleichen. Dann fragte man, ob man vom Glauben oder von der Reformation anfangen wolle? Endlich entschied man sich denn für den Glauben, da einige Vorwitzige unverschämt genug waren, die Meinung zu äußern, daß die Reformation bei den Häuptern beginnen müsse!

Die Franzosen und selbst die so geduldigen Deutschen verloren die Geduld. Ein kaiserlicher Gesandter behauptete gar, der Papst und seine Legaten «hätten die Hufeisen verkehrt aufgeschlagen, um sich den Schein zu geben, vorwärts zu gehen, während sie doch rückwärts gingen». Wenn das Volk, welches sich nach all den schönen Versprechungen auf die Konziliumsbeschlüsse wie auf den Heiligen Christ freute, durch seine Vertreter deshalb anfragen ließ, dann erhielt es immer zur Antwort, daß der Bericht noch nicht fertig sei.

Als aber der Bericht endlich fertig war, da machte alles Volk ein langes Gesicht und «empörte» sich. Beim Schluß der Synode stand der Kardinal von Guise auf und rief: «Verflucht seien alle Ketzer!» Verflucht! Verflucht! Verflucht! brüllten die Herren Gesandten im Chor, und der Heilige Geist in Rom lachte sich ins Fäustchen. Das war freilich nicht der Weg, die Protestanten in den Schoß der Kirche zurückzuführen, welches eigentlich der Hauptzweck der langen Synode war.

Der protestantische Schriftsteller Heiddegger verglich das Papsttum mit einer Hure, die immer unverschämter wird, je länger sie mitmacht. Dieser Vergleich ist zwar nicht sehr höflich, aber wenn man die Beschlüsse des Trientiner Konzils ansieht, so – muß man ihm beistimmen. Aller Unsinn, der sich allmählich in die christliche Kirche eingeschlichen hatte, wurde dadurch feierlich sanktioniert, und was von der trientinischen Glaubensformel abwich, hatte «den Verlust der Seligkeit» zu erwarten. Dies Konzil war das letzte, welches gehalten wurde, und seine Beschlüsse gelten bis auf den heutigen Tag. Hume sagt bei der Geschichte der Königin Elisabeth von England: «Das Trientiner Konzil ist das einzige, das in einem Jahrhundert beginnender Aufklärung und Forschung gehalten wurde; die Wissenschaften müßten tief sinken, wenn das Menschengeschlecht aufs neue zu einem solchen groben Betruge geschickt würde.» Daß aus der Synode nicht viel werden konnte, war wohl natürlich, denn die Herren Jesuiten nahmen sich ihrer an und soufflierten dem Heiligen

Geist. – Dies Konzil hatte große Folgen, und die allerschlimmste war wohl die, daß die Päpste, welche bisher beständig gegen die weltliche Macht Opposition gebildet hatten, von nun an gemeinschaftliche Sache mit ihr machten, um das sichtbare Streben nach einem besseren Zustande und politischer Freiheit zu lähmen.

Pius IV. «gab seine Seele durch den Teil des Leibes von sich, durch welchen er sie erhalten hatte». Ihm folgte als Pius V. ein ehemaliger Großinquisitor. Bei seiner Wahl soll er geäußert haben: «Als Mönch hoffe ich selig zu werden, als Kardinal zweifle ich daran, und als Papst halte ich die Sache für unmöglich.»

Dieser Pius V. war der grausamste unter den Päpsten. Sowohl von ihm als von seinen Nachfolgern werde ich in den folgenden Büchern dieses Werkes ausführlicher reden müssen. Hier mögen nur einige Anmerkungen folgen.

Dieser blutdürstige Papst ließ Nikolas Franko wegen eines Distichons hängen, welches er auf den im Lateran (päpstlicher Palast) neuerbauten Abtritt machte!

Papst Pius V., der beladnen Bäuche sich erbarmend, errichtete diesen Abtritt, ein edles Werk. Der arme Poet rief mit Recht: «Das ist zu arg!» und noch auf der Leiter wollte er nicht glauben, daß die Sache ernst sei, und fragte: «Wie, Nikolas an den Galgen?» – Pius hat unsägliches Unglück über die Welt gebracht! Ihn belebte nur eine Idee: Ausrottung der Ketzer. Er ist der Urheber der Pariser Bluthochzeit, der schrecklichen Verfolgungen in den Niederlanden unter Alba, wie aller Verschwörungen in Schottland und England. Doch ich darf auch das Gute nicht unerwähnt lassen, was von diesem Papste zu melden ist, und um so weniger, da es auf dem «Apostolischen Stuhl» eine Seltenheit ist. Er führte ein sehr strenges Leben, wie ein Einsiedler, trug stets ein Citicium (ein handbreiter, stacheliger Drahtgürtel, der auf dem bloßen Leibe getragen wird, natürlich nur von Liebhabern von dergleichen Schindereien) und kein Hemd. Seine Speise bestand aus Gemüse und sein Getränk war Wasser.

Als er unter gräßlichen Steinschmerzen seine Henkerseele ausgehaucht hatte, herrschte allgemeine Freude. Die während seiner Regierung beinahe in den Ruhestand versetzten öffentlichen Mädchen versammelten sich jubelnd um seine Leiche, und sogar der türkische Sultan ließ Freudenfeste wegen dieses Todes anstellen. Gregor XIII. war seinem Vorgänger an Fanatismus gleich, wenn auch nicht an Sittenstrenge. Er eröffnete dem spitzbübischen Jesuitengeneral Aquaviva, daß es Protestanten, besonders Gelehrten, Fürsten, höheren Beamten und anderen einflußreichen Personen, wenn sie zur römischen Kirche übergingen, aus besonderer päpstlicher Gnade gestattet sein sollte, ihren neuangenommenen Glauben verleugnen und noch alle protestantischen Kirchengebräuche mitmachen, kurz, nach wie vor sich als Protestanten benehmen zu dürfen. – Ad notam!

Nach Gregor kam Sixtus V. (1585 - 1590) auf den päpstlichen Stuhl. Sein Vater war Weingärtner, seine Mutter eine Magd, und er selbst hütete in seiner Jugend die Schweine. Deshalb scherzte er oftmals: «Ich bin aus einem durchlauchtigen Hause; Sonne, Wind und Regen hatten freien Zugang in die Hütte meiner Eltern.» Er hieß eigentlich Felice Peretti und wurde 1521 zu Grotta a Mare, nicht weit von Montalto in der Mark Ancona geboren. Ein Franziskaner, dem der Junge gefiel, nahm ihn von den Schweinen weg und brachte ihn in ein Kloster, und somit auf die Leiter, welche zum Apostolischen Stuhl führt.

Er stieg schnell. Papst Pius V. war ihm gewogen und machte ihn zum Kardinal Montalto, aber Gregor konnte ihn nicht leiden, und so hielt er es denn für zweckmäßig, sich ganz zurückzuziehen und dem Anscheine nach ein völliger Franziskaner zu werden. Er spielte seine Rolle so gut, daß sämtliche Kardinäle angeführt wurden. Er stellte sich äußerst demütig, einfältig und körperlich hinfällig, ließ sich geduldig «der Esel aus der Mark» nennen und dachte, «wer zuletzt lacht, lacht am besten.» Die Kardinäle waren in sechs Parteien geteilt, und da keine der anderen den Willen tun wollte, rief die größte Zahl der Kardinäle, daß der Esel aus der Mark Papst sein solle.

Kaum merkte der an seiner Krücke einherschleichende Montalto, daß er die meisten Stimmen für sich habe, als er sogleich seine Stütze wegwarf, sich kerzengerade in die Höhe richtete, bis an die Decke der Kapelle spuckte und mit einer Stentorstimme ein Tedeum anstimmte, daß die Fenster zitterten. Man kann sich den Schrecken der überlisteten Kardinäle denken. Als der Zeremonienmeister den neuen Papst dem Gebrauche gemäß kniend fragte, ob er die Würde annehme, antwortete er: «Ich hätte noch Kraft zu einer zweiten», und als ihm einer der stolzesten Kardinäle wegen seines guten Aussehens Komplimente machte, sagte er lachend: «Ja, ja, als Kardinal suchten wir gebückt die Schlüssel des Himmelreichs; wir fanden sie und sehen nun aufrecht gen Himmel, da wir auf Erden nichts mehr zu suchen haben.»

Einer der Kardinäle, der sich immer für ihn interessiert hatte, wollte seine verschobene Kapuze in Ordnung bringen; aber Montalto wies ihn zurück, indem er sagte: «Tut nicht so vertraut mit dem Papste!» Kardinal Farnese, der dem jetzigen Papst niemals recht getraut und ihn immer nur den Paternosterfresser genannt hatte, äußerte nun gegen seine Herren Kollegen: «Ihr meintet einen Gimpel zum Papst zu machen; ihr habt einen dazu gemacht, der mit uns allen wie mit Gimpeln umgehen wird!» – Pasquino erschien mit einem Teller voll Zahnstocher.

Sixtus V. blieb auch als Papst stets ein strenger Mönch und griff nun mit Energie in die bisher so jämmerlich schlaff gehandhabten Zügel der Regierung. Zuerst war er darauf bedacht, das Land von den unzähligen Räuberbanden zu reinigen, die unter Gregor XIII. so überhand genommen hatten, daß kein Mensch seines Lebens sicher war. 500 Verbrecher erwarteten, wie es bei einem Regierungsantritte gewöhnlich war, ihre Befreiung; allein Sixtus ließ ihnen den Prozeß machen und die Galgen wurden nicht leer. «Ich sehe lieber die Galgen und Galeeren voll als die Gefängnisse», pflegte er zu sagen. Ganz Rom geriet in Entsetzen, denn seine Strenge traf reich und arm, was man bisher gar nicht gewohnt war. Graf Pepoli, welcher die Banditen beschützte, wurde zu Bologna enthauptet, und die Villa des Prälaten Cesarino ließ der Papst niederreißen, weil sie ein bekannter Banditenschlupfwinkel war.

«Ich verzeihe», sagte er, «was unter Montalto geschehen ist; aber als Sixtus muß ich das Haus niederreißen und einen Galgen an die Stelle setzen.» Cesarino wurde aus Angst Kartäuser!

Einer der Landhäscher (Bargello), die nur zu oft mit den Banditen gemeinschaftliche Sache machten, wollte sich verbergen, als er Sixtus gewahr wurde. Dieser ließ ihn aber in Ketten legen und nur unter der Bedingung frei, daß er ihm innerhalb acht Tagen eine bestimmte Anzahl Banditenköpfe einliefere.

Ja der Papst ging in seiner grausamen Gerechtigkeitsliebe so weit, daß er, um Verbrechen zu entdecken, die alten Kriminalakten durchstöbern ließ. Einen gewissen Blaschi, der schon vor 36 Jahren wegen eines Mordes nach

Florenz entwischt war, ließ er requirieren und enthaupten.

Diese Strenge gab Pasquino hinlänglich Stoff. Einst sah man an der Bildsäule die Engelsbrücke mit den sich gegenüberstehenden Statuen der Apostel Petrus und Paulus abgebildet. Petrus war in Stiefeln und Reisemantel. Paulus äußerte sein Erstaunen und Petrus antwortete: «Ich will mich fortmachen, denn ich habe vor 1.500 Jahren Malchus das Ohr abgehauen.»

Sixtus trieb seine Gerechtigkeitspflege mit ordentlicher Leidenschaft, und einst beim Essen nach einer großen Hinrichtung äußerte er: «Mir schmeckt es nie besser als nach einem solchen Akt der Gerechtigkeit.» – Pasquino erschien mit einem Becken voll kleiner Galgen, Räder, Beile usw. und sagte: «Diese Brühe wird dem Heiligen Vater Eßlust geben.»

Die Mütter schreckten jetzt ihre Kinder mit dem Papst, und wenn sich dieser auf der Straße blicken ließ, so drückte sich jeder beiseite. Ein Zeichen, daß es in Rom viele Spitzbuben und andere Leute gab, welche die Strenge des Papstes zu fürchten hatten. Er verfolgte nicht allein Banditen, sondern auch die Menschenfleischhändler oder Kuppler, welche den Kardinälen und liederlichen Reichen ihre Weiber und Töchter zu verhandeln pflegten. Eine berühmte Buhlerin, Pignaccia, welche man nur die Prinzessin nannte, ließ er hinrichten und von ihrem Vermögen ein schönes Spital erbauen. Für die Armen sorgte er in bedrängter Zeit väterlich und ließ nicht allein Lebensmittel austeilen oder die Preise derselben herabsetzen, sondern auch Seiden- und Tuchfabriken anlegen. Der Adel mußte seine Schulden bezahlen, was ihm hart genug ankam.

Schön war es von Sixtus, daß er sich früher erhaltener Wohltaten erinnerte. Einem Schuster hatte er einst für ein Paar Schuhe nur sechs Paoli bezahlt und gesagt: «Das Übrige werde ich bezahlen, wenn ich Papst bin.» Nun bezahlte er seine Schuld mit Interessen und gab dem Sohne des Schusters – ein Bistum. Ebenso belohnte er einen Prior, der ihm vor 40 Jahren vier Scudi geborgt hatte. Seine Verwandten vergaß er übrigens auch nicht; aber trotz dieser Ausgaben und der nun bedeutend geringer gewordenen Einnahme des päpstlichen Stuhles legte er doch 3.000.000 Scudi im päpstlichen Schatze nieder, während andere Päpste Schulden hinterließen. Sixtus besaß Verstand und selbst Witz, aber gegen den anderer war er sehr empfindlich. Pasquino trocknete einst sein Hemd am Sonntag. – «Warum wartest du nicht bis zum Montag?» – «Ich trockne mich, bevor die Sonne verkauft wird», und sein ungewaschenes Hemd entschuldigte er: «Der Papst hat mir meine Wäscherin (seine Schwester Camilla) zur Prinzessin gemacht.» Dieser Spott beleidigte Sixtus sehr. Er versprach dem Entdecker des Verfassers 1.000 Dukaten, indem er dem letzteren das Leben zusicherte. Der Spötter dachte die Belohnung selbst zu verdienen und war dumm genug, sich zu melden. Sixtus ließ ihn am Leben, nur er ließ ihm die Zunge ausreißen und die Hände abhauen und dann die 1.000 Dukaten auszahlen!

Trotz seiner mancherlei guten Eigenschaften und seines Hasses gegen die Jesuiten und gegen den spanischen Tyrannen Philipp II. blieb er doch immer ein fanatischer Mönch und fand es ganz in der Ordnung, daß die Ketzer brennen müßten. Die Ermordung Heinrichs III. von Frankreich billigte er, und als Elisabeth von England Maria Stuart hatte hinrichten lassen, rief er aus: «Glückliche Königin! Ein gekröntes Haupt zu ihren Füßen!»

König Heinrich IV. und Elisabeth wußte er übrigens zu würdigen und äußerte einst: «Ich kenne nur einen Mann und nur eine Frau, würdig der Krone.» Elisabeth erfuhr es und scherzte: «Wenn ich je heirate, muß es Sixtus sein.» Dieser rief, als man ihm diese Äußerung hinterbrachte, aus: «Wir brächten einen Alexander zustande!» Die Jesuiten wollten Sixtus gern überreden, daß er einen Jesuiten als Beichtvater annehmen solle, wie die anderen Großen; aber er meinte: «Es wäre besser für die Kirche, wenn die Jesuiten dem Papste beichten wollten.» Er tat außerordentlich viel für die Verschönerung Roms und legte mehrere nützliche Anstalten an. Unter ihm wurde der ägyptische Obelisk auf der Piazza del Popolo wieder aufgerichtet, der zwei höchst merkwürdige Inschriften hat: Cäsar Augustus Pontifex Maximus unterwarf sich Ägypten und weihete ihn der Sonne, und auf der anderen Seite: Sixtus V. Pontifex Maximus weihet diesen Obelisken, nach dessen Reinigung, dem Kreuze. Sixtus V. war den Kardinälen und den Römern zu streng, und so ist es denn nicht zu verwundern, daß er bald anfing zu kränkeln. Sein Leibarzt fühlte an des Patienten Nase, aber dieser fuhr zornig in die Höhe und rief: «Wie! Du wagst es, einem Papst an die Nase zu greifen?» Der arme Doktor wurde vor Schrecken krank. Im Jahre 1590 starb dieser letzte gefürchtete Papst. Er hätte noch immer länger leben können, wahrscheinlich zum Heil der Menschen, denn er ging damit um, die meisten Mönchsorden aufzulösen. Vielleicht starb er an diesem Vorsatz.

Die Römer waren froh, daß sie diesen Zuchtmeister los waren, und gaben ihre Freude dadurch zu erkennen, daß sie die auf dem Kapitol stehende Bildsäule dieses Papstes in Stücke schlugen. Pasquino sagte: «Mache ich je wieder einen Mönch zum Papste, so soll mir ewig der Rettich im Hintern bleiben.»

Der erste Papst im 17. Jahrhundert war Paul V., der nach den verwickelten und seltsamsten Intrigen im Konklave gewählt wurde. Er hätte gern Sixtus V. nachgeahmt; aber die Reformation hatte das Ansehen der Päpste gewaltig erschüttert. Paul wollte Venedig sein Ansehen fühlen lassen; aber der Senat dieser Republik kehrte sich wenig an den Bannstrahl des Papstes, den man anfing, als einen Theaterblitz zu betrachten. Der Papst tobte und verlangte durchaus Gehorsam, aber der savoyische Gesandte sagte ihm geradezu: «Das Wort Gehorsam ist unschicklich, wenn von einem Fürsten die Rede ist. Alle Welt würde es für vernünftig halten, wenn Eure Heiligkeit Mäßigung gebrauchten.»

Die Jesuiten versuchten es vergebens, das venezianische Volk zur Empörung zu verleiten, und endlich verließen sie mit einer Menge anderer Mönche den Staat. Das Volk schickte ihnen Verwünschungen nach. Der Senat benahm sich gegen die geistlichen Anmaßungen mit großer Energie; alle Geistlichen gehorchten ihm und kehrten sich nicht an das Interdikt. Nur der Großvikar des Bischofs von Padua ließ dem Senat auf sein Verbot des Interdikts antworten, daß er tun werde, was Gott ihm eingebe; als man ihm aber antwortete, Gott habe dem Senat eingegeben, einen jeden Ungehorsamen hängen zu lassen, da kroch der Kuttenheld zu Kreuze. In diesem Kampfe zwischen Venedig zeichnete sich der Servite Paul Sarpi, oder Fra Paolo genannt, aus, indem er mit seiner gewandten Feder die Anmaßungen des Papstes mit der größten Geschicklichkeit bekämpfte. Die Kardinäle Bellarmin und Baronius strengten vergebens ihren Geist an, um Scarpi zu schlagen, obwohl sie die ganze päpstliche Rüstkammer von Lügen zu Hilfe nahmen. Um den gefährlichen Feind loszuwerden, beschloß man, Sarpi zu ermorden. Eines Abends (1607) überfielen ihn Banditen und versetzten ihm 15 Dolchstiche. Als er sie erhielt, rief der Märtyrer der Wahrheit: «Ich kenne den Griffel der römischen Kurie.» – Sarpi starb indessen nicht an seinen

Wunden, und der Anteil, welchen alle Venetianer an seinem Schicksal nahmen, belohnte den wackeren Schriftsteller für das, was er getan. Da man den «römischen Kurialstil» kannte, so mußte eine Sicherheitswache Sarpi begleiten, wenn er ausging, und der Arzt, der ihn geheilt hatte, wurde zum St. Marensritter ernannt.

Urban VIII., der 1644 starb, war ein kleiner Tyrann, da es ihm an Macht fehlte, ein großer zu sein. Die Ketzer aller Art haßte er gründlich und war eifrig bemüht, überall das Feuer des Fanatismus gegen sie anzuschüren. Er publizierte die wahnsinnige Bulle: In cocna Domini (die Bullen werden immer nach ihren Anfangsworten benannt.), in welcher alle Spielarten der Ketzer bis in den allertiefsten Abgrund der Hölle «im Namen des allmächtigen Gottes, des Vaters, des Sohnes und des Heiligen Geistes» verflucht werden.

Diese Bulle wird bis auf den heutigen Tag alljährlich am Gründonnerstage in den römischen Kirchen zur Erbauung der Gläubigen öffentlich vorgelesen!! Nebenbei war auch dieser liebenswürdige Papst, was man beim Militär einen «Gamaschenfuchser» nennt. Er bekümmerte sich um die geringsten Kleinigkeiten und behandelte sie mit der größten Wichtigkeit. So verbot er bei strenger Strafe, in der Kirche Tabak zu kauen, zu schnupfen oder zu rauchen. Aber der spätere Innocenz XII. ging noch weiter, indem er jeden exkommunizierte, welcher in der Peterskirche schnupfen würde! Urban befahl auch, daß sich die Chorherren von St. Anton nicht mehr im Scherze – kitzeln sollten und daß man am Feste des heiligen Marcus keine – Ochsen mehr in die Kirche lasse. An anderen Festtagen gehen seitdem desto mehr hinein! Er ordnete auch an, daß neben den 52 Sonntagen noch 34 Feiertage bei Todsünde gefeiert werden sollten.

Er scharrte 20.000.000 Scudi zusammen, die er aber meistenteils für seine Familie verwandte, und hinterließ noch eine Schuldenlast von 8.000.000! Innocenz X. war ein elender Papst, der sich ganz und gar von Donna Olympia, der Witwe seines Bruders, seiner Buhlerin, leiten ließ. Dieses unverschämte Weib regierte die christliche Kirche und verhandelte ohne Scheu Ämter und Pfründen. Um nur Geld zu bekommen, säkularisierte sie 2.000 Klöster, das heißt sie hob sie auf und zog ihre Güter ein. Noch in den zehn letzten Tagen vor dem Tode des Papstes soll sie 500.000 Scudi beiseite geschafft haben!

Als sie einst beim Spiel eine sehr bedeutende Summe verlor, sagte sie lachend: «Ach, es sind ja nur die Sünden der Deutschen.» Eine ähnliche Äußerung erzählt man sich auch von Alexander VI.

Der Papst protestierte gegen den westfälischen Frieden, welcher der Welt nach 30jährigem Kriege die Ruhe wiedergab, weil durch ihn zehn Stifte säkularisiert werden sollten! Selbst Österreich war empört über solche Nichtswürdigkeit, und die Bulle, welcher der päpstliche Nuntius an alle österreichischen Kirchen hatte anschlagen lassen, wurde abgerissen, der Drucker derselben eingesperrt. Selbst Kaiser Ferdinand, so bigott er war, sagte zum Nuntius Melzi: «Der Papst hat gut reden, im Reiche geht es bunt zu, während er sich von Olympia krabbeln läßt.» Der letzte Papst im 17. Jahrhundert war Innocenz XII., ein Mann, der im Vergleich zu den anderen Päpsten ziemlich vernünftig genannt zu werden verdient. Er erlebte die Freude, daß der Fürst, in dessen Lande die Reformation entstanden war, wieder in den Schoß der alleinseligmachenden Kirche zurücktrat, nämlich Friedrich August, Kurfürst von Sachsen, der diesen Schritt tun mußte, wenn er König von Polen werden wollte. Im Innern dachte Friedrich August gar nicht römisch-katholisch, das heißt er war ein in Religionssachen freidenkender Mann. Als Prinz hatte er in Wien genauen Umgang mit dem nachherigen Kaiser Joseph I. Dieser klagte, daß ihm in der Burg ein Gespenst erschienen sei, welches ihn vor Irrlehren gewarnt und gedroht habe, in drei Tagen wiederzukommen, wenn er sich bessere.

Der sächsische Prinz bat Joseph, in seinem Zimmer schlafen zu dürfen, denn er hatte große Lust, mit diesem Gespenst nähere Bekanntschaft zu machen. Es kam richtig wieder, aber Friedrich August packte es so kräftig, daß das arme Vieh von einem Gespenst mehrmals in seiner Angst «Jesus, Maria, Joseph!» stöhnte. Der Prinz warf es zum Fenster hinaus und siehe! Es war Seine Hochwürden, der Beichtvater!

Von den Päpsten im 18. Jahrhundert ist nicht viel zu sagen. Sie tanzten meistens nach der Pfeife der Jesuiten, und da ihre öffentliche Macht erschüttert oder eigentlich gestürzt war, so suchten sie dieselbe auf geheimen Wegen wiederzuerlangen, indem sie das Fundament der Staaten durch die päpstlichen Hofmaulwürfe unterminieren ließen, welche aber nur soweit für das Interesse des Papstes arbeiteten, als es mit dem ihrigen übereinstimmte.

Im allgemeinen fingen indessen selbst die Heiligen Väter an, menschlicher zu werden, das heißt die viehischen Unflätigkeiten, mit denen sich der päpstliche Hof stets beschmutzt hatte, wurden mehr im geheimen getrieben, da man nunmehr Ursache hatte, der öffentlichen Meinung trotzen zu können; aber die Reformation hatte nur zu deutlich gezeigt, wie gefährlich ein solcher Trotz ist. Benedikt XIV. (1740 - 58) war der gelehrteste und humoristischste Papst, der bisher auf dem angeblichen Stuhl Petri gesessen hatte. Er war natürlich dazu gezwungen, die althergebrachten Anmaßungen der Päpste, besonders solche, die Geld eintrugen, zu unterstützen und zu verteidigen; allein, soviel er konnte, suchte er doch zu mildern und zu versöhnen.

Ich will nur zwei Anekdoten von ihm erzählen, welche ihn als Mensch ziemlich charakterisieren. Nachdem er einst dem Herzog von York, also einem Ketzer, alle Merkwürdigkeiten des Vatikans gezeigt hatte, umarmte er ihn und sagte: «Um Absolution kümmern Sie sich nicht, aber der Segen eines alten Mannes wird Ihnen nichts schaden.» Ein alter Seekapitän namens Mirabeau stellte sich dem Papste mit seinen jungen Offizieren vor und letztere konnten sich nicht enthalten, über die Etikette zu lachen. Der Kapitän stammelte einige Entschuldigungen, aber Benedikt unterbrach ihn: «Seien Sie ruhig, ich bin zwar Papst; aber ich habe keine Macht zu verhindern, daß Franzosen lachen.»

Clemens XII. (1758 - 68) war aber wieder ein dummer Fanatiker. Er konnte die Zeit nicht aus dem Sinne bekommen, wo Kaiser vor dem Papste auf den Knien umhergerutscht waren und wo sich die Völker ohne Murren das Fell über die langen Ohren ziehen ließen. Alle päpstlichen Anmaßungen, selbst die, welche man allgemein als solche erkannt hatte, waren ihm geheiligte Anstalten zur Erhaltung der Kirche; sie waren ihm Religion und Sache Gottes!

Er erwartete alles Heil von den Jesuiten und scharte diese um seinen Thron. Dies gab Pasquino genug Veranlassung zum Spott. Einst äußerte sich dieser steinerne Papstzensor: «Ich hatte einen Weinberg gepflanzt und wartete, daß er Trauben brächte, und er brachte Herlinge.» Clemens setzte einen Preis auf Entdeckung des Spötters. Am anderen Morgen antwortete Pasquino: «Es ist der Prophet Jeremias!»

Der Papst erlebte aber noch den Jammer, daß das fromme Portugal, ja auch Frankreich die Heiligen Väter zum Teufel jagten und letzteres sie «für Feinde aller weltlichen Macht, aller Souverains und der öffentlichen Ruhe» erklärte.

Clemens wurde aber nicht klug. Er bestätigte aufs neue die Jesuiten, womit er aber nichts ausrichtete. Die deshalb erlassene Bulle wurde in Frankreich durch Henkershand verbrannt und ihre Bekanntmachung in Portugal bei Lebensstrafe verboten. Das bigotte Spanien entschloß sich sogar zu einem kräftigen Schritt. Alle Jesuiten in diesem Lande wurden an einem schönen Frühlingsmorgen aufgepackt und – nach dem Kirchenstaat geschickt. Kurz, von allen Seiten wurde Jagd auf dieses Ungeziefer gemacht. Der von ihm nun halb aufgefressene Papst – er sollte all die schwarzen Blutsauger ernähren! – trieb es so weit, daß Frankreich große Lust bekam, den Starrkopf zu Rom selbst beim Kragen zu nehmen; aber der Tod errettete ihn von diesem Schicksal.

Sein Nachfolger, Clemens XIV., mußte endlich der allgemeinen Stimme Gehör schenken. Am 21. Juli 1773 wurde der Orden der Jesuiten aufgehoben! Die Verkündigung der Pressefreiheit und einer reichsständischen Verfassung in Preußen könnten keinen größeren Jubel in Deutschland verursachen, als ihn die Aufhebung der Jesuiten in ganz Europa hervorbrachte. Clemens unterzeichnete die Aufhebungsbulle, indem er sagte: «Diese Aufhebung wird mich das Leben kosten.» Er kannte seine Leute. Clemens starb an Jesuitengift. Ein Großer in Wien fragte ganz naiv einen Exjesuiten: «Clemens ist tot; nicht wahr, ihr habt ihm vergeben?» – «Ja, wie wir allen Schuldigen vergeben!» antwortete mit der sanftesten Miene der würdige Schüler Loyolas.

Clemens XIV. war unter 200 Päpsten der beste. Er saß von 1768 bis 1774 auf dem «Stuhl Petri», und wenn es denn doch einmal Päpste geben muß, so wollte ich, er säße noch heute. Mit Vergnügen weilt man bei der Lebensgeschichte dieses Mannes, und ich muß gestehen, daß es mir leid tut, hier nicht noch mehr von ihm sagen zu können.

Er hieß eigentlich Ganganelli und stieg durch seine Talente allmählich zu den höchsten Kirchenwürden. Als er, ohne daß er es suchte, Papst wurde, blieb er ebenso einfach, wie er es als Mönch gewesen war. Seine Mittagsmahlzeit war ganz bürgerlich einfach, und als die Hofköche über diese Einfachheit jammerten, sagte er: «Behaltet euer Gehalt, aber verlangt nicht, daß ich über eure Kunst meine Gesundheit verliere.» Alle anderen Päpste waren nur darauf bedacht, ihre Nepoten – d. h. Vettern – zu bereichern, aber er sorgte väterlich für das Wohl seiner Untertanen. Als man ihn fragte, ob man seiner Familie nicht durch einen Kurier von seiner Erhebung Nachricht geben solle, erwiderte er: «Meine Familie sind die Armen, und diese pflegen die Neuigkeiten nicht durch Kuriere zu erhalten.» Ganganelli war ein vortrefflicher Mensch in jeder Beziehung und widerlegte den alten Erfahrungssatz, «daß sich ein jeder ganz und gar ändere, sobald er Papst werde». Von seiner päpstlichen Gewalt machte er, wo er konnte, den wohltätigsten Gebrauch, und seine Menschenfreundlichkeit und Mildtätigkeit waren unbegrenzt. Zwei Soldaten wurden zum Tode verurteilt und endlich einer von beiden begnadigt. Sie sollten nun um ihr Leben würfeln; aber der Papst duldete dies nicht, sondern begnadigte beide, indem er sagte: «Ich habe ja die Hasardspiele selbst verboten.» – Ein englischer Lord war von ihm so eingenommen, daß er ausrief: «Dürfte der Papst heiraten, ich gäbe ihm meine Tochter.»

Nachdem Clemens die Sache der Jesuiten drei Jahre lang selbst auf das sorgfältigste geprüft hatte, unterschrieb er die berühmte Bulle Dominus ac redemptor, wodurch die Jesuiten aufgehoben wurden, und damit, wie er wohl wußte, sein Todesurteil.

Schon in der Karwoche 1774 wirkte das Jesuitengift in den Eingeweiden des vortrefflichen Mannes. Alle Gegenmittel waren vergebens; am 22. September starb er. Der Körper war so durch das Gift zerstört, daß selbst das Einbalsamieren nichts half. Die Haare fielen aus, und die Haut löste sich vom Kopfe, so daß bei der Ausstellung der Leiche das Gesicht mit einer Maske bedeckt werden mußte. Schließlich muß ich von diesem Papst noch bemerken, daß er es für unschicklich hielt, die Ketzer an jedem Gründonnerstag zu verfluchen, und daß er daher die berüchtigte Bulle In coena Domini aufhob. Er schätzte alle Männer von Verdienst, mochten sie nun Katholiken oder Protestanten sein. Die Inquisition war ihm ein Greuel, und schon ehe er Papst war, befreite er manchen aus ihren Krallen.

Der dankbare Kammerpächter des Papstes, Giorgi, setzte ihm ein von dem berühmten Bildhauer Canova gefertigtes Denkmal; aber ein weit schöneres und unvergängliches errichtete Clemens XIV. sich selbst in der Geschichte. Nach langem, heftigem Kampfe im Konklave setzten es die Exjesuiten durch, daß abermals einer ihrer Freunde namens Braschi als Pius VI. Papst wurde (1775 - 1799). Er war unwissend, listig, intolerant, stolz, hochmütig, ausschweifend, starrsinnig, habsüchtig, herrschsüchtig, jähzornig, diebisch, selbstgefällig und eitel. – Eine schöne Galerie von schlechten Eigenschaften, aber dafür ist die Reihe der guten desto kürzer, so daß es sich gar nicht der Mühe lohnt, sie zu erwähnen. Er war ein guter Komödiant und ein hübscher alter Mann – das sind all seine Verdienste. Ein solcher Mensch war allerdings nicht geeignet, das wackelnde Papsttum aufrechtzuerhalten. Ein Stückchen nach dem anderen bröckelte davon los, und eine tüchtige Bresche verursachte ihm das Werk eines Deutschen, des Weihbischofs von Trier, J. R. von Hontheim. Es handelte «über den Zustand der Kirche und von der rechtmäßigen Gewalt des Papstes», und in ihm war bewiesen, daß der Zustand der Kirche jämmerlich und die Gewalt des Papstes usurpiert wäre.

Dies vortreffliche Buch, das Resultat eines 23jährigen Fleißes, wurde in viele Sprachen übersetzt, tat dem Papsttum unendlichen Schaden und rief eine Menge ähnlicher Schriften hervor. Der 80jährige Hontheim wurde indessen durch allerlei Quälereien dahin gebracht zu widerrufen. Er tat es, um nur Ruhe zu haben; aber widerlegt hat ihn niemand.

Sehr wenig Umstände machte aber mit dem Papst und den Pfaffen der vortreffliche Joseph II., ein neuer Kaiser Friedrich II. Aber es ging ihm ganz ebenso wie diesem; das dumme Volk ließ ihn im Stich! Seine an das heilige Dunkel gewöhnten Augen blinzelten entsetzt dem hellen Licht entgegen, welches der große Kaiser anzündete, und alles schrie: «Mach wieder dunkel, Josepherl, mach dunkel!» – Joseph starb, und der Wunsch des Volkes wurde erfüllt. Die Österreicher blieben halt Österreicher und werden's bleiben, bis wieder einmal ein Joseph kommt! Gott schicke ihn bald!

Joseph hob viele Klöster auf und fand es besser, sein Geld im Lande zu behalten. Die Wechsel aus Wien blieben aus, und Pius VI. entschloß sich, dorthin zu reisen, um womöglich die Verstopfung zu heben. Der Kaiser ließ ihm zwar sagen, «er werde nächstens selbst nach Rom kommen, um sich von Seiner Heiligkeit Rat zu erbitten», – aber Pius tat, als verstünde er nicht.

Die Wiener wurden rein des Teufels, als sie den Papst in ihrer Hauptstadt sahen. Seit dem Konstanzer Konzil war kein Papst in Deutschland gewesen, und nun kam einer nach Wien – und was für einer! Er spielte prächtig Komödie, die Damen waren entzückt und alle Welt drängte sich herzu, um den im Vorzimmer ausgestellten Pantoffel zu küssen!

Kaiser Joseph zuckte die Achseln zu dem Enthusiasmus seiner Hauptstadt, erwies dem Papst alle Ehre, aber machte dessen ganzen Reisezweck zuschanden. Als Pius nämlich auf die Hauptsache kommen wollte, bat ihn Joseph, «alles schriftlich zu machen, weil er nichts von Theologie verstehe», und verwies ihn an den Staatskanzler Kauniz. Der Papst erwartete nun wenigstens den Besuch dieses Ministers; aber er kam nicht, und der Heilige Vater mußte selbst zu ihm gehen, unter dem Vorwande, seine Gemälde zu besehen. Pius reichte dem Kanzler die Hand zum Kusse, aber dieser schüttelte sie recht herzlich, und der Heilige Vater war ganz verblüfft. Er wurde es noch mehr, als ihn Kauniz ohne Umstände vor seinen schönsten Gemälden hin und her schob, damit er den richtigen Standpunkt finde.

Dies wollte Pius in Wien aber nicht gelingen, und die Million Skudi, welche die Reise kostete, war weggeworfen. Der Kaiser schenkte ihm einen schönen Wiener Reisewagen – wahrscheinlich auch ein diplomatischer Wink! – und ein Diamantkreuz, 200.000 Gulden an Wert, als Pflaster für die Wunde, welche dem päpstlichen Stolze geschlagen war.

Auf der Rückreise passierte Pius München und vergaß hier die erlittene Demütigung. Er nannte diese Stadt das deutsche Rom, und den Namen wollen wir München gern gönnen!

«Ich hoffe mein Volk noch zu überzeugen, daß es katholisch bleiben kann, ohne römisch zu sein», sagte

Joseph einst zu Azara. Armer Kaiser! Dein Land hatte nur einen Fehler, welcher für deine Pläne das größte Hindernis war und an welchen du nicht dachtest, – es waren halt zu viel Österreicher drin!

Pius erlebte aber nicht allein einen Kaiser Joseph, nein, er erlebte die große Revolution, welche mit den Pfaffen den Kehraus tanzte. 1798 rückte Berthier in Rom ein, und die neu-römischen Republikaner sangen:

Non abbiamo Pazienza,
non vogliamo Eminenza,
non vogliama Santita,
ma – Eguaglianza e Liberta!

(Die Geduld ist uns ausgegangen, wir wollen keine Eminenz, keine Heiligkeit, sondern Freiheit und Gleichheit.)

Man hatte gehofft, der schon sehr alte Heilige Vater werde gen Himmel fahren; als er aber dazu noch keine Anstalten machte, sannen die Republikaner darauf, ihn wenigstens aus Rom fortzuschaffen. Der General Ceroni ging zu ihm und sagte: «Oberpriester! Die Regierung hat ein Ende, das Volk hat die Souveränität selbst übernommen.» Darauf nahm man dem Papst seine Kostbarkeiten und selbst seinen Ring ab und verlangte, daß er die dreifarbige Kokarde aufstecken solle. Der alte Pius aber weigerte sich und äußerte: «Meine Uniform ist die Uniform der Kirche.» Da nun nichts mit dem Alten anzufangen war, so brachte man ihn unter sicherer Eskorte nach Sienna und endlich nach Florenz in die dortige Kartause. Die frommen Katholiken unterstützten ihn reichlich, und der gedemütigte alte Mann würde hier gern sein Leben beschlossen haben. So gut wurde es ihm indessen nicht. Nachdem ihm sein Nepote noch den Schmerz bereitet hatte, mit dem Rest seiner Reichtümer durchzugehen, zwangen ihn die Republikaner, bei der Annäherung des Feindes nach Frankreich zu reisen. Pius war krank und zeigte den Ärzten seine geschwollenen Füße und Beulen mit den Worten des Pilatus: Ecce homo! Aber das, was das Volk so lange von Päpsten und Fürsten erdulden mußte, hatte die Herzen der Republikaner für die Leiden eines alten Papstes unempfindlich gemacht. Sie hatten die Bedrückung von Jahrhunderten zu rächen! Pius mußte fort über die Alpen durch Schnee und Eis, meistenteils bei Nacht, um Aufläufe der Katholiken zu verhindern, bis er nach Valençe an der Rhone kam.

Wir Deutschen sind weichmütige Narren, und die Leiden eines alten, kranken, gedemütigten wenn selbst bösartigen Feindes gehen uns ans Herz. Mir geht es ebenso, und damit ich hier nicht sentimental werde, rufe ich mir den deutschen Kaiser Heinrich IV. ins Gedächtnis, wie er, körperlich und geistig krank, zu Fuß im strengen Winter im Schnee die Alpen übersteigt, um im Schloßhof zu Canossa nackt und barfuß sich vor einem Papst zu demütigen; folglich sehe ich in den Leiden des alten, lasterhaften Pius nur eine schwache Vergeltung! Er benahm sich indessen in seinen Leiden wenigstens wie ein Mann; das müssen selbst seine Feinde von ihm rühmen. Man wollte ihn von Valençe abermals weiter nach Dijon bringen, als er am 29. August 1799 starb. Er hinterließ nichts als seine kleine Garderobe, 50 Livres an Wert, welche der Maire für Nationaleigentum erklärte. – Die Revolutionen tun oft einzelnen weh, aber noch häufiger tun sie der Gesamtheit der Menschen gut!

Pius hatte versucht, sich durch viele geschmacklose Bauwerke zu verewigen, auf welche er stets seinen Namen und sein Wappen setzen ließ, und unternahm es auch, die berüchtigten pontinischen Sümpfe auszutrocknen, obwohl ohne Erfolg. Er verlor dadurch ungeheure Summen und erwarb sich damit nichts als den Spottnamen Il Seccatore, welches der Austrockner heißt, zugleich aber auch einen überlästigen Menschen bezeichnet. Bei Pius' Tode antwortete Pasquino auf die Frage: «Wie fand man den Leichnam des Heiligen Vaters?» – «Im Kopf waren seine Nepoten, im Magen Josephs Kirchenordnung und in den Füßen die pontinischen Sümpfe.» Wer hätte es jemals gedacht, daß Frankreich, welches vor 1.000 Jahren die Macht des Papstes schuf, daß dieses einst – den Vizegott auf Pension setzen würde! Aber die Zeit der Wunder war wiedergekehrt, nur mit dem Unterschied, daß der Wundertäter der neueren Zeit kein Heiliger, sondern Napoleon war.

Napoleon aber war ein Apostat, der diesen Namen in seiner schlimmsten Bedeutung verdient, denn er verriet die Freiheit. Er verließ die Sache des Volkes; er hörte auf, ein großer Bürger zu sein, und wurde Napoleon I.!

Mag man diesen gefallenen Bonaparte immerhin noch groß nennen, mag man in ihm den Feldherrn verehren, – wie klein erscheint er gegen den jungen Scipio, welchem die spanischen Fürsten die Königskrone anboten, und der es vorzog, der Bürger der Republik Rom zu sein! Bonaparte wollte Kaiser werden, und dies konnte er nur, wenn er die Dummheit der Menschen beförderte, und dazu brauchte er wieder einen Papst, denn Despoten und Pfaffen gehören zusammen wie Stiel und Hammer! Der neue Papst Pius VII. salbte Napoleon. Pasquino konnte sein Maul nicht halten, er antwortete auf die Frage: «Warum ist das Öl so teuer?» – «Weil so viele Könige gesalbt und so viele Republiken gebacken sind.»

Mit Zittern und Zagen ging Pius nach Frankreich; aber die wilden Löwen der Republik waren bereits wieder sanfte Schafe der Kirche geworden, und der Papst äußerte selbst: «Ich rechnete darauf, als ehrlicher Mann empfangen zu werden, aber nicht als Papst.»

Die Pariser aber waren – durch das Revolutionssieb filtrierte Pariser! Der Krönungszug war für sie kein heiliges Schauspiel, sondern eine Farce, und als Pius VII. seinen Segen erteilte, riefen die Gamins: bis! bis! – Der Esel, auf welchem der Kreuzträger vor dem päpstlichen Wagen herritt, erregte ihre ganz besondere Heiterkeit: «Ah, seht da die päpstliche Kavallerie! Ah, der apostolische Esel, der heilige Esel, der Esel der Jungfrau!» und schallendes Gelächter ertönte vor Notre Dame. – Der Kaiser ließ den Papst eine Stunde in der Kirche warten und setzte sich dann mit seiner Gemahlin selbst die Krone auf. Pius VII. spielte eine untergeordnete Figurantenrolle.

Zorn im Herzen, kehrte der Heilige Vater nach Rom zurück. Der Spott der Pariser hatte ihn vielleicht etwas verrückt gemacht. Er wurde im Kalender irre und meinte wahrscheinlich 800 Jahre früher zu leben, denn er dachte ernsthaft daran, alle Fürsten und alle Kirchen wieder von sich abhängig zu machen. Er hatte das Papstfieber!

Aber Napoleon hatte nun erreicht, was er wollte, und schonte den toll gewordenen Papst nicht länger. Am 2. Februar 1808 rückte General Miollis in Rom ein. Pius trat ihm entgegen und fragte: «Sind Sie Katholik?» – «Ja, Heiliger Vater», stammelte der General ganz verlegen. Pius gab ihm schweigend den Segen und ging in sein Kabinett. Lachen wir auch über die Anmaßungen des Heiligen Vaters, so müssen wir doch gestehen, daß er seine Rolle vortrefflich durchführte. Das römische Volk war durch die harte Behandlung, die man den Kardinälen und selbst dem Papste zuteil werden ließ, gegen die Franzosen so erbittert, daß es diesem nicht schwer gewesen wäre, eine zweite sizilianische Vesper hervorzurufen. Daß er Lust dazu hatte, möchte ich vermuten; aber die Sache war doch gar zu gefährlich, und Pius beschloß, gute Miene zum bösen Spiel zu machen.

Eines Nachts drangen Soldaten in den Vatikan, und der Heilige Vater wurde in einem Lehnstuhl zum Fenster hinabgelassen. Der Papst sollte ohne Aufsehen nach Frankreich entführt werden; so wollte es der neue Vizegott – Napoleon!

In Frankreich lebte Pius VII. zurückgezogen und einfach und begnügte sich damit, gegen jedes Verfahren gegen ihn zu protestieren. Ergab dem allmächtigen Kaiser nicht einen Zoll breit nach, und das war männlich. Als Napoleon nach Elba ging, zog Pius VII. (im Mai 1814) nach Rom und gebärdete sich wieder als echter Papst. Er hatte es erfahren, daß die Macht aus den geistlichen Händen in die weltlichen übergegangen war. Mit Gewalt war sie nicht wiederzuerlangen, dazu fühlte er sich zu ohnmächtig; aber es gab andere Wege, heimliche, verborgene!

Sein erstes Werk war es, die Jesuiten wiederherzustellen (7. August 1814)! Die Erweckung der anderen Mönchsorden folgte nach, wie auch die der Bulle In coena Domini, die alle Ketzer verflucht. Ja, die Inquisition, selbst die Folter trat wieder ins Leben und wurde gegen mehrere unglückliche Karbonari angewendet. All der Unsinn der früheren Jahrhunderte kam wieder zutage. Pius öffnete die seit Jahren geschlossene Rumpelkammer des päpstlichen Zeughauses, und heraus flatterten Eulen und Fledermäuse der verschiedensten Gattung. – Hinunter ist der Sonnenschein, die finstre Nacht bricht stark herein!

Prozessionen, Wallfahrten, Heiligenbilder, und wie all der Gauklerapparat heißen mag, kam aufs neue zur Geltung. Das Lesen der Bibel wurde auf das strengste verboten; das neue Licht sollte mit Gewalt ausgelöscht werden. – Pius fiel auf dem Marmorboden seines Zimmers, brach einen Schenkel und starb am 20. August 1823 in einem Alter von 81 Jahren. – Sein Andenken muß jedem Freunde der Freiheit und der Aufklärung noch verhaßter sein als das irgendeines anderen Papstes aus der Zeit des finsteren Mittelalters, denn jene glaubten doch noch zum Teil an das, was sie vom Volke geglaubt wissen wollten. Aber Pius lebte im 19. Jahrhundert. Aus bloßer Herrschsucht und Habgier ließ er das römische Ungeziefer über die Erde los, unbekümmert über das Unglück, welches dadurch angerichtet wurde; gleich jenem Jungen, der Scheunen in Brand steckte – um dadurch zu den Nägeln zu gelangen, deren Erlös er vernaschte. Leo XII., der nun folgte, war als Kardinal ein munterer Lebemann, von dem manche deutsche Dame noch zu erzählen wissen wird. Dabei war er Jagdliebhaber, kurz, ein ganz flotter Bursche. Pasquino meinte: «Wenn der Papst ein Jäger ist, so sind die Kardinäle die Hunde, die Provinzen die Forste und die Untertanen das Wild.» Ach guter Pasquino, Wild waren wir immer, aber wann werden wir einmal wild werden?

Leo verkündigte 1825 ein Jubiläum und lud die Gläubigen ein, «die Milch des Glaubens aus den Brüsten der römischen Kirche unmittelbar zu saugen». Nun, guten Appetit, allein ich meine, diese 1.000jährige Milch müßte schon längst mehr als verdorben sein.

Dieser Leo war ein solcher – Papst, daß er die Kuhpockenimpfung als gottlos verbot, weil der Eiter eines Tieres mit dem Blute eines Menschen vermischt werde! – Unter seinen Vorfahren wurde für Geld selbst Sodomiterei mit Tieren erlaubt! – Und die Heiligen Väter machen darauf Anspruch, unfehlbar zu sein!

Leo trat ganz und gar in die Fußstapfen seines Vorgängers, und die Kirche erholte sich immer mehr und mehr von dem Schlage, den ihr die Revolution versetzt hatte. Im Jahre 1827 bestand der päpstliche Generalstab aus 55 Kardinälen, 10 Nuntien, 118 Erzbischöfen und 642

Bischöfen. Die Armee der Weltgeistlichen, Mönche und Jesuiten vermag ich nicht zu taxieren. Leo starb 1829, und ihm folgte Pius VIII., der aber bereits am 30. November 1830 starb, nachdem er den Obskurantismus nach Kräften gefördert hatte. Wer daran zweifelt, der lese sein Generaledikt des Heiligen Offiziums vom 14. Mai 1829, worin in Gemäßheit eines heiligen Gehorsams und unter Strafe der Ausschließung und des Verbanntseins, außer den anderen Strafen, welche schon durch die heiligen Kanone, Dekrete, Konstitutionen und Bullen der Päpste ausgesprochen werden, allen und jeden, die der Gerichtsbarkeit des Generalinquisitors untergeben sind, geboten wird: «Binnen Monatsfrist alles, was sie wissen oder erfahren werden, gerichtlich anzugeben, in betreff aller oder eines jeden von denen, welche Ketzer oder der Ketzerei verdächtig und von ihr angesteckt oder ihre Gönner und Anhänger sind – die vom katholischen Glauben abgefallen sind –, welche sich den Beschlüssen der heiligen Inquisition widersetzt haben oder sich widersetzen, die entweder in eigener Person oder durch andere, auf welche Art es geschehen mag, einen Diener, Ankläger, einen Zeugen bei dem heiligen Gerichte in ihrer Person, ihrer Ehre und ihren Vorrechten beleidigt haben oder beleidigen, zu beleidigen gedroht haben oder zu beleidigen drohen – welche in eigener Wohnung oder bei anderen Bücher von ketzerischen Verfassern, Schriften, die Ketzerei enthalten oder religiöse Gegenstände ohne Bevollmächtigung des Heiligen Stuhles behandeln, ehedem besessen haben oder jetzt besitzen.» Am 2. Februar 1831 bestieg der Kardinal Mauro Capellari unter dem Namen Gregor XIV. den päpstlichen Stuhl. Was er getan, das haben die Zeitungen laut verkündet, und ich habe hier nicht Raum genug, alles zu rekapitulieren. Deshalb enthalte ich mich jeden Kommentars und möchte dieses Kapitel schließen.

5. Kapitel
Sodom und Gomorrha

«Es ist kein seyner Leben auff erden,
denn gewisse zinss haben von seinem Lehen,
ein Hürlein daneben und
unserm Herre Gott gedienet.»

Die Reformation wurde recht eigentlich durch das Schandleben der Pfaffen hervorgerufen, denn der Ablaßunfug war nur die nächste Veranlassung. Es lohnt sich daher schon der Mühe, einen Blick in diese geistliche Kloake zu tun und zu ergründen, woher es kommt, daß gerade diejenigen, welche durch ihre Stellung vorzugsweise dazu berufen waren, den Menschen als Muster der Sittlichkeit und Moralität voranzugehen, sich durch die zügellosesten sinnlichen Ausschweifungen so sehr befleckten, daß sie dadurch den allgemeinen Abscheu gegen sich hervorriefen.

Die schaffende und erhaltende Kraft, welche wir Gott nennen, hat allen lebenden Geschöpfen den Geschlechtstrieb gegeben. Sie machte ihn zu dem mächtigsten Triebe, weil sie damit die Fortpflanzung verband, worauf sie bei allen organischen Geschöpfen besonders vorsorglich bedacht war; ja, sie stellte es nicht in den freien Willen, dem Geschlechtstriebe zu folgen, sondern zwang dazu, indem sie die Unterdrückung desselben empfindlich bestraft. Der gewaltsam unterdrückte Zeugungstrieb macht Tiere toll und Menschen zu Narren, wie wir an einigen Beispielen im Kapitel von den Heiligen bereits deutlich gesehen haben.

Die Befriedigung des Geschlechtstriebes ist also eine Pflicht und an und für sich ebenso erlaubt und unschuldig wie die Befriedigung des Durstes. Vom sittlichen Standpunkt aus beurteilt, verdienen der Fresser und Säufer in nicht geringerem Grade unseren Tadel als der in der sinnlichen Liebe ausschweifende Wollüstling, und die seltsame und verkehrte Ansicht, wodurch wir selbst die naturgemäße Befriedigung des Geschlechtstriebes gleichsam zu einem Verbrechen oder doch zu einer Handlung stempeln, deren man sich schämen muß, verdanken wir einzig und allein dem verdorbenen Christentum. Das gesellschaftliche Zusammenleben macht es durchaus notwendig, daß die Leidenschaften der Menschen überwacht und geregelt werden, sei es nun durch die sogenannte Sitte oder durch Gesetze; denn dürfte ein jeder ungehemmt dem Ungestüm seiner Leidenschaften folgen, so würde sich der Staat gar bald in wilde Anarchie auflösen.

Die Erfahrung lehrt, daß der Geschlechtstrieb gar oft die gewaltigsten und verderblichsten Wirkungen hervorbringt, und so mußte er denn natürlich auch die ganz besondere Aufmerksamkeit der Gesetzgeber in Anspruch nehmen. Sie fanden in der Ehe das geeignetste Mittel, den traurigen Folgen der geschlechtlichen Ausschweifungen vorzubeugen, und fast alle zivilisierten Völker alter und neuer Zeit betrachteten die Ehe als ihre festeste Grundlage und als ein höchst segensreiches und wohltätiges Institut.

Die christliche Kirche verkannte die Wichtigkeit der Ehe durchaus nicht, und da sie unablässig bemüht war, den größtmöglichen Einfluß auf die Menschen zu erlangen, so bemächtigte sie sich auch der Ehe, indem sie behauptete, daß zur Schließung derselben die priesterliche Einsegnung durchaus nötig sei; ja sie ging so weit, daß sie diese rein gesellschaftliche Übereinkunft, über welche höchstens dem Staate eine Kontrolle zusteht, für ein sogenanntes Sakrament erklärte!

Wir haben im vorigen Kapitel gesehen, daß die Päpste selbst die größten Betrügereien nicht scheuten, wenn es der Vergrößerung ihrer Macht galt, und so kann es uns nicht mehr auffallen, wenn sie zu diesem Zwecke eine wahrhaft lächerliche Inkonsequenz begingen. Die Ehe – dieses heilige Sakrament – wurde den Geistlichen verboten, weil es sie verunreinige! – Den wahren Grund dieses Verbots habe ich bei Erwähnung Gregors VII. im vorigen Kapitel angegeben, und der beabsichtigte Zweck wurde damit erreicht. Die Geistlichen wurden durch das Zölibat – so nennt man die erzwungene Ehelosigkeit derselben – völlig isoliert und ihre Verbindung mit den übrigen Menschen und dem Staate zerrissen, dafür aber desto fester an die Kirche, das heißt an den Papst, gefesselt; denn dieser ist es ja, von dem jeder römisch-katholische Geistliche sein zeitliches Heil zu erwarten hat. Der Vizegott in Rom ist ihm Familie und Vaterland! Was kümmerten sich die Päpste um die schrecklichen Folgen des Zölibats! Sie wollten unumschränkt herrschen um jeden Preis, wenn auch durch ihren schändlichen Egoismus die Moralität der ganzen Welt samt dem Christentum zugrunde ging. Die Heiligen Väter in Rom werden durch nichts anderes bewegt als durch den Eigennutz!

Weder Tonsur noch Weihen vermögen es, den Geistlichen die «menschlichen Schwächen», wie man dummerweise die Regungen des Naturtriebes häufig nennt, abzustreifen. Die Natur respektiert einen geweihten Pfaffenleib ebensowenig wie den eines anderen Tieres und kämpft mit ihm um ihr Recht.

Diese Kämpfe endeten bei gewissenhaften Geistlichen, denen es mit ihrem Keuschheitsgelübde ernst war, gar häufig mit Selbstmord, wenn nicht im Wahnsinn, oder mit unnatürlicher Befriedigung des Geschlechtstriebes, wenn nicht mit gewaltsamer Vernichtung desselben. Der schlechtere Teil der Geistlichen, die eigentlichen Pfaffen, betrachten dagegen die Ehe als eine Fessel und denken wie jener Mönch, der nach langen Kämpfen endlich dem Rate eines alten Praktikus folgte: «Wenn mich der Teufel reizt, so tue ich, was er will, und dann hört der Kampf auf.»

Sie wissen sich, was die Befriedigung des Geschlechtstriebes betrifft, für die Ehe schadlos zu halten, indem sie nach Clemens VI. Ausdruck «wie eine Herde Stiere gegen die Kühe des Volkes wüten». Diese geistlichen Herren nennt der heilige Bernhard «Füchse, die den Weinberg des Herrn verderben und die Enthaltsamkeit nur zum Deckel der Schande und Wollust brauchen, vor denen schon der Apostel Petrus gewarnt habe. Man müsse», fährt er fort, «ein Vieh sein, um nicht zu merken, daß man allen Lastern Tür und Tor öffne, wenn man rechtmäßige Ehen verdamme.»

Jesus war selbst nicht verheiratet; aber bei vielen Gelegenheiten äußerte er sich über die Ehe und erkannte sie als eine durch göttliche Anordnung geheiligte Anstalt an (Matt. 5, 31, 32; 19, 3 - 7, 9); ja wir wissen, daß er mit seiner Mutter und seinen Jüngern einer Hochzeitsfeier zu Cana in Galiläa beiwohnte (Joh. 2, 2), was er nicht getan haben würde, wenn er die Ehe überhaupt für eine unsittliche Verbindung erkannt hätte.

Die Apostel hatten darüber ganz dieselben Ansichten. Paulus nennt die Ehe einen in allen Betrachtungen ehrwürdigen Stand (Hebr. 13, 4) und erklärt sogar die

Untersagung derselben für eine Teufelslehre (1. Tim. 4, 3). – Kurz, nach allen in der Bibel enthaltenen Lehren des Christentums ist das Band, welches die Ehe um Mann und Weib schlingt, ein höchst ehrwürdiges. Die Christen der ersten Zeit waren auch weit davon entfernt, die Ehe der Geistlichen als etwas Unerlaubtes zu betrachten, ja sie setzten dieselbe bei ihnen sogar voraus. Petrus selbst, dessen Nachfolger die Päpste sein wollen, und die meisten der Apostel waren verheiratet. Paulus verlangt von den Bischöfen und Diakonen, daß sie im ehelichen Stand leben sollten.

Er schreibt an Timotheus: «Ein wahres Wort: wer ein Bischofsamt sucht, der strebt nach einem edlen Geschäft. Ein Bischof muß deswegen tadellos sein, eines Weibes Mann, nüchtern, ernst, wohlgestiftet, zum Lehrer tüchtig; kein Trunkenbold, nicht streitsüchtig (nicht schmutziger Habgier ergeben), sondern sanft, friedliebend, frei von Geiz; der seinem Hause gut vorstehe, der seine Kinder im Gehorsam erhalte mit allem Ernst: denn wer seinem eigenen Hause nicht vorzustehen weiß, wie kann er die Gemeinde Gottes regieren (1. Tim. 3, 1 - 5)? Die Diakone seien eines Weibes Männer, wohl vorstehend ihren Kindern und ihren Häusern (Tim. 1, 3, 12).»

An Titus schreibt er: «Deswegen habe ich Dich in Kreta zurückgelassen, damit Du das, was noch fehlt, vollends in Ordnung brächtest und in jeder Stadt Priester (Älteste) ansetzest, wie ich Dir aufgetragen habe; wenn nämlich jemand unbescholtenen Rufes ist, eines Weibes Mann, der gläubige Kinder hat (Tit. 1, 5 - 6).» Diese Stellen, welche noch durch zahlreiche andere vermehrt werden könnten, sprechen so deutlich, daß es kaum begreiflich erscheint, wie die Päpste es wagen konnten, die Rechtmäßigkeit des Zölibates der Geistlichen aus der Bibel herzuleiten. Sie würden auch mit diesem Gesetze niemals durchgedrungen sein, wenn nicht schon seit früher Zeit in der christlichen Kirche die Idee von der Verdienstlichkeit des ehelosen Lebens gespukt hätte. Wie diese dem Christentum so durchaus fremde Ansicht von der Ehe in demselben allmählich Wurzel faßte, auseinanderzusetzen, würde sehr weitläufig sein, und da es mir der Zweck dieses Werkes nicht gestattet, näher darauf einzugehen, so will ich mich bemühen, den Gang der Sache in flüchtigen Umrissen zu skizzieren.

Zur Zeit Jesus hatte der Glaube an die alten Götter längst aufgehört. Der öffentliche Gottesdienst bestand in leeren Zeremonien, und an die Stelle der Religion war die Philosophie getreten. Selbst das Volk nahm teil an den philosophischen Streitigkeiten, wie heutzutage an den religiösen, und hing teils diesem, teils jenem der unendlich vielen aufgestellten Systeme an. Als nun das Christentum entstand und die Zahl der Anhänger desselben sich schnell vermehrte, wurden auch die alten philosophischen Ansichten, deren man sich nicht so schnell entäußern konnte, in dasselbe mit hinübergenommen, und man versuchte es, dieselben, so gut es ging, mit den christlichen Lehren zu vereinigen. Die pure Philosophie – Vernunftwissenschaft, Erkenntnislehre – kann nie Schwärmerei erzeugen, welche eine entschiedene Feindin der Vernunft ist; werden ihr aber religiöse Bestandteile beigemischt, so kann sie gar leicht nicht allein zur Schwärmerei, sondern selbst zum wütendsten Fanatismus führen. Aber fast alle philosophischen Systeme jener Zeit hatten religiöse Bestandteile, teils griechischen, altorientalischen, ägyptischen oder jüdischen Ursprungs, und ihre Anhänger und Bekenner waren meistens Gnostiker, das heißt Geheimniswisser, oder Offenbarungskundige.

In diese Systeme kam nun noch das christliche Element, und das Resultat dieser Vereinigung waren oft sehr erhabene, aber noch häufiger höchst abgeschmackte Lehrbegriffe über Gott, Weltschöpfung, die Person Christi, den Ursprung des Übels, das Wesen des Menschen usw. Wir haben es hier nur mit ihren Ansichten über die Ehe zu tun.

Vorherrschend unter den Offenbarungsphilosophen war die Ansicht, daß die Materie – das Körperliche – die Quelle alles Bösen und daß die Welt nicht durch den höchsten Gott, sondern durch ein ihm untergeordnetes, unvollkommneres Wesen – Demiurg (Weltbaumeister) – geschaffen sei. Der Körper des Menschen stehe unter der Herrschaft der Materie und des bald mehr oder minder bösartig gedachten Demiurgos, und das Heil des menschlichen Geistes bestehe darin, daß er sich von den Fesseln der Materie und des Demiurgos losmache und zu dem höchsten Gott zurückkehre. Mit anderen Worten heißt dies: der Mensch soll ein rein geistiges Leben führen und alle vom Körper ausgehenden sinnlichen Regungen wie einen Feind bekämpfen.

Hieraus geht schon deutlich hervor, daß die Ansichten dieser Schwärmer der geschlechtlichen Vereinigung und der Ehe nicht günstig sein konnten. Ehe ich aber einige dieser Ansichten namhaft mache, muß ich noch von dem Briefe des Paulus an die Korinther reden, welcher auf diese «Philosophen» von bedeutendem Einfluß war. Die Christen in Korinth konnten sich über ihre Meinung von der Ehe nicht einigen und baten den Apostel Paulus um Belehrung. Dieser erfüllte ihr Begehren, und was er ihnen antwortete, kann ein jeder in der Bibel nachlesen (1. Korinth. Kap. 7). Aus diesem Schreiben geht hervor, daß es Paulus für besser hielt, unverheiratet zu bleiben; aber er erklärt ausdrücklich, daß er mit diesem Rate den Christen keine Schlinge werfen wolle und daß derjenige, der es für besser halte zu heiraten, damit durchaus keine Sünde begehe (Kap. 7, 32).

Vergleichen wir die in diesem Briefe enthaltenen Ratschläge mit seinen an anderen Stellen stehenden Aussprüchen über die Ehe, so möchte man mit dem römischen Statthalter Festus ausrufen: «Paule, dein vieles Wissen macht dich rasen!» Allein in dem Briefe selbst ist der Schlüssel zu seiner Handlungsweise enthalten. «Ich wollte euch aber vor Sorgen bewahren.» Die Christen erwarteten damals eine stürmische Zeit der Verfolgungen und Trübsal, dann auch die baldige Wiederkehr Jesu zum Weltgericht, und dieser Glaube hatte auf die Antwort des Paulus unverkennbaren Einfluß. Ein Unverheirateter wird alle Leiden des Lebens weit leichter ertragen als ein Familienvater; das wird jeder fühlen, der eine Familie hat.

Dieser Brief des Paulus diente den Verteidigern des Zölibats der Geistlichen als Hauptstütze; sie vergaßen dabei aber außer den besonderen Umständen, unter denen er geschrieben wurde, daß er an alle Christen zu Korinth und nicht allein an die Geistlichen gerichtet war, und hätte man die in ihm enthaltenen Ratschläge in bezug auf die Ehe allgemein als Befehl anerkennen wollen, so würde das Christentum bald ein Ende gehabt haben, indem seine Anhänger ausgestorben wären. Denn wenn Paulus sagt: wer heiratet, tut wohl, wer nicht heiratet, tut besser, so sagt er doch auch: Es ist dem Menschen gut, daß er kein Weib berühre. Das hätten sich die Geistlichen, welche das Zölibat verteidigen, nur ebenfalls merken und für einen Befehl erachten sollen! – Ehe ist besser als Hurerei, und was Paulus darüber dachte, geht aus folgendem hervor: Durch die Ratschläge des Apostels, vielleicht auch dadurch verführt, daß die Frauen, welche Ehelosigkeit gelobten, von der christlichen Gemeinde erhalten und oft zu untergeordneten Kirchenämtern – zu Diakonissinnen – gewählt wurden, versprachen mehrere Witwen in Korinth, sich nicht wieder zu verheiraten. Die jungen Weiber hatten sich jedoch zuviel Kraft zugetraut. Die Ehelosigkeit wurde ihnen höchst unbequem, und viele von ihnen hätten gern geheiratet, wenn sie es wegen ihres Gelübdes gedurft hätten. Aber der «Fleischesteufel» – um auch einmal diesen beliebten pfäffischen Ausdruck zu gebrauchen – hält sich an kein Gelübde und plagte die armen Frauen so sehr, daß sie es endlich machten wie der oben erwähnte Mönch, und ihm den Willen taten, damit sie nur Ruhe gewannen. Sie waren aber sehr schwer zu beruhigen, und ihr unzüchtiges Leben fing an, Aufsehen zu machen. Paulus fand sich dadurch veranlaßt zu verordnen, daß diese Frauen, wenn sie Neigung dazu bekämen, trotz ihres Gelübdes lieber heiraten als ein unzüchtiges Leben führen sollten, «damit nicht den Gegnern des Christentums dadurch eine willkommene und gerechte Veranlassung gegeben werde, dasselbe zu verlästern.» Die Päpste handelten jedoch ganz anders als der Apostel. Ihnen war es um Ausrottung der Ehe unter den Geistlichen zu tun, und sie gestatteten, sogar gegen Geldabgabe, außereheliche, geistlich-fleischliche Ausschweifungen, unbekümmert um das Ärgernis, welches dadurch gegeben wurde; ja, sie gingen selbst mit dem schändlichsten Beispiel voran!

Von ihnen gilt, was Paulus ahnungsvoll vorhersah: «Bestimmt aber sagt der Geist, daß in den letzten Zeiten einige vom Glauben abfallen werden, achtend auf Irrgeister und Teufelslehren, die mit Scheinheiligkeit Lügen verbreiten, gebrandmarkt am eigenen Gewissen, die verbieten zu heiraten und gewisse Speisen zu essen, welche Gott geschaffen, daß sie dankbar genossen werden von den Gläubigen und von denen, welche die Wahrheit erkannt.» Doch ich will wieder zu unseren Offenbarungsnarren zurückkehren und anführen, was einige Sekten von der Ehe hielten.

Julius Cassianus, ein Hauptoffenbarungsnarr, erklärte die Ehe für Unzucht, und die ganze zahlreiche Sekte der Enkratiten floh die Berührung der Weiber überhaupt als eine Sünde. Zu ihnen gehören die Abeloniten in der Gegend von Hippo in Afrika, die sich durchaus des geschlechtlichen Umganges enthielten. Um aber die Vorschrift des Paulus (1. Korinth. 7,29), daß diejenigen, die Weiber haben, seien, als hätten sie keine, buchstäblich zu erfüllen, nahmen die Männer ein Mädchen und die Weiber einen Knaben zur beständigen Gesellschaft zu sich, um in Verbindung mit dem anderen Geschlecht, aber doch außer der Ehe, zu leben.

Ein gewisser Marzion, der von dem Heidentum zum Christentum übertrat, trieb es mit der Entsagung ganz besonders weit und litt wahrscheinlich am Unterleibe, denn dafür sprechen seine hypochondrischen Lebensansichten. Seine Genossen redete er gewöhnlich an: Mitgehaßte und Mitleidende! Dieser trübselige Narr erklärte jedes Vergnügen für eine Sünde; er verlangte, daß jeder von den schlechtesten Nahrungsmitteln leben solle, und von der Ehe wollte er vollends nichts wissen, denn diese erschien ihm als eine privilegierte Unzucht. Er verlangte von seinen Anhängern, wenn sie verheiratet waren, daß sie sich von ihren Weibern trennten oder doch wenigstens das Gelübde leisteten, sie nicht als ihre Weiber zu betrachten. – Diese Sekte bestand bis zur Mitte des vierten Jahrhunderts unter besonderen Bischöfen.

Manche Lehren dieser philosophischen Christensekten führten zur Auflösung aller sittlichen Ordnung. Kapokrates, der wahrscheinlich zur Zeit des Kaisers Hadrian in Alexandrien lebte, lehrte, daß die Befriedigung des Naturtriebes nie unerlaubt sein könne und daß die Weiber von der Natur zum gemeinschaftlichen Genusse bestimmt wären. Wer sich der sittlichen Ordnung unterwerfe, der bleibe unter der Macht des Erdgeistes; sich aber allen Lüsten ohne Leidenschaft hingeben, heiße gegen ihn kämpfen und ihm Trotz bieten.

Ein anderer Schwärmer namens Marzius führte geheimnisvolle Zeremonien ein und machte besonders die Weiber damit bekannt, wodurch bei ihnen alle Schamhaftigkeit vernichtet wurde.

Von den Anhängern des Kapokrates erzählt man, daß sie bei ihren Versammlungen die Lichter verlöschten und untereinander das taten, wobei sich übrigens alle Menschen nicht gern leuchten lassen. Die Adamiten trieben es ähnlich. Vor ihrem Tempel, den sie das Paradies nannten, war eine bedeckte Halle. Unter dieser entkleideten sie sich und marschierten dann nackt und paarweise in die Versammlung. Hier ergriff jedes Männlein ein Fräulein und – das nannte man die mystische Vereinigung. Ganz so wie bei unseren Muckerversammlungen!

Andere Herätiker – so heißt die ganze Klasse dieser seltsamen Philosophen –, welche selbst die Ehe gestatteten, verhinderten die Schwangerschaft, indem sie es machten wie Onan, der Stammvater der Onanie. Montanus, der in der Mitte des zweiten Jahrhunderts in Phrygien lebte, sagte, daß Jesus und die Apostel der menschlichen Schwäche viel zuviel nachgesehen hätten. Er verachtete alles Irdische und legte auf die Ehelosigkeit einen sehr großen Wert.

Die Valesier, eine Sekte des dritten Jahrhunderts, zwangen ihre Anhänger zur Kastration; ja, sie trieben dieselbe so leidenschaftlich, daß sie gar häufig Fremde durch List in ihre Häuser lockten und diese unangenehme Operation mit ihnen vornahmen!

Die Lehren dieser Schwärmer, vorzüglich über die Ehelosigkeit, fanden in der christlichen Kirche sehr großen Beifall, und besonders waren es die des Montanus, welche sowohl unter den Geistlichen als unter den Laien viele Anhänger gewannen. Wenn nun auch die katholische Kirche schon frühzeitig jede kirchliche Gemeinschaft mit den Montanisten abbrach, so behielt sie doch ihre Lehre über Fasten, Ehe und Ehelosigkeit. Daß alles Irdische verachtet werden müsse, wurde bald der allgemein unter den zahlreichen orthodoxen Christen geltende Grundsatz. Christus und seine Apostel waren ihnen viel zu milde, und auf welche Abwege sie durch ihre asketische Schwärmerei gebracht wurden, haben wir im ersten Kapitel gesehen.

Je mächtiger der Geschlechtstrieb war und je mehr sinnliches Vergnügen seine Befriedigung machte, desto verdienstlicher erschien es, ihn zu bekämpfen, und diejenigen, denen es vollkommen gelang, standen in dem höchsten Ansehen und waren Gegenstand der Bewunderung.

Die Kirchenväter in den ersten Jahrhunderten waren meistens der Ansicht, daß die Seelen gefallener Geister zur Strafe in einen Körper gebannt wären und daß die sittliche Freiheit des Menschen in der Fähigkeit bestände, sich durch Besiegung «des Fleisches» aus der niederen Ordnung emporzuschwingen.

Diese Ehe hielt man zwar nicht an und für sich für böse; allein man betrachtete sie als ein notwendiges Übel zur Fortpflanzung des Menschengeschlechtes und zur Verhinderung der Ausschweifungen, von dem man so wenig als nur möglich Gebrauch machen müsse. Die Vorliebe für den ehelosen Stand wurde immer allgemeiner und ging bis zum Fanatismus, so daß einer der ältesten Kirchenlehrer, Ignatius, sich zu der Erklärung gezwungen sah: daß es sündlich sei, sich der Ehe aus Haß zu entziehen!

Der Philosoph Justinus, welcher den Märtyrertod erduldete, hielt es für sehr verdienstlich, wenn man den Geschlechtstrieb ganz und gar unterdrücke, indem man sich dadurch dem Zustande der Auferstandenen annähere! Er verwarf daher auch die Ehe ganz und gar und verwies auf Christus, der nur deshalb von einer Jungfrau geboren sei, um zu zeigen, daß Gott auch Menschen hervorbringen könne, ohne geschlechtliche Vermischung! Einen Jüngling, der sich selbst kastrierte, lobte er sehr! Athenagoras und andere, die nicht so strenge waren, gaben die Ehe nur wegen der Kinderzeugung zu. Clemens von Alexandrien verteidigte zwar die Ehe und wies auf das Beispiel der Apostel hin; allein er gestand doch zu, daß derjenige vollkommener sei, welcher sich der Ehe enthalte. Origenes, der sich selbst entmannte, seine Schüler Hierax und Methodius verdammten die Ehe, und ihre Lehren fanden unter den Mönchen Ägyptens Beifall.

Einer der heftigsten Eiferer gegen die Ehe war Quintus Septimus Florenz Tertullian, Priester zu Karthago. Er erklärte die Ehe nicht für böse, aber doch für unrein, so daß sich der Mensch derselben schämen müsse. Die zweite Ehe nannte er geradezu Ehebruch. Auf die Frage, was aber aus dem Menschengeschlecht werden solle, wenn die Ehe aufhöre, antwortete er: «Es kümmere ihn wenig, ob das Menschengeschlecht ausstürbe; man müsse wünschen, daß die Kinder bald stürben, da das Ende der Welt bevorstünde!» – Und Tertullian war selbst verheiratet! Die Lehren dieses geachteten Kirchenlehrers waren von sehr großem Einfluß. Die Geistlichen, die diese Ansichten von der Verdienstlichkeit der Enthaltsamkeit verbreiteten und anpriesen, mußten natürlich mit dem Beispiel vorangehen, und sie hatten in jener Zeit auch noch die meisten Gründe dafür, sich der Ehe zu enthalten, denn sie waren es hauptsächlich, welche den Verfolgungen zum Opfer fielen.

So kam es denn allmählich, daß die verheirateten Kirchenlehrer in eine Art von Verachtung gerieten, und dieser Umstand war ein Beweggrund mehr für die Geistlichen, sich der Ehe zu enthalten. Fanatische Bischöfe wußten es bei den ihnen untergebenen Geistlichen mit Gewalt durchzusetzen, daß sie sich nicht verheirateten, und das Volk sah immer mehr in dem ledigen Stande einen höheren Grad der Heiligkeit. Diese Ansicht war schon im fünften Jahrhundert ziemlich allgemein, und diejenigen Geistlichen, welche nicht aus Überzeugung unverheiratet blieben, taten es aus Scheinheiligkeit, und die verheiratet waren, wußten den Glauben zu erwecken, als lebten sie mit ihren Frauen wie mit Schwestern. Fälle von Selbstentmannung kamen sehr häufig vor; aber dessen ungeachtet war um diese Zeit die Ehelosigkeit der Geistlichen weder allgemein, noch wurde sie von der Kirche geboten. Der erste Versuch hierzu geschah im vierten Jahrhundert auf der in Spanien von 19 Bischöfen abgehaltenen Synode zu Elvira (zwischen 305 und 309). Hier wurde es nicht allein verboten, Verheiratete als Priester anzustellen, sondern man untersagte auch denen, die bereits im Ehestand lebten, den geschlechtlichen Umgang mit ihren Weibern.

Andere Synoden folgten diesem Beispiel. Da man nun sehr häufig den unverheirateten Geistlichen den Vorzug gab, so bewog dies viele zum ehelosen Leben, und der Scheinheiligkeit und Heuchelei waren Tür und Tor geöffnet.

Auf der ersten allgemeinen Kirchenversammlung zu Nikäa (325) stellte ein spanischer Bischof den Antrag, die Ehe der Priester allgemein zu untersagen; da erhob sich Paphnutius, Bischof von Ober-Thebais, ein 80jähriger, in der größten Achtung stehender, unverheirateter Mann, und verteidigte die Ehe mit solcher Wärme und so überzeugend, daß sich die Versammlung damit begnügte, den Geistlichen die Beischläferinnen zu verbieten. – Doch selbst die

Erlaubnis, sich zu verheiraten, brachte den dazu geneigten Priestern wenig Nutzen, denn der Zeitgeist erklärte sich einmal gegen die Ehe. Einen bedeutenden Einfluß auf diese Zölibatsschwärmerei hatte das Mönchswesen. Den fanatischen Mönchen war die Ehe und jede geschlechtliche Berührung ein Greuel, ja sie gingen in ihrem verkehrten Eifer so weit, daß sie sogar die Frauen verfluchten und behaupteten, daß man sie gleich einer ansteckenden Seuche oder giftigen Schlangen fliehen müsse. Ja sie riefen sich, wenn sie einander begegneten, Sentenzen zu, welche sie immer daran erinnern sollten, daß das Weib zu verachten sei, wie z. B.: «Das Weib ist die Torheit, welche die vernünftigen Seelen zur Unzucht reizt», und dergleichen.

Was die allgemein auf das höchste verehrten Mönche als verwerflich bezeichneten, erschien nun auch den Laien so, und wenn sie sich auch nicht alle zum Mönchsleben stark genug fühlten, so suchten sie sich doch, selbst in der Welt lebend, so viel als möglich Ansprüche auf asketische Heiligkeit zu erwerben.

Dies Streben nach Heiligkeit erzeugte heldenmütige Entschlüsse, die zwar immer zu bewundern sind, wobei man aber nur bedauern kann, daß so viel Seelenstärke an eine so nichtige Sache verschwendet wurde. Jünglinge und Jungfrauen schwärmten für die Keuschheit. Pelagius, später Bischof von Laodicea, bewog im Brautbette seine Braut zu einem enthaltsamen Leben; andere wurden in derselben kritischen Lage von ihren Bräuten dazu beredet. Einige dergleichen Beispiele habe ich schon früher angeführt.

Einzelne Sekten, wie die Eustathianer und Armenier, erklärten jetzt geradezu, daß kein Verheirateter selig werden könne, und wollten von verehelichten Priestern weder das Abendmahl annehmen noch sonst mit ihnen irgendeine Gemeinschaft haben. Da sie aber auch das Fleischessen für sündlich erklärten und behaupteten, daß die Reichen, wenn sie nicht ihrem ganzen Vermögen entsagten, nicht selig werden könnten, so wurden ihre Lehren auf einem Konzil als irrtümlich verdammt. Das weitere Umsichgreifen des Mönchswesens erzeugte ein immer allgemeineres Vorurteil gegen die Ehe, und die verheirateten Priester bekamen einen immer schwierigeren Stand. Viele der Kirchenväter, deren Schriften allgemeine Verbreitung fanden, waren mit asketischen Ansichten aufgewachsen und eiferten heftig gegen die Ehe. Dies taten Eusebius und Zeno, Bischof von Verona, der eben erklärte, daß es der größte Ruhm der christlichen Tugend sei, die Natur mit Füßen zu treten.

Ambrosius, römischer Statthalter der Provinzen Ligurien und Aemilien, trat zum Christentum über und wurde acht Tage nach seiner Taufe zum Bischof von Mailand geweiht. Er kannte kaum die christlichen Lehren, und da er nicht hoffen konnte, sich durch Gelehrsamkeit auszuzeichnen, so versuchte er es durch ein asketisches Leben. Da es bis dahin noch für Ketzerei galt, die Ehe zu verdammen – die Apostel waren ja verheiratet gewesen –, so gestand er ihr immer noch einiges Gute zu; aber er konnte in der Anpreisung des ehelosen Lebens kein Ende finden und hatte es besonders darauf abgesehen, den Jungfrauen ihre Jungfrauschaft zu erhalten. Maria stellte er ihnen beständig als Muster vor und erzählte die seltsamsten Wunder, die stattgefunden haben sollten, um die Jungfrauschaft dieses oder jenes Mädchens zu retten. Ja er ging so weit, die Kinder zum Ungehorsam gegen ihre Eltern zu verführen, indem er in einem Aufruf an die Jungfrauen sagte: «Überwinde erst die Ehrfurcht gegen deine Eltern! Wenn du dein Haus überwindest, so überwindest du auch die Welt.» Durch seine Predigten erzeugte er in Mailand eine solche Keuschheitswut unter den Mädchen, daß die jungen Männer in Verzweiflung gerieten und vernünftige Eltern ihren Töchtern verbieten mußten, seine Predigten zu besuchen. Sein Ruf war so weit verbreitet, daß man ihm aus Afrika Jungfrauen zusandte, damit er sie zur Keuschheit verführe! Augustin, der nach einem wilden Leben zum Christentum übertrat und endlich Bischof von Hippo wurde, verdammte zwar die Ehe auch nicht geradezu, trug aber durch seine Schriften sehr viel zur Verbreitung der Zölibatsschwärmerei bei.

Ich kann mich auf seine Lehre hier weiter nicht einlassen und bemerke nur, daß er den unverheirateten Sohn und die unverheiratete Tochter für weit besser erklärte als die verehelichten Eltern. Er sagte: «Die ehelose Tochter wird im Himmel eine weit höhere Stufe einnehmen als ihre verehelichte Mutter: Ihr Verhältnis wird zueinander sein wie das eines leuchtenden und eines finsteren Sternes.» Die Ehe zwischen Joseph und Maria stellt er als das Muster einer Ehe auf, denn sie lebten im ehelichen Verhältnis, hatten sich aber gegenseitig Enthaltsamkeit gelobt. Früher sei die Ehe notwendig gewesen, um das Volk Gottes fortzupflanzen, jetzt aber, da das Christentum bereits verbreitet sei, müsse man auch diejenigen, welche sich Kinder zeugen wollten, zur Enthaltsamkeit ermahnen. Man müsse wünschen, daß alles ehelos bleibe, damit die Stadt Gottes eher voll und das Ende der Welt beschleunigt würde. Übrigens forderte Augustin von den Geistlichen nicht durchaus Ehelosigkeit.

Von dem allergrößten Einfluß auf das Zölibat und auf das Mönchsleben war der uns schon bekannte Hieronymus. Er hatte selbst aus Erfahrung die Macht des Geschlechtstriebes kennengelernt und schildert seine Kämpfe so lebhaft, daß es Grauen erregt: «Ich», schreibt er an Eustochium, «der ich mich aus Furcht vor der Hölle selbst zu solchem Gefängnis verdammte, der ich mich nur in der

Gesellschaft von Skorpionen und wilden Tieren befand, befand mich doch oft in den Chören von Mädchen. Das Gesicht war blaß vom Fasten, und doch glühte der Geist von Begierden im kalten Körper, und in dem vor dem Menschen schon erstorbenen Fleische loderte das Feuer der Wollust. Von aller Hilfe entblößt, warf ich mich zu den Füßen Jesu, benetzte sie mit meinen Tränen, trocknete sie mit meinen Haaren, und das widerspenstige Fleisch unterjochte ich durch wochenlanges Hungern.» Besonders eifrig bemüht war auch Hieronymus, die Frauen für das enthaltsame Leben zu gewinnen. Dies gelang ihm vortrefflich, denn durch seinen Umgang mit den vornehmen Römerinnen hatte er sich eine sehr genaue Kenntnis des weiblichen Herzens und seiner schwachen Seiten verschafft.

Eine Stelle in seinen Briefen zeigt dies schon deutlich und beweist zugleich, daß die Weiber vor 1.000 Jahren nicht anders waren, als sie es heutzutage sind. Er schreibt nämlich an ein junges Mädchen, welchem der Aufenthalt im Hause der Mutter zu eng wird:

«Was willst du, ein Mädchen von gesundem Körper, zart, wohlbeleibt, rotwangig, vom Genüsse des Fleisches und Weins und vom Gebrauch der Bäder aufgeregt, bei Ehemännern und Jünglingen machen! Tust du das nicht, was man von dir verlangt, so ist es doch schon ein schimpfliches Zeugnis für dich, wenn solche Dinge von dir verlangt werden.»

«Ein wollüstiges Gemüt verfolgt unanständige Dinge desto brennender, und von dem, was nicht erlaubt ist, macht man sich desto lockendere Vorstellungen.» «Selbst dein schlechtes und braunes Kleid gibt ein Kennzeichen deiner verborgenen Gemütsart ab, wenn es keine Falten hat, wenn es auf der Erde fortgeschleppt wird, damit du größer zu sein scheinst; wenn es mit Fleiß irgendwo aufgetrennt ist, damit sich etwas vom Innern zeige, damit das Garstige bedeckt werde und das Schöne in die Augen falle. Auch ziehen deine schwärzlichen und glänzenden Hosen, wenn du gehst, durch ihr Rauschen die Jünglinge an sich.

Deine Brüste werden durch Binden zusammengepreßt, und der verengte Busen wird durch den Gürtel in die Höhe getrieben. Die Haare senken sich sanft entweder auf die Stirne oder auf die Ohren herab. Das Mäntelchen fällt zuweilen nieder, um die weißen Schultern zu entblößen, und dann bedeckt sie wieder eilends, als wenn es nicht gesehen werden sollte, dasjenige, was sie mit Willen aufgedeckt hatte.»

Um die Mädchen zu verführen, Jesum zum Bräutigam zu erwählen, gebrauchte er oft sehr seltsame Mittel, indem er dieses zarte Verhältnis höchst üppig und unzart schilderte. So schreibt er zum Beispiel an Eustochium: «Es ist der menschlichen Seele schwer, gar nichts zu lieben; etwas muß geliebt werden. Die fleischliche Liebe wird durch die geistliche überwunden. Seufze daher und sprich in deinem Bette: des Nachts suche ich denjenigen, den meine Seele liebt. Dein Bräutigam muß in deinem Schlafgemach nur mit dir scherzen. Bitte, sprich zu deinem Bräutigam und er wird mit dir sprechen. Und hat dich der Schlaf überfallen, so wird er durch die Wand kommen, seine Hand durch das Loch stecken und deinen Bauch berühren.»

Die keusche Ehelosigkeit erschien Hieronymus als das Höchste, und von der Ehe weiß er nur das zu rühmen, daß aus ihr Mönche und Nonnen gezeugt würden! In sehr heftigen Streit geriet er mit Jovian, welcher die Ehe verteidigte. Er bekämpfte die Lehren desselben mit großer Gewandtheit, wenn uns auch die beigebrachten Argumente sehr häufig ein Lächeln ablocken. In einer seiner Streitschriften führt er den Jovian redend ein. Er läßt ihn fragen, wozu Gott die Zeugungsglieder geschaffen und warum er die Sehnsucht nach Vereinigung in den Menschen gelegt habe? Darauf antwortete Hieronymus, daß diese Körperteile geschaffen wären, um den Flüssigkeiten, mit denen die Gefäße des Körpers bewässert sind, Abgang zu verschaffen! «Auf das aber», fährt er fort, «daß die Geschlechtsorgane selbst, der Bau der Zeugungsteile, die Verschiedenheit zwischen Mann und Weib und die Gebärmutter, welche geeignet ist zur Empfängnis und Ernährung der Frucht, einen Geschlechtsunterschied zeigen, will ich in Kürze antworten.»

«Wir sollen wohl deshalb nie aufhören, der Wollust zu frönen, damit wir nie vergebens diese Glieder mit uns herumtragen? Warum soll wohl die Witwe ehelos bleiben, wenn wir bloß dazu geboren sind, nach Weise des Viehs zu leben? Was brächte es mir denn für Schaden, wenn ein anderer meine Frau beschläft? – Was will da der Apostel, daß er zur Keuschheit auffordert, wenn sie gegen die Natur ist? Was der Herr, der verschiedene Arten der Eunuchen angibt? Gewiß verdient es der Apostel, der uns zu seiner Keuschheit auffordert, zu hören: warum trägst du dein Schamglied mit dir herum? Warum unterscheidest du dich von dem Geschlecht der Weiber durch Bart, Haare und durch andere Beschaffenheit der Glieder? usw. Laßt uns Christum nachahmen, der sich der Zeugungsglieder nicht bediente und sie doch hatte.» Die Art und Weise, wie St. Hieronymus die Ehe bekämpfte, fand wenig Beifall, wenn auch sehr viele mit ihm in der Hauptsache übereinstimmten, und er sah sich genötigt, sich deshalb zu verteidigen. «In Streitschriften», sagte er, «habe man mehr Freiheit als im Lehrvortrage, und könne sich in ihnen selbst einer Art Vorstellung bedienen, um seinen Feind desto gewisser zu Boden zu stürzen.»

So schreibt er gegen einen Mönch, der ihn in den Verdacht bringen wollte, als ob er die Ehe überhaupt verdammen wolle, ganz in der alten Art und schließt: «Weg mit dem Epikur, weg mit dem Aristippus! Sind die Sauhirten nicht mehr da, dann wird auch die trächtige Sau nicht mehr grunzen. Will er nicht gegen mich schreiben, so vernehme er mein Geschrei über so viele Länder, Meere und Völker hinweg: Ich verdamme nicht das Heiraten, ich verdamme nicht das Heiraten! Ich will, daß jeder, welcher etwa wegen nächtlicher Besorgnisse nicht allein liegen kann, sich ein Weib nehme.»

Im ersten Kapitel schrieb ich, wie sich die Republik der christlichen Gemeinde allmählich in eine Despotie verwandelte. Diese Veränderung in Verbindung mit dem mächtigen Einfluß des Mönchswesens wirkte für die Priesterehe sehr nachträglich. Ihre Gegner traten immer entschiedener auf und, von der öffentlichen Meinung unterstützt, folgten immer mehr Konzilien dem Beispiel des von Elvira.

Ein allgemeines Verbot der Priesterehe war indessen bis zum Ende des vierten Jahrhunderts noch nicht gegeben worden; aber dessenungeachtet verdankte sie ihr Fortbestehen weniger der Anerkenntnis ihrer Rechtmäßigkeit, als vielmehr einer teils auf besonderen Ansichten, teils auf dem Gefühl der Unausführbarkeit der strengen Grundsätze begründeten Nachsicht von selten der Bischöfe; während fortdauernd das Bestreben dahin gerichtet war, ihr völlig ein Ende zu machen. Einen sehr bedeutenden Anteil an der Unterdrückung der Priesterehe von seiten der Machthaber der Kirche hatten der Geiz und die Geldgier derselben. War es den Priestern erlaubt zu heiraten, so fiel auch ihre Hinterlassenschaft an ihre rechtmäßigen Kinder, und alles, was mit List und Betrug zusammengescharrt war, ging der Kirche verloren. Da ich keine Geschichte der Kämpfe um die Priesterehe schreiben, sondern mehr das Verderbliche des Zölibats zeigen will, nun auch dargetan habe, wie die Idee von der Verdienstlichkeit der Ehelosigkeit unter den Christen Eingang gewann, so kann ich mich in bezug auf den ersten Punkt um so kürzer fassen, als ich im Verfolg des zweiten noch häufig genötigt sein werde, auf jene Kämpfe zurückzukommen.

Die griechische Kirche hatte die Überzeugung gewonnen, daß ein so unnatürliches Gesetz wie das Zölibat ohne die größten Nachteile nicht durchzuführen sei, und auf einer unter Justinian II. im kaiserlichen Palast Trullus gehaltenen Synode (692) wurde beschlossen, daß die Geistlichen nach wie vor heiraten und mit ihren Weibern leben könnten. Dieser vernünftige Beschluß behielt in der griechischen Kirche bis auf den heutigen Tag seine Geltung.

Diese Trullische Synode begnügte sich aber nicht allein damit, die Priesterehe stillschweigend zu gestatten, wie es die von Nicäa tat, denn dies würde am Ende wenig geholfen haben, sondern sie verordnete: daß ein jeder, der es wagte, den Priestern und Diakonen nach ihrer Ordination die eheliche Gemeinschaft mit ihren Weibern zu untersagen, abgesetzt werden sollte. Ferner, daß diejenigen, welche ordiniert werden und unter dem Vorwande der Frömmigkeit nun ihre Weiber fortschicken, exkommuniziert werden sollten.

Die Päpste Konstantin und Hadrian I. waren vernünftig genug, diesen Beschluß der Trullischen Synode zu billigen, und Papst Hadrian IL (867 - 871) war selbst verheiratet. Noch am Anfang des elften Jahrhunderts kann man es als Regel annehmen, daß überall der bessere Teil der Geistlichen in einer rechtmäßigen Ehe oder doch wenigstens in einem Verhältnis lebte, welches der Ehe gleichgeachtet wurde.

Die Päpste Viktor II., Stephan IX. und Nikolaus II. setzten jedoch die Versuche fort, die Priesterehe abzuschaffen; aber der Hauptfeind derselben war Gregor VII. Er verbot sie geradezu und allgemein und zwang die schon verheirateten Priester mit Gewalt, ihre Weiber zu verlassen.

Der Kampf der Geistlichen um ihre Rechte als Menschen dauerte zwei Jahrhunderte. Endlich unterlagen sie; aber dieser Sieg brachte der römischen Kirche keinen Segen. Die traurigen Folgen des Zölibats riefen, wie ich schon eingangs bemerkte, die Reformation hervor. Aber selbst diese vermochte es nicht, den Starrsinn der Päpste zu brechen. Die Fürsten drangen bei der Trientiner Kirchenversammlung auf Abschaffung des Zölibats, welches als die Wurzel allen Übels betrachtet wurde; aber vergebens. Das Zölibat wurde von diesem Konzil bestätigt, und seine Beschlüsse gelten noch bis heute. Das Vorurteil von der Verdienstlichkeit der Selbstquälerei und der Vorzug, welchen fanatische Bischöfe den unbeweibten Geistlichen gaben, bewogen viele von diesen zum ehelosen Leben, wenn auch ihre Neigungen durchaus nicht damit übereinstimmten. Sie verstanden es, den Schein der Heiligkeit bewahrten, aber dennoch dem Fleischesteufel zuopferten. Sehr günstig dafür war die seltsame Sitte, daß unverheiratete Geistliche oder Laien Jungfrauen zu sich ins Haus nahmen, welche gleichfalls Keuschheit gelobt hatten. Diese Jungfrauen nannte man mit sehr verschiedenen Namen, am häufigsten Agapetinnen oder Liebesschwestern. Mit dieser lebten die Geistlichen «in geistiger Vertraulichkeit und platonischer Liebe». Sie waren fortwährend mit ihnen beisammen und schliefen sogar meistens mit ihnen in einem Bette, behaupteten aber, daß sie – eben nur miteinander schliefen.

Dies zu glauben – nun dazu gehört eben Glauben! Von einigen weiß man es mit Bestimmtheit, daß sie mitten in den Flammen der Wollust unverletzt blieben. Der heilige Adhelm legte sich zu einem schönen Mädchen, das sich alle Mühe gab, das geistliche Fleisch rebellisch zu machen. Der Heilige benahm sich aber wie die drei Männer im feurigen Ofen und bannte den Unzuchtsteufel durch Psalmensingen.

Ich kannte einen 20jährigen Dragonerfähnrich, dem dies Kunststück ohne Psalmensingen gelang. Wahrscheinlich ging es ihm und St. Adhelm wie jenem Abt in Baden, von dem uns Hämmerlin, Kanonikus zu Zürich und Propst zu Solothum (starb 1860), erzählt, der sich zur Gesellschaft zwei hübsche Dirnen holen ließ und, als sie nun da waren, höchst ärgerlich ausrief: «Die verfluchten Versuchungen, gerade jetzt bleiben sie aus!» Das faule Leben, welches die Pfaffen führten, und die asketischen Übungen, welche sie mit sich vornahmen, waren der Keuschheit nichts weniger als günstig. Von den geachtetsten und würdigsten Kirchenlehrern aus den ersten Jahrhunderten, denen es mit Besiegung des Geschlechtstriebes vollkommen ernst war, wissen wir, wieviel ihnen derselbe zu schaffen machte und welche Kämpfe sie bestanden, um ihn zu besiegen. Basilius hatte sich in eine reizende Einöde zurückgezogen; aber er gestand, daß er wohl dem Getümmel der Welt, nicht aber sich selbst entfliehen könne. «Was ich nun in dieser Einsamkeit Tag und Nacht tue», schreibt er an einen Freund, «schäme ich mich fast zu sagen; – indem ich die innewohnenden Leidenschaften mit mir herumtrage, bin ich überall gleicherweise im Gedränge. Deshalb bin ich durch diese Einsamkeit im ganzen nicht viel gefördert worden.»

Gregor von Nazianz behandelte seinen Körper auf die härteste Weise, aber dessenungeachtet klagte er über die unaufhörlichen Reizungen zur Wollust, über die Anfälle des Teufels und seine eigene Schwäche. Er drohte seinem rebellischen Fleische, es durch Schmerzen aller Art so zu entkräften, daß es ohnmächtiger als ein Leichnam werden solle, wenn es nicht aufhören würde, seine Seele zu beunruhigen. Aber gerade seine Kasteiungen machten ihn so entzündbar, daß er einst, als ein Verwandter mit einigen Frauen in die Nähe seiner Wohnung zog, aus dieser flüchtete, um nur seine Keuschheit zu retten! Ähnliche Beispiele haben wir schon im zweiten Kapitel kennengelernt. Alle diese heiligen Männer sind entzündbar wie Streichhölzchen und gleichen jenem würdigen Priester aus dem Gebiete von Nursia, welcher gewissenhaft und standhaft genug war, seine Frau nach seiner Ordination wie einen Feind zu fliehen. Als er hochbetagt war, erkrankte er an einem Fieber und war im Begriff, sein Leben zu enden, als seine Frau sich liebevoll über ihn beugte, um zu lauschen, ob er noch atme. Da raffte der Sterbende seine letzten Lebenskräfte zusammen und rief: «Fort, fort, liebes Weib, tu das Stroh hinweg, noch lebt das Feuer!»

Elimakus wußte ebenfalls aus Erfahrung, daß der Fleischesteufel der am schwersten zu besiegende ist. Er sagte: «Wer sein Fleisch überwunden hat, hat die Natur überwunden – ist über die Natur, ist ein Engel. – Ich kann mit David sagen, daß ich in mir den Gottlosen wahrgenommen, der durch seine Wut meine Seele ängstigte – durch Fasten und Abtötung verlor er seine Hitze, und da ich ihn wieder suchte, fand ich kein Merkmal seiner Gewalt mehr in mir.» Warum er ihn aber wieder suchte, das hat der fromme Mann vergessen anzugeben.

Der heilige Bernhard war ebenfalls ehrlich genug, die Macht dieses «Gottlosen» anzuerkennen: «Diesen Feind können wir weder fliehen noch in die Flucht schlagen, wenn gleich Hieronymus die Flucht vor dem Weibe anrät, als der Pforte des Teufels, der Straße des Lasters – der

Mann ist eine Stoppel, nähert er sich, so brennt er!» Was manche Heilige für wunderliche Dinge vornahmen, um die verzehrende Liebesglut zu ersticken, haben wir schon früher gesehen. Der heilige Abt Wilhelm legte sich auf ein Bette von – glühenden Kohlen und lud seine Verführerin ein, sich zu ihm zu legen! Ja, dieser Heilige ließ das Grab seiner verstorbenen Geliebten öffnen, weil er das Andenken an sie nicht ausrotten konnte, und nahm ihren faulenden Körper mit in seine Zelle, um ihn sich als Stärkungsmittel unter die Nase zu halten, wenn ihn der Fleischesteufel kitzelte.

Solche Kämpfe hatten also sogar Heilige zu bestehen und gestanden ihre Schwachheit ein; aber wie wenige Heilige gibt es unter den Geistlichen! Die meisten von ihnen gleichen wohl dem heiligen Augustin, Bischof von Hippo, der bekannte, daß er einst Gott gebeten habe: er möge ihm die Gabe der Keuschheit verleihen, aber nicht sogleich, indem er wolle, daß seine wollüstigen Triebe erst gesättigt werden möchten. Dann ist die Keuschheit freilich keine Kunst mehr!

So stark nun auch der Glaube in der ersten Zeit des Christentums war, so hieß es ihm doch etwas zuviel zumuten, nichts Böses zu denken, wenn ein junger Mann und ein junges Mädchen in einem Bette schliefen, und viele vernünftige Kirchenlehrer trachteten danach, dies anstößige und verdächtige Zusammenleben zu bekämpfen! Dies tat unter anderem schon der heilige Chrysostomus. Er schrieb: «Ich preise glücklich diejenigen, welche mit Jungfrauen zusammenwohnen und keinen Schaden nehmen, und wünschte selbst, daß ich solche Stärke hätte: auch will ich glauben, daß es möglich sei, solche zu finden. Aber ich wünsche auch, daß die, welche mich tadeln, mich überzeugen könnten, daß ein junger Mann, welcher mit einer

Jungfrau zusammenwohnt, sich an ihrer Seite befindet, mit ihr an einem Tische speist, sich mit ihr den ganzen Tag unterhält, mit ihr, um ein anderes zu verschweigen, lächelt, scherzt, schmeichelnde und liebkosende Worte wechselt, von Begierde ferngehalten werden könne. – Ich habe vernommen, daß viele zu Steinen und Statuen Neigung empfunden haben. Vermag aber so viel ein Kunstwerk, was muß da erst vermögen ein zarter, lebender Körper?»

Jedenfalls mußte solches Zusammenleben den Weltkindern Stoff zum Spott und zur Verdächtigung geben, und wenn man einen Pfaffen angreifen wollte, so griff man ihn immer zuerst bei seiner Liebesschwester an. Viele Jungfrauen bestanden zwar auf Untersuchung ihrer Jungfrauschaft durch Hebammen; aber der heilige Cyprian meinte mit Recht: «Augen und Hände der Hebammen können auch getäuscht werden.»

Am sichersten war es freilich, wenn der Geistliche den Beweis seiner Unschuld führen konnte, wie der Patriarch Acacius, der von der Kirchenversammlung zu Selencia (489) der Unzucht beschuldigt wurde. Er hob seine Kutte auf und zeigte den ehrwürdigen Vätern durch den Augenschein, daß Unzucht bei ihm einfach unmöglich sei.

Schon Tertullian spricht von der oftmals vorgekommenen Schwangerschaft solcher Jungfrauen und von den verbrecherischen Mitteln, welche sie anwandten, dieselbe zu verheimlichen; denn damals konnten sie sich noch nicht damit entschuldigen, daß sie einen Papst gebären würden, wie es später oftmals vorkam, als die Lehre geltend gemacht wurde, daß der Vater der Päpste der – Heilige Geist sei!

Die Synode von Elvira fand es auch schon für nötig, ihr Augenmerk auf diese «platonischen» Bündnisse zu richten, und verordnete, daß Bischöfe und Geistliche nur Schwestern oder Töchter (aus früherer Ehe erzeugte) bei sich haben sollten, welche das Gelübde der Keuschheit geleistet hatten. Aber in den Verordnungen des Erzbischofs Egbert von York (um 750) finden wir Strafen festgesetzt für Bischöfe und Diakonen, welche mit Mutter, Schwestern usw., ja mit vierfüßigen Tieren Unzucht treiben! Ein Beweis, daß solche Vergehungen vorkamen. Später suchte man das Übel dadurch zu steuern, daß man das Alter, welches die Liebesschwestern haben mußten, sehr hoch ansetzte. Schon Theodosius II sah sich genötigt, zu bestimmen, daß die im Dienste der Kirche stehenden Diakonissinnen über 60 Jahre alt sein müßten, da es vorgekommen war, daß ein Diakon eine vornehme Frau in einer Kirche von Konstantinopel geschändet hatte.

Dieses Alter schützte jedoch nicht gegen die Unzucht, denn Sachverständige werden wissen, daß das von den Wellen der Wollust umhergeschleuderte Schiff von Fleisch und Bein, welches wir Mensch nennen, «nur einen Hafen für den Sturm sucht». Ein ungenannter Bischof, der gegen die Unzucht der Geistlichen eiferte, kannte die Natur der Pfaffenspatzen – so nannte man später die Franziskaner zum Unterschied von den Dominikanern, die Schwalben hießen –, indem er schrieb: «Auch nicht ein altes noch häßliches Frauenzimmer sollen die Geistlichen in ihr Haus nehmen, weil man da, wo man vor Verdacht sicher ist, am schnellsten sündige, auch die Lust sich nicht an das Häßliche kehre, indem der Teufel ihr das hübsch mache, was abscheulich ist.» Den Beweis, wie früh sich schon die verderblichen Folgen des Vorurteils gegen die Priesterehe zeigten, liefern die Beschlüsse der ersten Konzilien. Das zu Elvira sah sich schon genötigt, Strafen festzusetzen gegen unzüchtige Geistliche. «Wenn ein im Amte befindlicher

Bischof, Priester oder Diakon», heißt einer ihrer Beschlüsse, «erfunden worden ist, daß er Unzucht getrieben habe, so soll er auch am Ende des Lebens nicht zur Kommunion gelassen werden.»

Das Konzil zu Neu-Cäsarea bestimmte, daß ein solcher Geistlicher abgesetzt werden und Buße tun solle. Ja, diese Beschlüsse reden auch schon von Knabenschändung und Sodomiterei mit Tieren.

Doch was nützen alle strengen Strafbestimmungen, wenn sie gegen eine Sache gerichtet sind, welche der Natur durchaus entgegen ist; sie können höchstens bewirken, daß sich die mit der Strafe Bedrohten mehr Mühe geben, ihre Handlungen zu verheimlichen, und schon die hier genannten Kirchenversammlungen reden von Frauen der Geistlichen, die ihre im Ehebruch gezeugten Kinder umbrachten.

Gar viele Geistliche, die sich nach ihrer Ordination nicht von ihren Frauen trennen wollten, gelobten daher, sich ihrer zu enthalten. Aber der heilige Bernhard sagt: «Eine Frau haben und mit dieser nicht sündigen, ist mehr als Tote erwecken.» – Wie oft wurde nicht dieses Gelübde gebrochen, und wie oft wurde es nicht eben zu diesem Zwecke geleistet. War ein Geistlicher gewissenhaft, so hatte er den größten Schaden davon, denn die mit der Enthaltsamkeit ihres Mannes unzufriedene Frau suchte sich einen Stellvertreter, und zeigten sich Folgen dieses Umganges, dann kam der unschuldige Mann in Verdacht, sein Gelübde gebrochen zu haben.

Daß die Frauen der Geistlichen sich gar häufig auf solche Weise und manchmal selbst mit der Erlaubnis oder mit Wissen ihrer Männer entschädigten, beweisen abermals die Bestimmungen des schon oft genannten Konzils von Elvira. Eine derselben lautet: «Wenn die Frau eines Geistlichen hurt und ihr Mann dies weiß und sie nicht sogleich verstößt, so soll er auch nicht am Ende des Lebens die Kommunion empfangen.»

Doch nicht allein die Ehe der Geistlichen, ja sogar die der Laien wurde von der Kirche auf das sorgfältigste überwacht. Ich finde augenblicklich dafür keinen früheren Beweis als in dem Buch von den Kirchenstrafen, welches Regino, Abt von Prüm, im Jahre 909 auf Befehl des Erzbischofs Rathbod von Trier schrieb. Dort heißt es: «Der Verehelichte, der sich 40 Tage vor Ostern und Pfingsten oder Weihnachten, an jeder Sonntagsnacht, am Mittwoche und Freitage, von der sichtbaren Empfängnis bis zur Geburt des Kindes von der Frau nicht enthält, muß, wenn ein Sohn geboren wird, 30 Tage, wenn eine Tochter geboren wird, 40 Tage Buße tun. Wer in der Quadragesima (der 40tägigen Fastenzeit) vor Ostern seiner Frau beiwohnt, muß ein Jahr Buße tun oder 16 Solidos an die Kirche bezahlen oder unter die Armen verteilen. Tut er es in der Besoffenheit und zufällig, so darf er nur 40 Tage Buße tun. Jeder muß sich vor Empfang des Abendmahls der Frau 7, 5 oder 3 Tage enthalten.»

Die christliche Kirche verdankt das große Licht St. Iso in St. Gallen nur dem Umstande, daß er von seinen vornehmen Eltern – in der Osternacht gezeugt wurde, welche darüber Gewissensskrupel hatten und ihn der Kirche widmeten.

Schon früher bemerkte ich, daß der Eigennutz der Bischöfe großen Anteil an der Verdammung der Priesterehe hätte. Bekam ein verheirateter Priester keine Kinder, – nun dann sah man durch die Finger. Die Folge davon war, daß sie die Schwangerschaft ihrer Weiber entweder zu verhindern suchten, wie Onan, oder daß sie zu gefährlicheren Mitteln ihre Zuflucht nahmen. Den Beweis dafür, wie es der Kirche ganz hauptsächlich darum zu tun war, daß die

Geistlichen keine Kinder bekämen, die sie beerben könnten, liefert ein Konzilium, welches Erzbischof Johann von Tours im Jahre 1278 in London hielt.

Hier heißt es in einer der Verordnungen: «Da die Fleischeslust den Klerikalstand vielfältig entehrt, besonders wenn es bis zum Kinderzeugen kommt, so verordnen wir, daß die Kleriker, besonders die in den heiligen Weihen befindlichen, sich nicht unterstehen, ihren im geistlichen Stande erzeugten Söhnen und ihren Konkubinen etwas testamentarisch zu vermachen. Solche Vermächtnisse sollen der Kirche des Testators zufallen.» Das Leben der Geistlichen in den ersten Jahrhunderten der christlichen Kirche lernen wir sehr genau aus den Schriften der Kirchenväter kennen, welche sich bemühten, die unter denselben herrschende Verderbnis zu bekämpfen. Es erscheint oft unglaublich, daß die vortreffliche Religion Jesu zu so abscheulichen Lastern führen konnte, wie sie uns in diesen Schriften berichtet werden. Daß die Geistlichen sich für das Verbot der Ehe auf andere Weise zu entschädigen suchten, – nun das ist menschlich und an und für sich nicht böse. Bei solchen Vergehungen muß man nicht den schwachen Menschen, sondern das naturwidrige Verbot verdammen, welches zur Verletzung der Sittengesetze zwingt; aber anders ist es mit den von den Bischöfen begangenen Schändlichkeiten und Verbrechen, die in dem Geiz, der Herrschsucht und anderen bösen Leidenschaften ihre Ursache haben. Basilius schreibt an Eusebius, Bischof von Samosata: «Nur an die allernichtswürdigsten Menschen ist jetzt die bischöfliche Würde gekommen», und in einem Briefe, welchen er und 32 andere Bischöfe an sämtliche Bischöfe Galliens und Italiens richteten, schildert er den schmachvollen Zustand der Kirche mit großer Wehmut: «Die Schlechtigkeit der Bischöfe und Kirchenvorsteher», heißt es dort, «sei so groß, daß die Bewohner vieler Städte keine Kirchen mehr besuchten, sondern mit Weib und Kindern außerhalb der Mauern der Städte unter freiem Himmel für sich Gebete verrichteten.»

Gregor von Nazianz, Chrysostomus, Cyrill von Jerusalem usw. können nicht grell genug die Sittenverderbnis der Geistlichen schildern. Diese hatten es damit so weit gebracht, daß man die Unzucht als förmlich zum Pfaffen gehörig betrachtete und nicht mehr für ein Verbrechen hielt! – Die afrikanischen Synoden sahen sich gezwungen zu verordnen, daß kein Geistlicher allein zu einer Jungfrau oder einer Witwe gehen solle! Am lebhaftesten schildert die Geistlichen und den Sittenverfall in der damaligen Zeit der schon oft genannte heilige Hieronymus. Er schreibt in einem Briefe an Eustochium: «Sieh, die meisten Witwen, die doch verehelicht waren, ihr unglückliches Gewissen unter dem erlogenen Gewande verbergen. Wenn sie nicht der schwangere Bauch oder das Geschrei der Kinder verrät, so gehen sie mit emporgestrecktem Halse und hüpfendem Gange einher. Andere aber wissen sich unfruchtbar zu machen und morden den noch nicht geborenen Menschen. Fühlen sie sich von ihrer Ruchlosigkeit schwanger, so treiben sie die Frucht durch Gift ab. Oft sterben sie mit daran, und, dreifachen Verbrechens schuldig, gelangen sie in die Unterwelt, als Selbstmörderinnen, Ehebrecherinnen an Christus, als Mörderinnen des noch nicht geborenen Sohnes. Ich schäme mich, es zu sagen, o der Abscheulichkeit! Es ist traurig, aber doch wahr.

Woher brach die Pest der Agapetinnen in unsere Kirchen herein? Woher ein anderer Name der Eheweiber ohne Ehe? Ja, woher das neue Geschlecht der Konkubinen? Ich will mehr sagen: Woher die Huren eines Mannes? Ein Haus, ein Schlafgemach und oft ein Bett umfaßt sie, und nennen uns argwöhnische Leute, wenn wir etwas Arges vermuten.» –

Und weiter in demselben Briefe: «Es gibt andere, ich rede von Leuten meines Standes, welche sich deshalb um das Presbyteriat und Diakonat bewerben, um die Weiber desto freier sehen zu können. Ihre ganze Sorgfalt geht auf ihre Kleider, auf daß sie gut riechen, und die Füße unter einer weiten Haut nicht aufschwellen. Die Haare werden rund gekräuselt, die Finger schimmern von Ringen, und damit ihre Fußsohlen kein feuchter Weg benetze, berühren sie ihn kaum mit der Spitze. Wenn Du solche siehst, solltest Du sie eher für Verlobte als für Geistliche halten. Einige bemühen sich ihr ganzes Leben hindurch nur darum, die Namen, Häuser und Sitten der Matronen kennenzulernen. Einen von ihnen, den vornehmsten in dieser Kunst, will ich kurz beschreiben, damit Du desto leichter am Lehrer die Schüler erkennst.

Er steht eilfertig mit der Sonne auf, entwirft die Ordnung seiner Besuche, sieht sich nach einem kürzeren Wege um, und der überlästige Alte geht beinahe bis in die Kammern der Schlafenden. Wenn er ein zierliches Kissen oder Tuch oder sonst etwas von Hausrat sieht, so lobt, bewundert und berührt er es; indem er klagt, daß es ihm fehle, preßt er es mehr ab, als daß er es verlangte, weil sich eine jede Frau fürchtet, den Stadtfuhrmann zu beleidigen. Ihm sind Keuschheit und Fasten zuwider; eine Mahlzeit billigt er nach ihrem feinen Geruche und nach einem gemästeten jungen Kraniche. Er hat ein barbarisches und freches Maul, das immer zu Schmähworten gewaffnet ist. Du magst Dich hinwenden, wohin du willst, so fällt er dir zuerst in die Augen.» Solche geistlichen «Stadtfuhrmänner» gibt es auch noch heutzutage, und ich könnte dem wackeren Hieronymus mehrere nennen, die zu seinem Portrait passen würden.

Dergleichen Schilderungen erweckten dem Hieronymus natürlich viele Feinde, die sich damit rächten, daß sie ihn verlästerten. Viele Not hatte er mit einem Diakon namens Sabinian. Dieser hatte eine Wallfahrt zu allen liederlichen Häusern Italiens unternommen und nebenbei eine Menge Jungfrauen genotzüchtigt und Ehefrauen verführt, von denen mehrere wegen dieser Verbrechen öffentlich hingerichtet wurden. Endlich verführte er auch die Frau eines vornehmen Goten, der diesen Schimpf entdeckte, echt gotisch darüber ergrimmte und den liederlichen Himmelsfähnrich auf Tod und Leben verfolgte. Dieser kam mit einem Empfehlungsschreiben zu St. Hieronymus nach Bethlehem, wo er in ein Kloster gesteckt wurde. Hier sah er aber eines Tages eine Nonne aus dem Kloster der Paula, verliebte sich in dieselbe, schrieb ihr Liebesbriefe und erhielt die Versicherung, daß alle seine Wünsche erfüllt werden sollten, als der Handel entdeckt und die Keuschheit der Nonne gerettet wurde. Sabinian fiel Hieronymus zu Füßen und erhielt Verzeihung unter der Bedingung, daß er die ihm auferlegte Buße tragen solle. Er versprach alles, hielt aber nichts, lebte lustig wie zuvor und verleumdete Hieronymus, wo er konnte. – Solche Galgenfrüchte trug schon damals der heilige Christbaum der Kirche.

Die Gesetzgebung des Justinian war der Priesterehe durchaus nicht günstig, denn in einer Verordnung von 528 heißt es: – «Indem wir die Vorschrift der heiligen Apostel befolgen, verordnen wir, daß, sooft ein bischöflicher Stuhl in einer Stadt erledigt ist, die Bewohner derselben über drei Personen von reinem Glauben und tugendhaftem Leben sich vereinigen, um aus ihnen den Würdigsten hervorzuheben. Doch treffe die Wahl nur einen solchen, der das Geld verachtet und sein ganzes Leben Gott weiht, der keine Kinder und keine Enkel hat. – Der Bischof muß durchaus nicht durch Liebe zu den fleischlichen Kindern verhindert werden, aller Gläubigen geistlicher Vater zu werden. Aus diesen Ursachen verbieten wir, jemanden, der Kinder und Enkel hat, zum Bischof zu weihen.» In derselben Verordnung wird den Bischöfen auch verboten, in ihrem Testament ihren Verwandten etwas von dem zu vermachen, was sie als Bischöfe erwarben.

Die folgenden Bestimmungen sind noch strenger, und in einem Erlaß von 531 befiehlt Justinian, daß niemand zum Bischof geweiht werde, als wer keiner Frau ehelich beiwohne und Kinder zeuge. Statt der Frau möge ihm die heiligste Kirche dienen.

Diese ist aber nach des heiligen Ambrosius üppiger Schilderung: eine nackte, reizende Braut, deren schöne und bezaubernde Gestalt Christum mit Begierde erfüllt und ihn bewogen habe, sie zur Gemahlin für sich zu erwählen! Daß alle strengen Gesetze, wie natürlich, nichts fruchteten, dafür könnte ich Hunderte von Beweisen anführen. Alle Synoden waren bemüht, schärfere Verordnungen zu erlassen, und auf einer im Jahre 751 wurde bestimmt: «Der Priester, welcher Unzucht übt, soll in ein Gefängnis gesteckt werden, nachdem er vorher gegeißelt und ausgepeitscht worden ist.»

Ratherius von Verona, der zu Anfang des 10. Jahrhunderts lebte, klagt: «Oh, wie verworfen ist die ganze Schar der Kopfgeschorenen, da unter ihnen keiner ist, der nicht ein Ehebrecher ist, oder ein Sodomit.» Unter so bewandten Umständen war es denn wohl natürlich, daß vielen Christen Bedenken kamen, ob es wohl ziemlich sei, daß sie das, was sie für das Heiligste hielten, das Abendmahl, aus so beschmutzten Händen annehmen könnten.

Auf eine deshalb an ihn gerichtete Frage antwortete Papst Nikolaus I.: «Es kann niemand, sosehr er auch verunreinigt sein mag, die heiligen Sakramente verunreinigen, welche Reinigungsmittel aller Befleckungen sind. Der Sonnenstrahl, welcher durch Kloaken und Abtritte geht, kann doch dieserhalb keine Befleckung an sich ziehen. Daher mag der Priester beschaffen sein, wie er will, er kann das Heilige nicht beflecken.» – Aus diesem gut gewählten Vergleich sieht man übrigens, daß der Papst die Pfaffen richtig zu würdigen wußte!

Ich darf nicht vergessen zu bemerken, daß die Ansichten der Kirche über die Ehe von sehr bedeutendem Einfluß auf das Leben der Nichtgeistlichen waren. Es war wohl sehr natürlich, daß die Ehe, welche von den so hochverehrten Lehrern verachtet wurde, auch bei den Laien nicht in besonderer Achtung stand. Die Liederlichen benutzten daher gern die Zeitansicht, um ledig zu bleiben und so ungezwungener ihren Leidenschaften zu folgen; und die Verheirateten, welche ihrer Weiber überdrüssig waren, fanden leicht einen heiligen Vorwand, sich ihrer zu enthalten und sich – außer dem Hause zu entschädigen. Das Leben der Päpste um diese Zeit, besonders im 11. Jahrhundert, war wenig geeignet, auf die Sittlichkeit der Geistlichen vorteilhaft einzuwirken. Ich verweise in dieser Beziehung auf das vorige Kapitel. Ein großer Eiferer gegen die Priesterehe, aber auch gegen die Unzucht der Pfaffen, war der Kardinal Petrus Damiani, der durch seine Schriften einen ganz außerordentlichen Einfluß ausübte, das heißt in bezug auf das Zölibat, aber nicht auf die Besserung der Geistlichen. Er war im Jahr 1002 zu Ravenna von ganz armen Eltern geboren, die schon so viele Kinder hatten, daß sie nicht wußten, was sie mit dem neuen Ankömmling anfangen sollten. Die harte Mutter faßte den Entschluß, ihn auszusetzen, wurde aber durch die Frau eines Priesters davon abgehalten.

Petrus weihte sich der Kirche und wurde endlich im Jahre 1058 oder 59 Kardinalbischof von Ostia. Er nahm diese Stelle nur mit Widerstreben an und, empört über die Verdorbenheit der Pfaffen, gab er sie bald wieder auf und zog sich in ein Kloster zurück, wo er 1069 starb. Damiani entwirft von dem Schandleben der Pfaffen in seinem Buch »liber Gomorrhianus« ein trauriges Bild. Er beklagt und schildert darin ihre Hurerei, ihre widernatürliche Unzucht, insbesondere ihre Sodomiterei, ihre Unzucht mit Jünglingen und Knaben, ihre Unzucht mit Tieren, die Unzucht der Pfaffen und Mönche mit ihresgleichen, ihre Unzucht mit ihren Beichtkindern, und führt an, wie die gemeinschaftlichen Verbrecher, um ungestört fortsündigen zu können, sich einander in der Beichte absolvierten. Damiani wird in seinem Eifer gegen die Weiber der Priester oft spaßhaft, und seine Anrede an dieselben ist wahrhaft originell. «Indes rede ich auch euch an, ihr Schätzchen der Kleriker, ihr Lockspeise des Satans, ihr Auswurf des Paradieses, ihr Gift der Geister, Schwert der Seelen, Wolfsmilch für die Trinkenden, Gift für die Essenden, Quelle der Sünde, Anlaß des Verderbens. Euch, sage ich, rede ich an, ihr Lusthäuser des alten Feindes, ihr Wiedehopfe, Eulen, Nachtkäuze, Wölfinnen, Blutegel, die ihr ohne Unterlaß nach mehrerem gelüstet. Kommt also und hört mich, ihr Hetzen, Buhlerinnen, Lustdirnen, ihr Mistpfützen fetter Schweine, ihr Ruhepolster unreiner Geister, ihr Nymphen, Sirenen, Hexen, Dirnen und was es sonst für Schimpfnamen geben mag, die man euch beilegen möchte.

Denn ihr seid Speise der Satane, zur Flamme des ewigen Todes bestimmt. An euch weidet sich der Teufel wie an ausgesuchten Mahlzeiten und mästet sich an der Fülle eurer Üppigkeit. Ihr seid die Gefäße des Grimms und des Zornes Gottes, aufbewahrt auf den Tag des Gerichts. Ihr seid grimmige Tigerinnen, deren blutige Rachen nur nach Menschenblut dürsten, Harpyien, die das Opfer des Herrn umflattern und rauben, und die, welche Gott geweiht sind, grausam verschlingen. Auch Löwinnen möchte ich euch nicht unpassend nennen, die ihr nach Art wilder Tiere eure Mähnen erhebt und unvorsichtige Menschen zu ihrem Verderben in blutigen Umarmungen räuberisch umklammert. Ihr seid die Sirenen und Charybden, indem ihr, während ihr trügerisch anmutigen Gesang ertönen laßt, unvermeidlichen Schiffbruch bereitet. Ihr seid wütendes Otterngezücht, die ihr vor Wollustbrunst Christentum, das das Haupt der Kleriker ist, in euern Buhlen ermordet.» Damiani muß ein komischer Kauz gewesen sein, und um seinen Reichtum an Schimpfwörtern würde ihn manches Fischweib beneiden. Nicht weniger seltsam sind oft seine Vergleiche. So zum Beispiel vergleicht er, um der Markgräfin Adelheid von Turin die Nachteile der Priesterehe begreiflich zu machen, die Priester mit ihren Frauen den Füchsen, die Simson bei den Schwänzen aneinanderband, Fackeln dazwischensteckte, sie anzündete und sie dann in die Saatfelder der Philister jagte. Damiani war es vorzüglich, welcher dem Papst Gregor VII. den Weg bahnte. Durch ihn und andere Eiferer kam es endlich so weit, daß die Orthodoxen die außereheliche Unzucht für weniger verbrecherisch hielten als die Ehe, und zur Zeit Kaiser Heinrichs IV. verstießen viele Ehemänner ihre Weiber und gesellten sich zu Jungfrauen, die ebenfalls wie sie Keuschheit gelobt hatten. Kurz, es erneuerte sich wieder der Unfug mit den Liebesschwestern, der eigentlich unter den Geistlichen nie aufgehört, nur daß man die geheuchelte Keuschheit beiseite getan und in ehrlicher Hurerei gelebt hatte.

Andere Ehemänner, in Verzweiflung darüber, daß sie als Verheiratete nicht selig werden könnten, verstießen gleichfalls ihre Frauen und begaben sich samt Hab und Gut unter den Schutz der Mönche und führten eine gemeinsame kanonische Lebensweise. Trotzdem stieß aber Gregors VII. Zölibatsgesetz auf den entschiedensten Widerstand. Lambert von Aschaffenburg erzählt, daß bei der Bekanntmachung desselben die ganze Schar der Geistlichen gemurrt habe. Alle wären der Meinung gewesen, daß es besser sei zu freien, als Brunst zu leiden, und daß durch das Verbot der Ehe der Hurerei Tür und Tor geöffnet würde. Wolle Gregor auf seiner Meinung bestehen, so wollten sie lieber dem Priestertume entsagen, dann möge er, den Menschen anstinken, sehen, woher er Engel zur Regierung des Volks in den Kirchen bekomme. Mehrere Anhänger Gregors, welche das Zölibatsgesetz mit Gewalt durchsetzen wollten, verloren beinahe darüber ihr Leben. Als Bischof Altmann von Passau den Befehl des Papstes von der Kanzel verkündigte, mußten ihn die anwesenden vornehmen Laien vor den wütenden Priestern schützen, die ihn in Stücke reißen wollten. – Der Bischof Heinrich von Chur geriet durch seinen Eifer für das Zölibat ebenfalls in Lebensgefahr. Als Erzbischof Johann von Rouen auf einer Synode die Zölibatsgesetze vorlas, entstand ein Tumult; man bombardierte den Erzbischof mit Steinen, so daß er in aller Eile die Kirche verlassen mußte. In England fand Gregors Gesetz ebenfalls bedeutenden Widerstand; aber einer der englischen Prälaten tröstete sich, indem er sagte: «Man kann wohl den Priestern die Weiber, aber nicht den Weibern die Priester nehmen.» Bis zum Tode Heinrichs IV. von Deutschland wurden hier die beweibten Priester auf das grausamste verfolgt, und da es den Päpsten nur um Ausrottung der Priesterehe zu tun war, so wurden außereheliche Unzucht und die oft daraus entstehenden Verbrechen weniger hart bestraft. Auf die Anfrage des Abts Rudolpf von Saëz, was einem Mönch geschehen solle, der es versucht hatte, einen Ehemann zu vergiften, antwortete Anselm, Erzbischof von Canterbury, man solle ihn nicht zum Diakonat oder Presbyteriat befördern!

Die englischen Geistlichen zeichneten sich sehr durch ihre Liederlichkeit aus, und ehrenhalber mußte der Papst endlich offiziell dagegen einschreiten. Auf der Synode zu London (1125) wurde also bei Strafe der Absetzung den Priestern das Zusammenleben mit Weibern verboten. Der Legat des Papstes, Kardinal Johann von Crema, hatte große Mühe gehabt, diesen Beschluß durchzukämpfen, und noch am Abend desselben Tages, wo es ihm gelungen war, ertappte man ihn mit einer feilen Dirne. Er war unverschämt genug, sich damit zu entschuldigen, daß er nur der Zuchtmeister der Priester sei. Bischof Ranulph von Durham, genannt Flambard oder Passaflaberer, war vielleicht der liederlichste Geistliche in der Welt. Er lebte wie ein türkischer Sultan. Schöne Mädchen in üppiger Entkleidung kredenzten ihm bei Tische den Wein, und damit er immer die Mittel hatte, flott zu leben, so bedrückte und plünderte er seine geistlichen Pflegekinder.

Sein Ruf war auch zu dem päpstlichen Legaten gedrungen. Dieser ließ ihn auf die Synode nach London zitieren, allein Ranulph fand es nicht gut, diesem Rufe zu folgen, und der Kardinal Johann entschloß sich, selbst nach Durham zu gehen, um sich hier durch den Augenschein von der Wahrheit des Gerüchtes zu überzeugen. Ranulph war ein Lebemann. Er empfing den Legaten Seiner Heiligkeit auf das freundlichste, veranstaltete ein großes Gastmahl, bei dem alle Leckereien der Welt und die feinsten Weine aufgetragen wurden, so daß der Kardinal schon im Himmel zu sein meinte, besonders da eine schöne Nichte des Bischofs, die als Lockvogel dressiert war, sich alle mögliche Mühe gab, ihn vortrefflich zu unterhalten, ja, sich endlich bewegen ließ, den päpstlichen Legaten zu Bette zu begleiten.

Nachdem dieser wie ein Gimpel in die gestellte Falle gegangen war, versammelte der Bischof seine Kleriker und Knaben, welche Becher und Lichter trugen, und begab sich in feierlichem Zuge an das Bette. Der Chorus rief: Heil! Heil!

Der verwirrte Legat fragte erstaunt: «Soll dies eine Ehrenbezeugung für den heiligen Petrus sein?» – «Mein Herr», antwortete der Bischof, «es ist in unserem Lande Sitte, daß, wenn ein Vornehmer heiratet, man ihm diese Ehre erzeigt. Stehet auf und trinket, was in diesem Kelche ist. Weigerst du dich, so sollst du den Kelch trinken, nach welchem du nicht mehr dürsten wirst.» Der arme Legat mußte gute Miene zum bösen Spiel machen, er erhob sich, «nackt bis zur Hälfte des Leibes», und trank den dargereichten Becher seiner Bettgenossin zu. Darauf entfernte sich der Zug mit dem Bischofe, der nun wegen seines Bistums unbesorgt war.

Die Veranlassung zu dem Streite zwischen König Heinrich von England und Thomas Becket war auch ein liederlicher Priester zu Worcestershire, der die Tochter eines Pächters geschändet und ihren Vater ermordet hatte und welchen der König trotz alles Protestierens des Erzbischofs vor den weltlichen Richterstuhl zog. Doch in Frankreich trieben es die Pfaffen nicht besser als die in England. Der Erzbischof von Besançon machte sich aller möglichen Verbrechen schuldig. Um seinen Geiz zu befriedigen, verkaufte er alles, was nur Käufer fand, und plünderte seine Geistlichen so aus, daß sie in ärmlicher Kleidung wie Bauern einhergehen mußten. Übrigens gestattete er für Geld Nonnen und Geistlichen die Ehe. Er selbst lebte mit einer Verwandten, der Äbtissin von Reaumair-Mont, hatte von einer Nonne ein Kind und nebenbei die Tochter eines Priesters als Konkubine – kurz, er gestattete sich alle geschlechtlichen Ausschweifungen. Fast alle seine Geistlichen hielten sich Konkubinen.

Der Erzbischof von Bordeaux hielt eine Räuberbande, die er zu seinem Vorteil auf Expeditionen aussandte. Einst kam er mit einer Menge liederlicher Mädchen und Kerle in die Abtei des heiligen Eparchius, lebte hier drei Tage in Saus und Braus und zog endlich ab, nachdem er das Kloster rein ausgeplündert hatte. «Seine übrigen Verbrechen verbietet die Schamhaftigkeit zu nennen», sagt Papst Innocenz III. in seinen Briefen.

Hätte Innocenz die Verbrechen aller Pfaffen, die ihm zu Ohren kamen, nach der Strenge des Gesetzes bestrafen wollen, so hätte er bald allein Messe lesen können; er hielt es daher für besser, wo es anging, Nachsicht zu üben, so sehr und oft diese schlecht angebrachte Milde empören muß.

Ein Mönchpriester hatte mit einem Mädchen verbotenen Umgang gehabt. Als die Dirne schwanger war, ergriff er sie, als wolle er mit ihr scherzen, am Gürtel und verletzte sie so hart, daß eine Fehlgeburt erfolgte. Der Fall kam vor den Papst, und dieser entschied, daß, wenn die Fehlgeburt noch kein Leben gehabt habe, der Mönch den Altardienst auch ferner verrichten könne; daß er aber, wenn diese schon Leben gehabt habe, des Altardienstes sich enthalten müsse. Schon im Jahre 428 hatte Papst Cölestin es für nötig gefunden, Strafe darauf zu setzen, wenn Geistliche ihre Beichtkinder zur Unzucht verführten. Dergleichen Fälle kamen unendlich oft vor, und mit diesen Beichtstuhlgeschichten könnte man Folianten füllen. Eine derselben habe ich bereits früher erzählt, eine andere mag hier folgen.

Ein Priester, dem eine hübsche Frau beichtete, fand den Platz hinter dem Altar sehr bequem und wollte sie bewegen, hier seinem unzüchtigen Gelüste zu genügen. Die Frau äußerte, daß sie den Platz nicht anständig fände, versprach aber, an einem anderen Orte seine Wünsche zu erfüllen, und schickte ihm als Liebespfand eine sehr schöne Torte und eine Flasche guten Wein. Der erfreute Priester dachte zwei Fliegen mit einer Klappe zu schlagen und überreichte die herrliche Torte seinem Bischof, der damit bei einem Gastmahl seine Tafel zierte. Als man sie aufschnitt, fand man darin – was? –, nun das, was ein Berliner aus dem Geschlecht der Eckensteher dem Leser antworten würde, der riet, daß Goldstücke darin gewesen wären.

Man forschte natürlich nach dem Zusammenhang dieser schmutzigen Überraschung, und dieser ergab sich bald aus der Untersuchung. – Im nächsten Buche werde ich noch weit seltsamere Geschichten von dem Mißbrauch des Beichtstuhles mitteilen müssen. Kein Ort war manchen Pfaffen zu heilig, und die Regierungen mußten diese Herren oft strafen, weil sie einen Altar oder einen anderen für heilig geltenden Ort entweiht hatten. Ein Kaplan zu Solothurn hatte sich gar die Orgel zum Schauplatz seiner unerlaubten Freuden ausersehen. Einem starken Affen in einer Menagerie zu nahe zu kommen, war für eine Frau in damaliger Zeit nicht so gefährlich, als mit einem Pfaffen zu tun zu haben. Da diese ein faules Leben hatten, so erhitzten sie Tag und Nacht ihre Phantasie mit üppigen Bildern und dachten an nichts anderes, als wie sie ihre wilden Triebe befriedigen könnten. Fälle der Notzucht kommen unendlich viele vor. Unter Heinrich VI. baten die Geistlichen in England um Erlassung der Strafen wegen begangener Notzucht. Zu Basel hatte im Jahr 1297 ein Geistlicher eine Jungfrau mit Gewalt geschändet. Man kastrierte ihn und hing das Abgeschnittene als abschreckendes Exempel mitten in der Stadt an einer belebten Passage auf. – Die Venetianer ließen später einen Augustiner zu Brescia, der ein elfjähriges Mädchen genotzüchtigt und dann ermordet hatte, vierteilen.

Sodomiterei und Knabenschändung waren unter den Geistlichen ganz gewöhnlich, und zwar schon seit den ältesten Zeiten der christlichen Kirche, wie die Konzilienbeschlüsse beweisen, von denen ich einige angeführt habe. Im Jahre 1212 wurde auf einem Konzil den Mönchen und regulierten Kanonikern verboten, zusammen in einem Bette zu liegen und Sodomiterei zu treiben. Im Jahre 1409 wurden zu Augsburg auf Befehl des Rates vier Priester und ein Laie wegen Knabenschänderei am Perlachturme, mit gebundenen Händen und Füßen, in einem hölzernen Käfig aufgehängt, bis sie verhungerten. – Im nächsten Kapitel von den Klöstern werde ich zeigen, daß Sodomiterei bis auf den heutigen Tag als Folge des Zölibats unter den Pfaffen gebräuchlich ist. Aus dem, was ich bisher erwähnte, geht schon hervor, daß die Bischöfe ihren Geistlichen in der Sittenlosigkeit meistens vorangingen, wenn sie es auch nicht alle so arg trieben wie der Bischof Heinrich von Lüttich, der eine Äbtissin zur Mätresse und in seinem Garten einen förmlichen Harem hatte.

Unter so bewandten Umständen waren die Laien froh, wenn es diesen Kirchenstieren erlaubt wurde, Konkubinen zu halten, damit nur ihre Weiber und Töchter vor ihnen sicher waren. Ja, die Friesen gingen so weit, daß sie gar keine Priester duldeten, die nicht ihre Konkubinen hatten. «Se gedulden oek geene Preesteren sunder eheliche Fruwen (d. h. Konkubinen), up dat se ander lute bedde nicht beflecken, wente sy meinen dat idt nicht mogelyk sy, und baven die natur, dat sick ein mensche ontholden konne», heißt es in der Chronik.

Ich bemerkte schon früher, daß es den Päpsten mehr um die Vernichtung der Priesterehe als um die Erhaltung der Keuschheit der Geistlichen zu tun war, denn sie wollten nicht, daß rechtmäßige Kinder das Gut erben sollten, was sie als Kirchengut betrachteten. Wenn nun auch die Konzilien, auf Betreiben einzelner, dem Konkubinenwesen ein Ende machen wollten, indem sie Verordnungen dagegen erließen, so war man eben nicht zu strenge auf die Befolgung derselben bedacht.

Ja vielen Bischöfen wäre es gar nicht recht gewesen, wenn ein Papst durchgreifende Maßregeln angewendet hätte, denn diese Konkubinen waren für sie eine Quelle des Erwerbes. Gar häufig fiel es ihnen aber ein, ihren Geistlichen das Konkubinat auf das strengste zu verbieten; das geschah gewöhnlich, wenn sie Geld brauchten, denn es war ihnen nur um die Strafgelder zu tun. Heinrich von Hewen, der in der Mitte des 15. Jahrhunderts Bischof von Konstanz war, führte selbst ein üppiges Leben, und die Abgaben, welche ihm seine Geistlichen für ihre Konkubinen entrichteten, verschafften ihm eine jährliche Einnahme von 2.000 Gulden. Zur Zeit der Reformation mußten die Priester in Island für jedes mit ihren Konkubinen gezeugte Kind ihrem Bischof 8 bis 12 Taler bezahlen. Unter solchen Verhältnissen war es denn kein Wunder, wenn das Konkubinat trotz aller Verbote, welche bei den Synoden wenig beachtete stehende Artikel wurden, in voller Wirksamkeit blieb, und endlich sahen die Päpste ein, daß es ein unvermeidliches Übel sei, und suchten nun selbst Vorteil daraus zu ziehen. Sie dekretierten, daß jeder Geistliche, mochte er nun eine Konkubine haben oder nicht, einen bestimmten, jährlichen Hurenzins entrichten müsse.

Als Beleg dafür, daß das Konkubinat unter den Geistlichen im 15. Jahrhundert allgemein war, und zugleich um die Sitten des Klerus überhaupt durch den Mund eines Zeitgenossen kennenzulernen, will ich einige Stellen aus einem Werke des Nikolaus de Clemangis anführen, der in den letzten Jahrzehnten des 15. Jahrhunderts lebte, eine Zeitlang päpstlicher Geheimschreiber, Schatzmeister und Kanonikus der Kirche zu Langres war und 1440 als Kantor und Archidiakonus zu Lisieux starb. Seine Schilderung der Bischöfe ist wahrhaft abscheulich. Nach ihm treiben und gestatten sie für Geld alle Laster. Vorzüglich sind die Domherren und ihre Vikare verdorbene Leute. Sie sind der Habsucht, dem Stolze, dem Müßiggange, der Schwelgerei ergeben. Sie halten ohne Scham ihre unehelichen Kinder und Huren gleich Eheweibern im Hause und sind ein Greuel in der Kirche. Die Priester und Kleriker leben öffentlich im Konkubinate und entrichten ihren Bischöfen den Hurenzins. Die Laien wissen an mehreren Orten den Schändungen der Jungfrauen und Ehefrauen keinen anderen Damm entgegenzustellen, als daß sie die Priester zwingen, sich Konkubinen zu halten.

«Ist jemand», schreibt Clemangis, «heutzutage träge und zum üppigen Müßiggange geneigt, so eilt er sogleich, ein Priester zu werden. Alsdann besuchen sie fleißig liederliche Häuser und Schenken, wo sie ihre ganze Zeit mit Saufen, Fressen und Spielen zubringen, betrunken schreien, fechten und lärmen, den Namen Gottes und der Heiligen mit ihren unreinen Lippen verwünschen, bis sie endlich aus den Umarmungen ihrer Dirnen zum Altare kommen.» Clemangis erwähnt hier auch das Saufen der Priester. Darin waren sie besonders stark und setzten einen Ruhm darein, es den Laien zuvorzutun. Schon in den ersten Jahrhunderten stoßen wir auf Bischöfe, die vollendete Trunkenbolde waren. Einer derselben, Droctigisilus, verfiel in den Säuferwahnsinn. Die Pfaffen sagten, wenn sie guter Laune waren, von sich selbst: «Wir sind das Salz der Erde, aber man muß es anfeuchten, denn kein guter Geist wohnt im Trockenen.» Besonders gut trank man in den Klöstern, doch davon später.

Zu einem guten Trunk gehörte natürlich auch eine gute Tafel, und es ist ja noch heute jedermann bekannt, daß die katholischen Geistlichen eine vortreffliche Küche hatten. Bischöfe jagten unermeßliche Summen durch ihren Schlund, und um nur einen Begriff von ihren kostspieligen Fressereien zu geben, setze ich den Küchenzettel für das Gastmahl am Tage der Einweisung Georg Revils, Erzbischof von York, hierher.

Zu diesem Feste waren erforderlich: 300 Quart Weizen, 330 Tonnen Aale, 104 Tonnen Wein, 1 Pipe Gewürzwein, 80 fette Ochsen, 6 wilde Stiere, 1.004 Schöpse, 300 Schweine, 300 Kälber, 3.000 Gänse, 3.000 Kapaunen, 300 Ferkel, 100 Pfauen, 200 Kraniche, 200 Ziegenlämmer, 2.000 junge Hühner, 4.000 junge Tauben, 4.000 Kaninchen, 204 Rohrdommeln, 4.000 Enten, 200 Fasane, 500 Rebhühner, 4.000 Schnepfen, 400 Wasserhühner, 100 große Brachvögel, 100 Wachteln, 1.000 Reiher, 200 Rehe, über 400 Stück Rotwild, 1.506 Wildbretpasteten, 1.400 Schüsseln gebrochenes Gelee, 4.000 Schüsseln ganzes Gelee, 4.000 kalte Custards (ein Gericht von Milch, Zucker und Eigelb), 2.000 warme Custards, 300 Hechte, 300 Brachsen, 8 Robben, 4 Delphine oder Tümmler und 400 Torten. – 62 Köche mit 515 Küchendienern besorgten die Zubereitung dieser Speisen, und bei der Tafel selbst warteten 1.000 Diener auf.

Doch kehren wir nach dieser Abschweifung wieder zu den Konkubinen zurück. Die Baseler Synode (1431 - 1448) gab sich die nutzlose Mühe, ernstliche Verordnungen gegen das Konkubinat zu erlassen; aber zu dem einzigen

Mittel, demselben ein Ende zu machen, konnte man sich nicht entschließen, obgleich sehr angesehene Männer auf der Synode, wie der Geheimschreiber und Zeremonienmeister derselben, Äneas Sylvius Piccolomini, günstig für die Priesterehe gestimmt waren. Der letztere äußerte: «Es gab, wie ihr wißt, verheiratete Päpste, und auch Petrus, der Apostelfürst, hatte eine Frau. Vielleicht dürfte es gut sein, wenn den Priestern zu heiraten gestattet wäre, weil viele verheiratet im Priestertum ihr Seelenheil befördern würden, welche jetzt ehelos zugrunde gehen.»

Große Eiferer gegen das Konkubinat in dieser Zeit waren Bischof Berthold von Straßburg und Bischof Stephan von Brandenburg. Der letztere klagt bitter über die Geistlichen in seiner Diözese und sagt, daß sehr viele Beischläferinnen hielten und durch ihr liederliches Leben «nicht nur gemeine Leute, sondern auch Fürsten und Große» ärgerten.

«Und diese Priester», sagte er auf einer Synode zu Brandenburg, «haben eine solche Hurenstirn, daß sie für eine Kleinigkeit halten, Unzucht und Ehebruch zu begehen. Denn wenn, aus Schwachheit des Fleisches, ihre Köchinnen und Mädchen von ihnen oder vielleicht von anderen geschwängert sind, so leugnen sie die Sünde nicht ab, sondern achten es sich zur hohen Ehre, die Väter aus so verdammlichem Beischlafe gezeugter Kinder zu sein. Ja sie laden die benachbarten Geistlichen und Laien beiderlei Geschlechts zu Gevattern ein und stellen große Festlichkeiten und Freudengelage über die Geburt solcher Kinder an. Verflucht seien die, welche durch eigenes Geständnis dasjenige kund werden lassen, was sie durch Leugnen noch zweifelhaft machen und so einigermaßen der rechtlichen Strafe entgehen könnten!» – So nichtswürdig dachten Bischöfe!

Die Regierungen mancher Länder, welche einsahen, daß nur dadurch größerem Ärgernis vorgebeugt wurde, waren vernünftig genug, das Konkubinat ihrer Geistlichkeit fast als rechtmäßige Ehe gelten zu lassen. Dies taten zum Beispiel mehrere Regierungen in der Schweiz, und die Obrigkeit schützte hier die Konkubinen der Geistlichen und deren Kinder gegen die Habsucht der geistlichen Vorgesetzten, indem sie Testamentsvermächtnisse für die ersteren als gültig anerkannte.

Zu dem Bischof von Tarent, der Legat des Papstes in der Schweiz war, sagte jemand, daß die Nonnen dort tun könnten, was sie wollten, es würde nicht untersucht; bekämen sie aber Kinder, dann erwarte sie ein fürchterlicher, finsterer Kerker. Darauf erwiderte er: Selig sind die Unfruchtbaren!

Doch mit den Klöstern haben wir es noch nicht zu tun, sondern vorläufig nur mit den Weltgeistlichen. – Das Konkubinat derselben konnte indessen niemals die Ehe ersetzen. Es würde der Fall gewesen sein, wenn sich durch das Christentum nicht ganz seltsame Vorurteile gebildet hätten. Noch heutzutage wird eine Frau von den anderen gemieden, welche mit einem Manne «lebt», wenn sie nicht dazu durch den priesterlichen Segen privilegiert ist, mag sie auch sonst das bravste Weib und die sorgsamste Mutter sein. Die Bezeichnung Hurenbalg klebt zeitlebens einem aus solcher «wilden» Ehe entsprossenen Kinde an und macht dasselbe zu einem, wenn auch nicht gerade verachteten, aber doch befremdlichen Gegenstande. Aus diesem Grunde fanden sich denn auch selten Frauen von einigem Wert, die ein derartiges Verhältnis mit den Geistlichen eingingen. Wohl mochte es hin und wieder einige Mädchen geben, die sich aus reiner Liebe über die herrschenden Vorurteile hinwegsetzten, allein meistens waren es doch gemeine Dirnen, welche nur daran dachten, die Geistlichen zu plündern. «Pfaffengut fließt in Fingerhut», war ein altes Sprichwort. Dieses halbgeduldete Verhältnis konnte niemals ein geachtetes werden und bleibt stets eine Entwürdigung für den Priesterstand. Es kam wohl vor, daß einzelne Geistliche ihren Konkubinen alle Achtung zollten, wie sie einer Gattin zukommt; weit häufiger und besonders von den Gebildeteren wurden sie als Dienstleute, Köchinnen und dergleichen im Hause gehalten und nebenbei als – Blitzableiter benutzt.

Solche Personen wußten nun den erlangten Einfluß zu ihrem Vorteil zu benutzen. Sie schämten sich des Verhältnisses nicht, wohl aber der gebildetere Geistliche, der ihr Herr war und welcher sich viel gefallen, ja, oft ganz und gar unter den Pantoffel bringen ließ, damit nur seine menschlichen Schwächen nicht unter die Leute gebracht würden; denn diese ermangelten nicht, ihre Späße über die «Pfaffenköchinnen» anzubringen, und mancher Geistliche mußte sich still wegschleichen, wenn die jungen Burschen sangen:

Mädchen, wenn du dienen mußt,
so diene nur den Pfaffen,
kannst den Lohn im Bett verdienen
und darfst nicht viel schaffen.

Viele verdorbene Geistliche waren sehr froh, daß sie die Ehe nicht an eine Frau fesselte; sie konnten ihre Lüsternheit nach Abwechselung befriedigen, indem sie die Dirne, die ihnen nicht mehr gefiel, wegjagten und eine neue nahmen. Solche Konkubinate, die leider sehr häufig vorkamen, waren gemeine Hurerei, und dadurch wurde bei den Pfaffen eine Gemeinheit und Rohheit erzeugt, die sich besonders in ihrer Denkungsart über geschlechtliche Dinge äußerte, wie sie in der Ehe wohl nur selten entstehen können.

Solche Pfaffen machten aus ihrer Liederlichkeit gar kein Geheimnis; ja sie rühmten sich derselben, und gleichzeitige sehr glaubwürdige Schriftsteller erzählen, daß sie bei Freß- und Saufgelagen diese Pfarrfarren und Kuttenhengste, wie sie Fischart nennt, mit den Bauern Wetten machten, deren Gegenstände so obszön waren, daß ich sie hier gar nicht einmal näher zu bezeichnen wage, obgleich mir alle Prüderie weiß Gott fremd ist, wie der Leser wohl schon gemerkt haben wird.

Ja, diese Pfaffen scheuten sich nicht, ihre unzüchtigen Verhältnisse auf der Kanzel zu erwähnen, und oft machten sie diese Unschicklichkeit dadurch noch schlimmer, daß sie dieselbe mit irgendeinem rohen Spaße würzten. An den Kirchweihen wurden von ihnen die wildesten und liederlichsten Gelage gefeiert. Alle benachbarten Pfarrer mit ihren Köchinnen besuchten den Geistlichen, der sein Kirchweihfest feierte, und dann wurde gefressen, gesoffen und andere Liederlichkeiten getrieben. Als der Erzbischof von Mainz den Bischof von Merseburg einst besuchte und unterwegs bei einem Pfarrer einkehrte, wo eben das Fest der Kirchweih gehalten wurde, begleitete ihn sein Leibarzt, der davon folgende ergötzliche Erzählung liefert:

«Der Bischof steigt abe, und nahet zu der Pfarrhe zu, zu seinem Handtwerk. Nun hatte der Pfarrher zehn andere Pfarren geladen zur Kirchweyhe, und ein yeglicher hatte eine Köchin mit sich gebracht. Do sie aber Leutte kommen sahen, lauffen die Pfaffen mit den Huren alle in einen Stalle, sich zu verbergen. Indes gehet ein Grafe, der an des Bischofs Hofe war, in den Hofe, seinen Gefug zu thun und da er in den Stall will, darein die Hüren und Büben geflohen waren, schreyt des Pfarrers Köchin: Nicht Junker, nicht! Es seind böse Hunde darinnen, sie möchten euch beissen. Er leßt nicht nach, gehet hinein und findet eynen großen Haufen Hüren und Büben im Stalle. Da der Grafe in die Stuben kumpt, hatt man dem Bischof eyn feyste Ganß fürgesetzt zu essen, hebt der Grafe an, und sagt diß geschieht dem Bischof zum Tischmerlein, gen abend kamen sie gen Merßburg, daselbs sagt der Bischof von Mentz, diß geschicht dem Bischof von Merßburg. Da das der heylig vatter hörete, betrübet er sich nicht umd das, das die Pfaffen Hüren haben, sondern darumb, das die Köchin die Büben im Stalle Hunde geheißen hätte, und spricht, Ach Herre Gott, vergebe es Gott dem Weibe, das die Gesalbten des Herren Hunde geheyßen hat. Das hab ich darumb erzelet, das man sehe, wie wir Deutschen das Sprichwort so fest halten. Es ist kein Dörflein so klein, es wirdt des Jars einmal Kirmeß darinne. Das aber geschrieben stehet, Es kumpt kein Hurer im Himmel, des achten wir nit.»

«Da wir uns nun genug mit der Hurerei beschäftigt haben, so wollen wir zum Ehebruch übergehen», heißt es in einer Predigt. Es ließe sich vom Konkubinat der Geistlichen noch vieles sagen, aber ich fürchte die Leser zu ermüden und gehe deshalb weiter. Das Konkubinat war noch am Ende das unschuldigste Ergebnis des Zölibatsgesetzes. Einen weit verderblicheren Einfluß auf die Moralität des Volkes hatten die sonstigen aus demselben entstehenden Folgen. Man kann es als Regel annehmen, daß es noch immer der bessere Teil der Geistlichen war, welcher mit ständigen Konkubinen in einem der Ehe ähnlichen Verhältnis lebte. Die echten Pfaffen betrachteten aber die Frauen und Töchter der Laien als Wild, auf welches sie Jagd machten und welches sie durch niederträchtigen Verführungskünste in ihre tückischen Netze locken wollten.

Diese Künste mußten einen um so größeren Erfolg haben, da ihr Stand die Pfaffen mit den Frauen in häufige

Berührung brachte und die Dummheit der Männer diesen Verkehr noch erleichterte. Trotz aller Beispiele und täglich unter ihren Augen vorgehenden Niederträchtigkeiten wurden die Männer nicht klug, denn die Pfaffen wußten sich einen solchen heiligen Schein zu geben, daß die Ehetölpel es kaum wagten, nur den leisesten Verdacht zu haben.

Alle Erzählungen von ihrer Liederlichkeit erklärten die Pfaffen natürlich für schamlose Lügen, und war ein Fall einmal gar zu offenkundig geworden, dann verboten sie strenge, davon zu reden, und verwiesen auf das Beispiel des Kaisers Konstantin, der einst einen Priester, den er in flagranti ertappte, mit seinem kaiserlichen Mantel bedeckte, und prägten ihren Beichtkindern ein, was der fromme Rabanus Maurus sagte: «Wenn man einen Geistlichen sähe, die Hand auf dem Busen eines Weibes, so müsse man annehmen, daß er sie segne!» – Allerdings befanden sie sich nach solchem Segen gar häufig in gesegneten Umständen!

Damit die Leser nun nicht glauben, daß ich aus Haß gegen die Pfaffen übertreibe oder wohl gar pikante Geschichtchen erfinde, um sie verhaßt und lächerlich zu machen, so halte ich es für das Beste, in der bisherigen Art fortzufahren und diejenigen zeitgenössischen katholischen Schriftsteller anzuführen, welche über die Sittenlosigkeit der Geistlichen schrieben.

Einer derselben war der schon früher von mir genannte Poggio Bracciolini, der mit so großer Rücksichtslosigkeit und Wahrheit die Schandtaten der Pfaffen aufdeckte, daß die ganze Kuttenwelt in Alarm geriet und ihm sein berühmter Gönner Cosmo de Medici größte Vorsicht empfahl.

Anfimiro, ein Augustinereremit zu Padua, hatte alle seine Beichttöchter verführt. Die Sache wurde aber ruchbar und er deshalb angeklagt. Vor Gericht drang man nun sehr ernstlich in ihn, alle diejenigen anzugeben, welche ihm den Willen getan. Er nannte eine große Menge von Mädchen und Frauen aus den angesehensten Familien, stockte dann aber plötzlich und wollte nicht weiterreden. Der Sekretär, der ihn vernahm, bedrohte ihn mit den härtesten Strafen, wenn er nicht die Wahrheit reden und in seinem Bekenntnis fortfahren werde. So gedrängt, nannte der Geistliche auch den Namen, welchen er verschweigen wollte, und man kann sich die Überraschung des Sekretärs denken, als er den seiner eigenen, für so tugendhaft gehaltenen Frau hörte!

Die größten Nichtswürdigkeiten, welche die Handlungsweise der Pfaffen in das grellste Licht stellen würden, muß ich verschweigen, weil sie alles Schamgefühl so sehr beleidigen, daß es unmöglich ist, sie durch den Druck in deutscher Sprache zu veröffentlichen. Felix Hämmerlin, gestorben 1457, Chorherr zu Zürich und Zofingen und Propst zu Solothurn, schildert besonders die Verdorbenheit der Mönche; aber auch von den Herren Weltgeistlichen weiß er manche Dinge zu erzählen, die man für ganz unglaublich halten müßte, wenn sie nicht auch noch von anderen geachteten, ernsten und wahrheitsliebenden Männern jener Zeit bestätigt würden.

Die bestialische Rohheit und Dummheit mancher Pfaffen aus jener Zeit übersteigt alle Begriffe. Selbst die Beschlüsse der Konzilien liefern die Beweise davon. Bald wird ihnen durch dieselben verboten, halbnackt, barfuß oder in zerrissenen Hosen und Jacken den Gottesdienst zu halten; bald, keine obszönen Grimassen am Altar zu machen und keine schmutzigen Lieder zu singen. Dies mußte ich vorherschicken, um folgender Geschichte, die Hämmerlin erzählt, Glauben zu verschaffen: Ein Priester lebte in einem unerlaubten Verhältnis mit einer sehr angesehenen Frau. Die Sache wurde bekannt, und er sah sich gezwungen, von seiner Pfarre zu entfliehen. Als er verzweiflungsvoll im Walde umherirrte, begegnete ihm ein Mönch, der ihn fragte, weshalb er so betrübt umherlaufe. Der Priester erzählte ganz treuherzig seine Leiden. Aber der vermeintliche Mönch war der verkappte Satan – vielleicht auch, und wahrscheinlicher, ein Schalk in einer Kutte – und erwiderte: «Nicht wahr, wenn du das böse Glied nicht hättest, dann könntest du in deiner Pfarrei sicher wohnen?» – «Allerdings, mein Herr», antwortete der Pfarrer. – «Nun, so hebe dein Gewand auf, damit ich es berühre, wie sie es ja auch berührt hat, dann kannst du dich ohne Scheu deiner Gemeinde zeigen, und es wird in dem Augenblick verschwunden sein.» Der Geistliche tat, was der Mönch wollte, und rannte dann voller Freuden in seine Pfarrei zurück, ließ die Glocken läuten, versammelte die Gemeinde und bestieg die Kanzel. Voll Zuversicht hob er seine Kleider auf – et mox membrum suum abundantius quam prius apparuit.

Sehr lesenswert sind die Schriften von Johann Busch, der Propst der regulierten Chorherren zu Soltau, in der Nähe von Hildesheim, und Bistator des Erzbistums Magdeburg war. Er verfolgte mit großem Eifer die Priester, welche Konkubinen hielten, und strafte sie nicht mit Geld, wie sie es bis dahin gewohnt gewesen waren, sondern mit kanonischen Strafen.

Einst lud er einen Pfarrer samt seiner Konkubine zu sich. Ersteren ließ er in das Kloster kommen, aber die Dirne mußte draußen bleiben. Auf das schärfste befragt, leugnete der Pfarrer standhaft und beteuerte mit einem heiligen Eide, daß er ganz keusch mit seiner Magd lebe. Nun ging Busch vor die Tür zu dem Mädchen und sagte: Ich habe gehört, daß du bei deinem Herrn zu schlafen pflegst; aber sie leugnete und meinte, daß sie nur mit Kühen, Kälbern und Schweinen zu tun habe. Als aber Busch sagte, daß ihr Herr bereits gestanden habe, da gestand sie auch, und der geistliche Herr hatte falsch geschworen. Von den Satirendichtern jener Zeit will ich gar nicht einmal reden, denn es ist wohl möglich, daß sie hin und wieder etwas erfanden, um die Pfaffen lächerlich zu machen. Ihre Schriften wurden aber mit dem größten Beifall gelesen, denn alle Welt war über die Sittenlosigkeit der Pfaffen empört.

Johann Franz Piko, Prinz von Mirandola, der die seltsame Unterredung mit Papst Alexander VI. hatte, schilderte in einer Eingabe an Papst Leo X. (1513) den Verfall des Klerus und ist besonders darüber empört, daß solche Knaben, welche den höheren Geistlichen zur Befriedigung ihrer unnatürlichen Wollust gedient hatten, zum Kirchendienste erzogen würden. Geiler von Kaisersberg (starb 1510) war Lehrer der Theologie zu Freiburg und wurde dann Prediger zu Straßburg. Er erklärte einst dem Bischof, daß, wenn ein Unkeuscher keine Messe lesen dürfe, er nur die Geistlichkeit des ganzen Sprengeis suspendieren möge, denn die meisten lebten in einem ärgerlichen Konkubinate. Dieser ebenso sittenreine als gelehrte originelle Mann schilderte in seinen trefflichen Predigten die Mönche und Pfaffen nach dem Leben. In einer derselben, «vom menschlichen Baum», heißt es: «Soll nämlich die Frucht der ehelichen Keuschheit auf den Ästen des Baumes wachsen, so hüte dich, sieh dich vor, schäme dich. Zum ersten hüte dich vor den Mönchen. Diese gehen nicht aus den Häusern, sie tragen etwas von der Frucht hinweg.

Ja, wie soll ich sie aber erkennen! Zum ersten erkenne sie, wenn einer in dein Haus kommt, so ketscht er ein kleines Novizlein mit sich, es ist kaum eine Faust groß, das bleibt in einem Winkel sitzen, dem gibt man einen Apfel, bis die Frau ihn durch das ganze Haus geführt. Zum anderen, so siehe seine Hände an, so bringt er Gaben, das schenkt er dir, das der Frau, das den Kindern, das der Dienerin.

Das dritte Zeichen ist, wenn er dir unbescheidene Ehr antut. Wenn du ein Handwerksmann bist, so nennt er dich Junker. – Wenn du einen semmelfarbenen Mönch siehst, so zeichne dich mit dem heiligen Kreuz, und ist der Mönch schwarz, so ist er der Teufel, ist er weiß, so ist es seine Mutter, ist er grau, so hat er mit beiden teil. Zum anderen hüte dich vor den Pfaffen, die mache dir nicht geheim, besonders die Beichtväter, Leutpriester, Helfer und Kapläne. Ja sprichst du, meine Frau hasset Mönche und Pfaffen, sie schwört, sie habe sie nicht lieb. Es ist wahr, sie wirft es so weit weg, daß es einer in drei Tagen mit einem Pferd nicht errennen möchte. Glaub ihr nicht, denn der Teufel treibt die Frauen, daß sie der geweihten Leut begehren.»

Interessante Beiträge zu der Liederlichkeit der Geistlichen enthalten die Schriften der Ärzte aus der damaligen Zeit. Aus ihnen lernt man die schrecklichen Folgen des Zölibats an den Leibern der Pfaffen selbst kennen. Aber es war ein Unglück, daß sie diese weiter mitteilten und nun auch die Menschen körperlich zu Grunde richteten, nachdem sie dieselben geistig infiziert hatten. Alle Ärzte klagten, daß die Lustseuche, welche deutsche Landsknechte aus Frankreich mitgebracht haben sollten, durch die Pfaffen auf eine grauenerregende Weise verbreitet würde.

Vergebens waren alle Ermahnungen zur Mäßigkeit. Kaspar Torella, erster Kardinal am Hofe Alexanders VI., Bischof von St. Justa auf Sardinien und Leibarzt des Papstes, bat die Kardinäle und sämtliche Geistliche, «doch ja nicht des Morgens bald nach der Messe Unzucht zu treiben, sondern des Nachmittags, und zwar nach geschehener Verdauung, sonst würden sie ihre Sündhaftigkeit mit Abzehrung, Speichelfluß und ähnlichen Krankheiten zu büßen haben, und die Kirche würde so ihrer schönsten Zierden beraubt werden.»

Einige Ärzte äußerten sogar spottweise die Besorgnis, daß die Geistlichen die Lustseuche auch in den Himmel verpflanzen würden, und der Arzt Wendelin Hock forderte den Herzog von Württemberg auf, der Liederlichkeit der Pfaffen Einhalt zu tun, da sonst das ganze Land verpestet werde. Diese Besorgnis war keineswegs aus der Luft gegriffen, denn die venerischen Krankheiten nahmen so überhand, daß man in den meisten größeren Städten eigene Spitäler dafür erbaute, welche man Franzosenhäuser nannte.

Bartholomäus Montagna, Professor der Heilkunde zu Padua, hatte an den Leibern seiner geistlichen Freunde die beste Gelegenheit, die Lustseuche zu studieren, und schrieb darüber ein Buch, in welchem er einige Kardinalkrankheiten schrecklich genug schildert. Alexander VI. selbst hatte fürchterlich zu leiden, und der Kardinal-Bischof von Segovia, der die Aufsicht über die Hurenhäuser zu Rom hatte, widmete ihnen so große Sorgsamkeit, daß er darüber sein Leben einbüßte. Zur Zeit der Reformation kamen unzählige Nichtswürdigkeiten der Pfaffen an das Licht. Als Luther anfing Lärm zu schlagen, da regte es sich auf allen Seiten, und Schriften gegen die Geistlichkeit erschienen in unendlicher Anzahl und überschwemmten ganz Europa. Luther, Melanchthon, Zwingli und andere forderten laut die Erlaubnis zur Ehe für die Priester, und letzterer richtete im Namen vieler geistlicher Schriften an seine Vorgesetzten, die aber alle nichts fruchteten. Aus einer derselben will ich nur folgendes anführen: Ein Schulmeister, der verheiratet war, hatte Lust, ein Priester zu werden, und wurde es mit der Einwilligung seiner Frau. Er hatte sich aber zuviel zugetraut, indem er dachte, das Keuschheitsgelübde halten zu können. Er wehrte sich lange und hätte gern seine Frau wieder zu sich genommen. Da er dies aber nicht durfte, so hing er sich an eine Dirne, verließ den Wohnort seiner Frau, um diese nicht zu kränken, und kam in das Bistum Konstanz. Die Frau, welche hörte, daß er eine Haushälterin habe, zog ihm nach. Der Mann, der sie liebhatte, schickte die Haushälterin weg und nahm seine Frau wieder zu sich, da er meinte, es sei dies doch besser, da es ohne «weibliche Pflege» nun einmal nicht ginge. Der Generalvikar und die Konsistorialräte teilten aber nicht seine Ansicht. Sie befahlen ihm, bei Verlust seiner Pfründe, seine Frau wegzuschicken. Der arme Geistliche erbot sich, diese als Konkubine jährlich zu verzinsen; allein das war umsonst, sie mußte fort. Nun nahm er seine fortgeschickte Konkubine wieder zu sich, und alles war in bester Ordnung; der Generalvikar hatte nichts dagegen zu erinnern!

Der Rat von Zürich gestattete bald nach einer Disputation, in welcher Zwingli die Ehe wacker verteidigt hatte, daß sich die Priester verheirateten. Mehrere machten sogleich von dieser Erlaubnis Gebrauch und verkündeten ihren Entschluß von der Kanzel. Das Volk bezeugte laut seinen Beifall, und bei der Trauung eines Priesters in Straßburg, wo man bald dem guten Beispiel folgte, rief man im Volke: «Er hat recht getan. Gott geb' ihm 1.000 guter Jahr.»

Erasmus von Rotterdam, der durch seine Schriften unendlich viel beitrug, die Macht der Päpste zu untergraben, nannte die Reformation nur das lutherische Fieber oder ein Lustspiel, da es mit einer Heirat schließe. Als er Luthers Vermählung erfuhr, scherzte er: Es ist ein alt Märlein, daß der Antichrist von einem Mönch und einer Nonne kommen soll. Er schrieb gleichfalls gegen das Zölibat, meinte aber, daß die Päpste es schwerlich abschaffen würden, denn der Hurenzins tue gar zu gut. Ob dieser noch heute das Hindernis ist, welches die Päpste von der Aufhebung dieses schändlichen Gesetzes abhält, weiß ich zwar nicht, möchte es aber fast aus der Hartnäckigkeit, mit der man es aufrechterhält, schließen. Auf der Trientiner Synode, wo all der alte Kirchenkohl wieder aufgewärmt wurde, bestätigte man auch aufs neue das Zölibat und erließ die strengsten Verordnungen gegen das Konkubinat. Aber auch diese Beschlüsse halfen nicht viel. In Polen lebten zur Zeit der Reformation fast alle Geistlichen in heimlicher Ehe, und viele bekannten sich selbst öffentlich. Dieser Zustand änderte sich auch nach der Trientiner Synode nicht; und daß das Konkubinat fortbestand, lehren die unzähligen späteren Verordnungen dagegen.

In denjenigen Ländern, in welchen die Reformation festen Fuß gefaßt hatte, waren die Geistlichen freilich darauf bedacht, ihr Schandleben vor den Augen der Welt mehr zu verbergen: aber, wie begreiflich, wurde damit nichts für die Sittlichkeit gewonnen, sondern diese wurde dadurch im Gegenteil noch mehr gefährdet. Die Pfaffen blieben, trotz aller Konzilienbeschlüsse, liebebedürftige Menschen, um die Sache einmal recht zart auszudrücken, und da bei unvorsichtigem Genuß harte Strafen drohten, so waren sie darauf angewiesen, sich in der Kunst der Verstellung und Heuchelei zu vervollkommnen. Das Handwerk des Frauenverführens wurde nun jesuitischer betrieben, und das war wahrlich kein Gewinn. In den echt katholischen Ländern genierte man sich indessen weniger, und der Kardinal Bellarmin zum Beispiel führte ein Leben, als hätte nie eine Reformation stattgefunden. Man erzählt von ihm, daß er 1.624 Geliebte gehabt und nebenbei zur Sodomiterei noch vier schöne Ziegen gehalten habe! Mehr kann man von einem Einzelnen nicht verlangen.

Im 17. Jahrhundert erschienen noch sehr zahlreiche, die Unzucht der Pfaffen betreffende Verordnungen, und da man einmal das Konkubinat nicht ausrotten konnte, so viele Mühe man sich auch gab, so bestimmte man nun das Alter der Köchinnen und Haushälterinnen auf 50 Jahre, und trotz dieses Alters, welches gegen das Kinderbekommen sicherte, worauf es besonders ankam, mußten solche Personen sich einer strengen Prüfung unterwerfen. Im 18. und 19. Jahrhundert werden die Provinzialsynoden immer seltener, und dies ist der Grund, weshalb die beständigen Erinnerungen an die Keuschheitsgesetze wegfallen, welche nur ab und zu in bischöflichen Hirtenbriefen eingeschärft werden. Man hatte eingesehen, daß sich das Fleisch der Pfaffen nicht ertöten lasse, und war weit diplomatischer geworden. Anstatt bei Keuschheitsvergehungen an die große Glocke zu schlagen, vertuschte man sie und suchte den Glauben zu verbreiten, als stehe es mit der Keuschheit der Pfaffen sehr gut.

Fand man eine Erinnerung für nötig, so sorgte man auch dafür, daß keine Kunde davon unter die Leute kam, und in dem Ausschreiben Joseph Konrads, Bischof von Freisingen und Regensburg, an den Regensburger Klerus, vom 7. Januar 1796, heißt es ausdrücklich: «Übrigens wollen wir, daß von diesen Statuten keine Nachricht unter das Volk komme, damit nicht der Klerus verachtet und verspottet werde. Wir haben uns auch deswegen der lateinischen Sprache bedient, damit für die Ehre des Klerus gesorgt und das Volk bei seiner guten Meinung erhalten werde; da einige in demselben glauben, es dürfte auch nicht der Verdacht eines schändlichen Verbrechens auf die Priester und seine Seelsorger fallen.»

Eine der neuesten Verordnungen in dieser Beziehung enthält das Umlaufschreiben des Bischofs Ignaz Albert von Augsburg vom 1. April 1826, welches im ganzen so diplomatisch abgefaßt ist, und folgende Stelle darin hat mich deshalb wegen ihrer Offenheit sehr überrascht: «Ja, wir wissen es, daß es bei einigen Pfarrern schon zur Gewohnheit geworden ist, an Kirchfesten und Jahrmärkten mit den Köchinnen zu erscheinen und im Pfarrhause oder in Wirtshäusern einzusprechen und in später Nacht vollgefressen und vollgesoffen nach Hause zurückzukehren.»

Daß man jetzt von Ausschweifungen der Pfaffen nicht so viel hört, liegt teilweise, wie gesagt, darin, daß diejenigen, welche dazu geneigt sind, sich mehr in acht nehmen, teils an der Zensur, die es nicht erlaubt, dergleichen zur öffentlichen Kenntnis zu bringen. Wir erfahren gewöhnlich nur etwas davon, wenn die Ausschweifungen der Pfaffen Verbrechen zur Folge haben und die Justizbehörden einschreiten müssen.

Den neuesten Nachrichten zufolge herrscht in Italien und in der Schweiz unter dem Klerus noch dieselbe Unzucht wie vor Jahrhunderten, und im nächsten Kapitel werde ich Belege dazu liefern. In Spanien stand es in den ersten Jahrzehnten dieses Jahrhunderts nicht besser, und der Großinquisitor Bertram erklärte, daß die ganze Strenge der Inquisition dazu nötig sei, um Kleriker und Mönche von Verbrechen zurückzuhalten und zu verhindern, daß der Beichtstuhl in ein Bordell umgewandelt werde.

In Südamerika überbietet die Geistlichkeit alle anderen Stände an Sittenlosigkeit, und das will dort etwas heißen. In Peru ist das Konkubinat in seiner vollen Blüte. Ob es noch in Deutschland gebräuchlich ist, vermag ich nicht zu sagen, da ich mich während meines Aufenthaltes in katholischen Ländern wenig um die Pfaffen kümmerte;

allein ein Vorfall, den ich selbst erlebte, läßt mich die Sache für sehr wahrscheinlich halten. Ich stand als junger Offizier in Mainz. Die Regimenter waren auf Kriegsstärke, die Kasernen reichten nicht aus, und ein Teil der Soldaten wurde in Bürgerhäusern einquartiert. Mein Hauptmann, der mit Pfaffen nicht gern etwas zu tun hatte, bat mich eines Tages, zu einem geistlichen Herrn zu gehen, der sich darüber beschwerte, daß ein bei ihm einquartierter Soldat unserer Kompanie sich Freiheiten gegen seine Köchin herausnehme, und verlangte, daß man den Sünder ausquartieren solle. Ich begab mich in das Haus des geistlichen Herrn. Ein sehr hübsches schwarzäugiges Mädchen – die bewußte Köchin – öffnete und ging in ein Zimmer, um mich, wie ich vermutete, ihrem Herrn zu melden. Es dauerte mir indessen zu lange, bis sie wiederkam, und der Gedanke empörte meine stolze Leutnantsseele, bei einem Pfaffen zu antichambrieren. Ich klopfte also an die erste beste Tür und trat, da ich keine Antwort erhielt, schnell und ärgerlich ein. Vor mir entfaltete sich ein schönes Gemälde häuslichen Friedens. Ein ziemlich ältlicher Herr saß vor einer sehr einladend besetzten Tafel, welche von der Abendsonne recht freundlich beleuchtet wurde, auf dem Sofa, und schüchtern wie ein Reh, entsprang mit glühendroten Wangen von seiner Seite eine etwa 20jährige Blondine, während die eben durch eine andere Tür eintretende Brünette höchst überrascht stehenblieb. Wahrscheinlich hatte sie ihren «Krieger» erst von meiner Ankunft benachrichtigen wollen, ehe sie mich ihrem Herrn meldete. Dieser erhob sich weder von seinem Sofa, noch machte er irgendeine grüßende Bewegung, so daß ich mich aus Rache veranlaßt fühlte, den hübschen Soldaten dem Pfaffen zum Possen im Hause zu lassen. Durch die Reformation ist es erst recht klargeworden, wie nur einzig und allein das Zölibatsgesetz an der

Sittenlosigkeit der Pfaffen Schuld war und daß die Unzucht nicht eine notwendige Folge der Theologie ist. Von protestantischen Geistlichen hat man nie dergleichen unzüchtige Geschichten erzählen können; ja man kann im allgemeinen annehmen, daß ihre Ehen als Muster aufgestellt zu werden verdienen.

Es sollte sich jeder Ehrenmann zur Pflicht machen, alle Fälle von pfäffischer Niederträchtigkeit, besonders solche, die mit dem Zölibat zusammenhängen und die zu seiner Kenntnis gelangen, soviel als möglich zu verbreiten. Dann würden den regierenden Herren vielleicht die Augen aufgehen und sie sich endlich zu einem energischen Schritte zur Abschaffung des Zölibats entschließen, was gewiß von jedem gutdenkenden Katholiken gewünscht wird.

Die Vorfälle der neuesten Zeit sind bekannt, und es gehört nicht zu den geringsten Verdiensten derjenigen Geistlichen, welche sich an die Spitze der deutsch-katholischen Gemeinden stellten, daß sie das entwürdigende und demoralisierende Gesetz der Ehelosigkeit der Geistlichen aus ihrer Kirche verbannten. Ich schließe dieses Kapitel mit dem Wunsche, daß unsere Fürsten, welche sich doch sonst so gern in mittelalterliche Erinnerungen versenken, den Ausspruch Kaiser Albrechts II. auf dem Fürstentage zu Mainz 1439 beherzigen möchten: «Kein Geld mehr aus Deutschland nach Rom; der deutsche Bischof hängt von seinem Erzbischof ab und Deutschlands Kirchenwesen nicht mehr vom Papst!» – Würde dieser Ausspruch eine Wahrheit, dann hätte auch sicher das Zölibat bald ein Ende.

6. Kapitel

Die Möncherei

Im Weltgewühle wohnt
Der Sünde freche Fülle,
In heil'gen Mauern thront
Unheiligkeit in Stille.

Da die Möncherei einen so bedeutenden Einfluß auf die Gestaltung der Religion hatte, welche wir Christentum zu nennen belieben, so halte ich es für durchaus nötig, ihr in diesem Skizzenbuche ein Kapitel zu widmen. Was ich darüber bereits in den vorigen sagte, erspart mir eine lange Einleitung.

Wie das Mönchswesen entstand, habe ich früher angedeutet. Klöster stiegen im Mittelalter wie Pilze aus der Erde hervor. Bis zur Reformation waren allein 14.993 Bettelmönchsklöster errichtet worden. Durch die Reformation und die darauffolgenden Kriege gingen in Deutschland 800 Klöster zugrunde, in Sachsen allein 130; aber dessenungeachtet fand Kaiser Joseph II. bei seinem Regierungsantritt noch 1.565 Mönchs- und 604 Nonnenklöster in seinen Staaten. Zur Zeit Luthers belief sich die Zahl der Mönche auf 2.465.000 und das stehende Heer der Bettelmönche allein auf eine 1.000.000! Es war dies eine furchtbare Macht, besonders durch ihren ungeheuren Reichtum, zu welchem sie durch die Schenkungen frommer Schwachköpfe gelangte. Hatte eine Kirche oder ein Kloster Lust nach einem schönen Landstrich, so fand sich bald im Klosterarchiv eine vergilbte Pergamenturkunde, ausgestellt von diesem oder jenem Fürsten der Vorzeit, welcher den ersehnten Landstrich dem Kloster schenkte.

Im Kloster St. Medardi zu Soissons war eine förmliche Fabrik von falschen Dokumenten. Der Mönch Guernon beichtete auf dem Sterbelager, daß er ganz Frankreich durchzogen habe, um für Klöster und Kirchen falsche Dokumente zu machen. Da war es denn freilich kein Wunder, daß zur Zeit der Revolution das Vermögen der Geistlichkeit in Frankreich auf 3.000.000 Franken angesetzt werden konnte!

Die Pfaffen verschmähten kein Mittel, um reich zu werden, denn sie hatten es längst erkannt, daß Geld Macht ist, und dann – wollten sie gut leben. Ihre Gelübde wußten sie damit trefflich zu vereinigen, und was die fanatischen Stifter der Klöster eingerichtet hatten, um dem Wohlleben zu steuern, wurde von ihren Nachfolgern so gedreht und gewendet, daß es ihnen zu einer Quelle des Erwerbes und Wohllebens wurde.

Die Karthäuser zum Beispiel, denen ihre Regel den Genuß des Fleisches verbot, kultivierten die Obstbaumzucht und die Fischereien in solchem Grade, daß sich von deren Ertrage auch ohne Fleisch sehr luxuriös leben ließ. Karthäuserobst ist in der ganzen Welt bekannt. Die Obstbaumschule der Karthause in Paris trug jährlich 30.000 Livres ein. Dafür konnte denn auch ihr Prior während einer Krankheit für 15.000 Livres – Hechtbouillon verzehren!

Die Messe war, wie die Mönche lehrten, die einzige Erfrischung für die armen Seelen im Fegefeuer, die mächtigste Vogelscheuche für den Teufel, und war für 30 Kreuzer zu haben, ja die Bettelmönche taten es noch wohlfeiler, lasen für die Hälfte und standen sich um so besser. Einzelne Klöster wurden unermeßlich reich durch einen Ablaß, zu welchem ihnen der Papst ein besonderes Privilegium gegeben hatte. Der Portinunculaablaß brachte den Franziskanern Millionen. – Ein Hieronymitenkloster bei Valladolid mit 80 Mönchen hatte das ausschließliche Privilegium, die Kreuzbulle zu verkaufen, was ihm jährlich 12.000 Dukaten eintrug. So gern nun auch die Mönche nahmen, so ungern gaben sie, und jeder, der es wagte, sie mit Gewalt dazu zu zwingen, wurde in den tiefsten Abgrund der Hölle verflucht, wie folgende Formel beweist, die einer jeden Schenkungsurkunde angehängt war: «Sein Name sei vertilget aus dem Buche des Lebens; und alle Plagen Pharaons sollen ihn treffen – der Herr werfe ihn aus seinem Eigentum, und gebe solches seinen Feinden – sein Teil sei bei dem Verräter Judas – bei Dattan und Abiram – seine Äcker werden wie Sodom, und Schwefel verderbe sein Haus wie Gomorrha – die Luft schicke Legionen Teufel über ihn – er sei verflucht vom Fuße bis zum Haupte, daß ihn die Würmer mit Gestank verzehren und sein Eingeweide ausschütte wie Judas – sein Leichnam werde verzehrt von den Vögeln und wilden Tieren, und sein Gedächtnis von der Erde verzehrt – verflucht alle seine Werke, verflucht wenn er aus- und eingeht, verflucht sei er im Tode wie ein Hund, und wer ihn begräbt, sei vertilgt. Verflucht die Erde, wo er begraben wird, und er bleibe bei den Teufeln und seinen Engeln im höllischen Feuer!» – Dabei mußte einem frommen Christen des Mittelalters wohl der Appetit nach Klostergut vergehen! Wenn nun auch das Hauptgeschäft der Mönche im Handel mit geistlichen Waren bestand, so ließen sie sich doch auch zu dem mit irdischen herab, als die ersteren anfingen, im Kurs zu fallen. Viele Klöster wußten sich das Recht zu erwerben, Wein und Bier zu verzapfen, und verdienten damit viel Geld. In Nürnberg verkaufte eins jährlich 4.500 Eimer Bier. Jeder Bettler, der in seine Bierstube kam, erhielt einen Pfennig, und das Glas Bier wurde ihm für 10 Pfennige verkauft.

Im allgemeinen gaben sich die Mönche aber mehr mit dem Trinken als mit dem Verkaufen ab, und die Klosterkeller stehen bei allen alten Zechern im besten Andenken. Die frommen Väter hatten in ihren Kellern Weinfässer, die größer waren als die Zellen ihrer Vorfahren, der armen Einsiedler.

Als man in Österreich die Klöster aufhob, fand man selbst in Nonnenklöstern herrlich versehene Weinkeller. Die Kanonissinnen zu Himmelspforten in Wien hatten darin noch 6.800 Eimer und Raum für das Doppelte. Es gab da einen Gottvaterkeller, Gottsohn- und Heiligengeistkeller, einen Muttergottes-, Johannes-, Theresien-, Augustin-, Xaveri- und Nepomukkeller. Der allergrößte, der Gottsohnkeller, war leer bis auf ein einziges Faß.– Was mag nun erst in Mönchsklöstern für ein Vorrat gewesen sein!

Saufen galt bei den alten Rittern als eine Tugend, und es war die einzige, in welcher sie es einigermaßen weit brachten, worin sie aber dennoch im allgemeinen von den Mönchen übertroffen wurden; einzelne Ausnahmen fanden freilich statt, und es kam vor, daß Mönche von einem Ritter totgesoffen wurden.

Ein sehr geachteter protestantischer Geistlicher zu Caen in Frankreich war angeklagt worden, daß er über die Ohrenbeichte der Katholiken schlecht gesprochen habe. Die Sache wurde sehr strenge untersucht, aber man konnte an dem Geistlichen keine Schuld finden, und er wurde freigesprochen. Der Jubel darüber war in Caen ungeheuer, und jeder suchte seine Freude auf irgendeine Weise an den Tag zu legen. Dies tat denn auch ein Ritter, welcher in einem ziemlich liederlichen Rufe stand. Er lud zwei Kapuziner ein, und der Wein floß in Strömen. Es begann ein Wettsaufen, welches damit endete, daß einer der Mönche wirklich tot auf dem Platze blieb. Seelenvergnügt ging nun der protestantische Edelmann zu dem Geistlichen und sagte: «Er sei über seine Freisprechung außerordentlich erfreut und habe gedacht, dies durch nichts besser an den Tag legen zu können, als dadurch, daß er dieser Freude einen Mönch opferte. Eigentlich hätte es ein Jesuit sein sollen; da er diesen aber nicht habe bekommen können, so möge der Geistliche diesmal mit einem Kapuziner vorliebnehmen!»

Wenn die Klöster nicht selbst stark genug waren, sich zu beschützen, so rechnete es sich irgendein Fürst zur Ehre, ihr Schutzherr zu sein, wofür ihm denn von den Klosterherren diese oder jene Rechte eingeräumt wurden. Aber nicht alle Schutzherren machten davon einen so ernstlichen Gebrauch wie der Herzog Julius von Braunschweig. Dieser ließ die Äbtissin von Gandersheim, eine geborene von Warberg, die sich mit ihrem Stiftsverwalter zu tief eingelassen hatte, nach der Stauffenburg abführen und hier (1587) lebendig einmauern! Meistens brauchten die Klöster aber keinen Schutz; die Äbte und Prälaten waren große Herren, welche Lehnsleute hatten, die ihnen zu allerlei Diensten verbunden waren, wie auch Leibeigene. Oft war es bei diesen Lehnsleistungen übrigens nur auf einen gnädigen Spaß abgesehen, der oft sehr mittelalterlich gefärbt war. Der Lehnsmann eines Klosters zu Bologna mußte jährlich dem Abt einen Topf mit Reis und einem Huhn darin bringen und diesen Seiner Hochwürden unter die Nase halten, denn – er war nur den Dampf davon schuldig! – Ein

Bauernhof zu Soest in Westfalen hatte die Verpflichtung, dem Dominikanerkloster alljährlich ein Ei auf einem – vierspännigen Wagen zu bringen. Im Quedlinburgischen mußten die Bräute den Herren Pfaffen ihren Stech- oder Bunzengroschen zahlen und im Paderbornschen eine Bockshaut liefern.

Mehreren schwäbischen Klöstern mußten die Bräute einen kupfernen Kessel geben, so groß, daß sie darin sitzen konnten, und die Beweisführung war natürlich das Hauptgaudium für die frommen Herren. Die Gräfin Hidda von Eulenburg ließ sich von Witwen, die wieder heirateten, einen Beutel ohne Naht mit zwei Schreckenbergern darin liefern, und unfruchtbare Eheleute mußten im Hildesheimischen alljährlich, wegen des Abgangs an Taufgeld, einen Geduldshahn opfern, damit man mit ihrem Unvermögen Geduld habe. Die Fuchsnatur der Pfaffen offenbarte sich auch in ihrer Lüsternheit nach Hühnern, und ihre Lehnsleute mußten davon herbeischaffen, soviel sie nur immer konnten. Es gab Haupt- und Leibhühner, Rauchhühner, Erbzins- und Fastnachtshühner, Pfingst-, Sommer-, Herbst-, Ernten-, Wald-, Garten-, Heu- und Ehrenhühner! Büffon wäre über diese unzähligen Hühnerarten in Verzweiflung geraten.

Manche Äbte und Bischöfe unterhielten Heere, wie es Fürsten nicht vermochten. Der Bischof Galen von Münster hatte 42.000 Mann Fußvolk, 18.000 Reiter und die schönste Artillerie, und die meisten Klöster waren verbunden, ein mehr oder minder bedeutendes Kontingent zu den Truppen des Landesherrn stoßen zu lassen. Als die Reformation und die Revolution die Klöster gehörig angezapft hatten, da wurde dies manchen schwer genug, und eine Äbtissin schrieb an die Kreisdirektion, «daß sie und ihre Kanonissinnen im letzten Kriege so von den Franzosen zugerichtet worden, daß sie nicht im Stande seien, auch nur einen halben Mann aufsitzen zu lassen».

Ehe wir nun einen Blick in die Klöster tun, wollen wir einmal prüfen, welchen Nutzen die Mönche der Welt brachten. Wir werden leider finden, daß dieser zu dem Übel, dessen Ursache sie waren, so wenig im Verhältnis steht, daß er fast ganz und gar verschwindet. Die Verteidiger des Mönchswesens machen geltend, daß durch Mönche das Christentum in die fernsten Weltteile getragen wurde. Ob das ein Verdienst war, wage ich zu bezweifeln. Das erste Kloster in Amerika entstand schon 1525, also 4 Jahre nach der Eroberung von Mexico, und 12.000.000 unglücklicher Indianer fielen dem Pfaffengotte zum Opfer! Ähnlicher Art waren die Wirkungen des durch Mönche verbreiteten Christentums überall. Die Marianeninseln wurden früher von 150.000 glücklichen Naturkindern bewohnt, jetzt – leben dort 1.500, durch Krankheit, Trunk und das Evangelium der Franziskaner ausgemergelte Christen!

Solange der Grund dieser Bekehrungen dummer Glaubenseifer war, war er allenfalls noch zu entschuldigen; allein seit er durch bloßen, schändlichen Eigennutz hervorgerufen wurde, ist er abscheulich und niederträchtig! – Wie widerwärtig und ekelhaft ist nicht diese Zudringlichkeit der Missionare, wie lächerlich sind nicht deren Klagen über die Verstocktheit der Heiden! Was würden wir wohl sagen, wenn plötzlich bei uns einige Derwische und Mollas erschienen, um uns zum Islam zu bekehren! Das Geschrei möchte ich hören! Und was würden unsere Regierungen tun, wenn diese mohammedanischen Missionare Anhänger fänden? – Die Herren Derwische würden im gelindesten Falle mit Gendarmen von einer Grenze zur anderen eskortiert werden, wenn man es nicht vorzöge, sie irgendwo in festen Gewahrsam zu nehmen. Mit welchem Recht schreien also unsere Pfaffen über Tyrannei und dergleichen, wenn sie in China, oder wo sie sonst hinkommen mögen, von den Regierungen zum Lande hinausgejagt werden? Mönche zu Lehrern des Volkes zu machen ist der dümmste Streich, den man nur begehen kann, und unbegreiflich bleibt es, daß die Erfahrungen von Jahrhunderten darüber noch nicht aufgeklärt haben und daß in einigen Ländern Europas das Schulwesen mit dem Mönchswesen auf das engste verbunden ist. Wie sich Mönche besonders zu Lehrern der Jugend eignen, das wird dem Leser am Ende dieses Kapitels vollkommen klar sein. Es ist ja ganz natürlich, daß die Mönche gegen alle Wissenschaften sein müssen, denn durch diese wird die Aufklärung gefördert. Am meisten feind sind sie aber der Naturlehre, denn die Kenntnis der ewigen Gesetze der Natur wirft allen Wunderglauben über den Haufen. Das pedantische Pennalwesen, welches noch heutzutage in den meisten Schulen herrscht, ist eine Folge der Mönchsschulen, wo die armen Kinder auf die schauderhafteste Weise behandelt wurden. Man sollte es kaum für möglich halten, daß die Regierung noch Anfang dieses Jahrhunderts den Trappisten, den allerwahnsinnigsten Mönchen, die es gab, die Erlaubnis erteilte, zu Bieren und Walda im Paderbornschen eine Schule zu errichten!

Diese fanatischen und schon deshalb bornierten Mönche übernahmen junge Leute, ja Kinder beiderlei Geschlechts von drei bis vier Jahren – zur Erziehung! Der Abt selbst reiste überall herum, um leichtgläubige Eltern zu veranlassen, ihm ihre armen Kinderchen zu übergeben. Auf diese Weise wurden 100 dieser unglücklichen Opfer zusammengeschleppt.

Die Mütter wären wahnsinnig geworden, hätten sie gesehen, wie die Trappisten mit den unschuldigen Kleinen umgingen. Die Schilderung, welche ein Augenzeuge davon macht, wendet einem nicht ganz gefühllosen Menschen das Herz im Leibe um!

Die armen Kinder, meistens in dem Alter von vier bis zehn Jahren, lebten in düsteren Zellen, deren ganzes Gerät ein Strohsack, ein Totenkopf, Spaten und Hacke war, womit sie ihre Kartoffelfelder bearbeiteten, die sie nebst Wasser und Brot nährten. Sie waren gekleidet wie die Trappisten und mußten ebenso leben wie ihre Lehrer. Sie durften nicht reden, und die ganze Anstalt glich einem Taubstummeninstitut. Wenn solch ein armes Kind zur Unzeit sprach, lachte, aß oder sonst einen kleinen Fehler beging, wurde es bis aufs Blut gegeißelt. Fortwährend Prügel, gewürzt durch etwas Latein, das war die ganze Erziehung, denn alle anderen Wissenschaften wurden zutiefst verachtet.

Es konnte nicht ausbleiben, daß viele der Kinder sich durch die Flucht dieser barbarischen Behandlung zu entziehen suchten; allein sie wurden leicht wieder eingefangen, und die fürchterlichen Strafen schreckten von ferneren Fluchtversuchen ab. Klagen konnten die Ärmsten nicht, denn die Eltern durften ihre Kinder nicht sprechen, diese waren bis zum 21. Jahre Eigentum des Klosters. Die Folge davon war, daß eine große Menge der Kinder krank oder wahnsinnig wurde. Es kamen Gerüchte davon unter das Volk, und der Ex-Jesuit Le Clerc schrieb öffentlich gegen diese Kindermordanstalt. Seine Stimme fand Gehör, und Friedrich Wilhelm III. machte dem Unwesen ein Ende.

Aber nicht alle Fürsten denken so vernünftig, und wir sehen in anderen deutschen Staaten Klöster und Klosterschulen in höchster Blüte. Die Mönche trachten ganz natürlich immer mehr danach, auch ihre Schüler zu Mönchen zu machen, und in der höchsten Vollkommenheit zeigen sich diese Bestrebungen bei der Erziehung der Novizen, weshalb ich einiges darüber sagen will. Climakus spricht: «Es ist besser, gegen Gott zu sündigen, als gegen seinen Prior.» Das erste Gesetz in einem Kloster ist unbedingter Gehorsam, und deshalb trachtet man denn auch vor allen Dingen danach, Geist und Körper in Fesseln zu legen. Ein Novize darf gar keinen Willen haben; er muß auf den Wink der frommen Väter oder des Novizenmeisters aufpassen wie ein Pudel in der Dressur. Er muß auf Befehl krank und gesund sein, sich in Wasser oder Feuer stürzen und die unsinnigsten Dinge vornehmen, wenn sie ihm geheißen werden. Die Novizen waren die Hofnarren der Patres und mußten sich alle Äußerungen ihrer guten und bösen Launen gefallen lassen. Diese nahmen mit ihren Zöglingen die allerverrücktesten Dinge vor, um sie «an Gehorsam und an Demut zu gewöhnen».

Die Novizen mußten zum Beispiel manchmal, mit schweren Reitstiefeln angetan, auf einem Beine um den Tisch hüpfen oder ein Dutzend Purzelbäume schlagen, so gut sie es konnten. Dann wurde ihnen wieder befohlen, Fischeier oder Salz in die Erde zu säen; oder man spannte sie an einen Wagen und ließ sie einen Strohhalm oder eine Feder spazierenfahren.

Kapuziner haben ihren Novizen Heu und Stroh vorgesetzt oder sie aus Sautrögen essen lassen. Ein Vergnügen, welches sie sich oftmals machten, war, daß sie an der Erde einen Strich mit Kreide zogen und nun dem Novizen befahlen, diesen aufzulecken. Das war an und für sich schon arg genug, aber überdies zogen sie den Strich absichtlich über den Speichel, womit sie die Dielen zu verzieren pflegten!

Oft ließ man die armen Dulder auch exerzieren. Es wurde ihnen ein alter Kessel über den Kopf gestülpt, ein Bratspieß oder Flederwisch an die Seite gesteckt und eine Bratpfanne über die Schulter gelegt. Wehe dem Unglücklichen, der es wagte, die Miene zu verziehen oder sich gar

Worte des Widerspruchs zu erlauben; ihn erwarteten strenge Strafen. Wenn ein Novize vielleicht beim Gesange zu früh einfiel oder die Tür zu heftig zuwarf, etwas fallen ließ und dergleichen, so war dies eine culpa levis, und man strafte ihn damit, daß man ihn auf den Knien, mit ausgestreckten Armen liegend, ein langes Gebet sprechen ließ oder indem er den Finger in die Erde steckte, was man Bohnenpflanzen nannte. Eine culpa media war es, wenn der Novize es unterließ, dem Oberen die Hand oder den Gürtel zu küssen, oder vergaß, sich vor dem Allerheiligsten, wenn es vorbeigetragen wurde, zu verneigen, oder wenn er ohne Erlaubnis auslief. Für solche Vergehen mußte er hungern oder, mit seinem Gürtel um den Hals, an der bloßen Erde essen. Ging er ohne «geistliche Waffen», das heißt ohne Rock, Skapulier und Gürtel zu Bette, besaß er irgend etwas als Eigentum, schrieb er Briefe oder opponierte sich gar gegen Obere, dann beging er eine culpa gravis und wurde mit entsetzlichen Hieben, Fasten und Einsperrung bestraft. Eine culpa gravissima war es aber, wenn er einen anderen geschlagen, verwundet oder gar getötet oder wenn man ihn bei wiederholter Unkeuschheit ertappt hatte oder wenn er es versucht hatte, aus dem Kloster zu entweichen. Diese Verbrechen wurden nach den Umständen oder nach Laune der Oberen mit einjähriger Einsperrung bei Wasser und Brot oder auch mit täglicher Geißelung und ewigem Gefängnis bestraft.

Und was für Gefängnisse waren es, in welchen die Ärmsten oft wegen geringer Vergehen lange Zeit sitzen mußten! Pater Franz Sebastian Ammann, der Benediktinerstudent im Kloster Fischingen und dann Guardian (Vorsteher) mehrerer Klöster in der Schweiz gewesen war und dem wir die interessantesten und abschreckendsten Aufschlüsse über das heutige Klosterleben verdanken, beschreibt auch den im Kapuzinerkloster auf dem Wesamlin bei Luzern befindlichen Kerker (Custodie). Er liegt an einem feuchten und grauenhaften Orte, ist von dicken, hölzernen Balken aufgeführt, mit zwei Türen und einem kleinen stark vergitterten Fenster versehen und inwendig ungefähr 12 Fuß lang, sechs breit und ebenso hoch. Da er nicht heizbar ist, so hat hier schon mancher sein Leben eingebüßt. Wie mögen nun erst dergleichen Löcher im Mittelalter beschaffen gewesen sein! Die gewöhnliche Beschäftigung der Novizen war allerdings sehr geeignet, dieselben zum Vieh zu machen. Ihre wissenschaftlichen Beschäftigungen bestanden darin, daß sie asketische Schriften oder das Brevier lesen mußten, woraus allerdings sehr viel Weisheit zu holen war! Dann mußten sie sich im Schweigen und im Niederschlagen der Augen, kurz, in der Heuchelei üben. Wer zu unrechter Zeit den Mund auftat, mußte eine Zeitlang ein Pferdegebiß im Munde tragen, und wer seine Augen zuviel umherschweifen ließ, erhielt Scheuklappen oder eine Brille. Ferner war es das Geschäft der Novizen zu läuten, die Gänge, Treppen, ja selbst die Abtritte zu fegen. Wer verschlief, der mußte mit der Matratze oder mit dem Nachttopfe am Halse erscheinen oder aber sogar im Sarge schlafen.

Holz, Licht und Wasser herbeizuschleppen, gehörte ebenfalls zu ihren Verrichtungen, und außerdem mußten sie noch im Chore singen bis zur äußersten körperlichen Erschöpfung! – Dabei fehlte es nicht an allerlei Kreuzigungen des Fleisches. Sie mußten in der größten Hitze dursten, bis sie fast verschmachteten, das Spülwasser der Geschirre als Suppe essen, oder, wenn sie hungrig waren, mit jedem Löffel voll Speise eine Leiter hinaufsteigen und durften ihn erst dann in den Mund stecken, wenn sie oben angelangt waren und noch etwas darin war. In Meran in Tirol mußte

1747 an einem Feste ein Kapuziner-Noviz, der Sohn eines Grafen, drei Stunden lang gebunden an einem Kreuze hängen und fortwährend rufen: «Erbarmen mir großem Sünder!» – Er hatte einen Krug zerbrochen!

Fischingen, in welchem der, wenn ich nicht irre, jetzt in Bern lebende, obengenannte ehemalige Guardian Ammann von seinem siebten bis zum 14. Jahr war, stand in dem Rufe, eines der sittenreinsten und vorzüglichsten Klöster in der Schweiz zu sein, und welche Nichtswürdigkeiten gingen hier vor! Die liederlichen Patres lebten untereinander wie Hund und Katze, und einer suchte dem anderen auf jede Weise zu schaden. Ammann wurde von einem seiner Lehrer so lange mit einem schweren Lineal auf die Fingerspitzen geschlagen, bis Blut herausspritzte und die Hände ganz dick geschwollen waren. Dann mußte er in einem offenen Gange mitten im Winter zwei Stunden auf dem kalten Ziegelboden sitzen, und warum? – Weil er von einem anderen Lehrer nichts Böses zu sagen wußte. – Mönche sind nur eins in ihrem Hasse gegen die Weltgeistlichen, aber diese hassen sie gründlich.

Ein in diesen Tagen erschienenes Buch, von dem ehemaligen Benediktiner zu Rom, Raffaele Ciocci, enthält über die Behandlung der Novizen und über die Klosterverhältnisse so entsetzliche Tatsachen, daß sich beim Lesen derselben die Haare sträuben. Der Unglückliche wurde durch seine von den Geistlichen ganz umgarnten Eltern gezwungen, ins Kloster zu gehen, und hatte hier Schreckliches zu leiden, bis es ihm endlich 1842 gelang, nach England zu fliehen, wo er jetzt noch lebt. Interessant ist, wie den Knaben schon von Jugend auf unter dem Schleier der Religion der bitterste Haß gegen die Protestanten in das Herz gepflanzt wird. Diese, lehrt man, beteten den Mammon als Gott an und glaubten nicht an

Christum; täglich kämen bei ihnen Fälle vor, wo einer den anderen totschlüge; die Römisch-Katholischen, die in ihre Länder kämen, würden zum Tode verurteilt: sie hätten keine Gesetze, sondern lebten fortwährend in einem anarchistischen Zustande.

Wenn ein Novize Vernunft zeigte, dann war es um ihn getan, dann hatte er die schrecklichsten Qualen zu erdulden. Man wandte alle möglichen Mittel an, den rebellischen Geist des Knaben durch Einwirkungen auf die Sinne zu brechen, was bei vielen zum Wahnsinn führte. Ciocci fand einst nach einer schrecklichen Predigt in seiner Zelle ein grinsendes Totengerippe und ein anderes Mal ein scheußliches Gemälde des Jüngsten Gerichts, welches mit vielen Lichtern beleuchtet war. Wenn solche Mittel nicht fruchten wollten, dann folgten die grausamsten körperlichen Züchtigungen. (Mancher der Leser wird sich vielleicht wundern, daß ich bis jetzt noch gar nicht von der Geißel gesprochen habe, die in der Klosterwelt eine so große Rolle spielte. Dies geschah indessen nicht aus Versehen, sondern absichtlich, da mein nächstes Buch den Geißlern und Geißelbrüderschaften gewidmet ist.)

Weiter unten, wenn ich von den Folgen des Zölibats in den Klöstern rede, wird sich zeigen, welchen schändlichen Verführungen die unter der Leitung der Mönche stehenden Knaben ausgesetzt sind, und ein jeder Vater wird daraus erkennen können, wie höchst gefährlich es für seine Kinder ist, wenn er diese in Klosterschulen unterrichten läßt.

Den Mönchen verdanken wir, sagen die Klösterverteidiger weiter, die Erhaltung der Kunst und der Wissenschaften, wie auch die der meisten alten Klassiker. Daran ist allerdings etwas Wahres, und besonders waren die Benediktiner dafür tätig; aber eine andere Frage ist es, ob sich nicht ganz ohne Mönche, ja ganz ohne Christentum, Künste und Wissenschaften weit frühzeitiger und weit herrlicher entfaltet haben würden. Die Griechen dienen uns heute noch in manchen Zweigen der Kunst als unerreichte Muster, und sind jemals die Wissenschaften bei uns so ins Volk gedrungen wie bei ihnen? – Alle diese herrlichen Resultate wurden ohne Mönche erzielt, und eine Tatsache ist es, daß die Wissenschaften in Europa erst anfingen recht aufzublühen, als das Mönchswesen abzusterben begann. Ja noch mehr, sind nicht noch heutzutage die Heimatländer der Pfaffen und Klöster in bezug auf Wissenschaften so gut wie Null? In der Malerei und in der Bildhauerkunst leisteten die Mönche noch das meiste, die Baukunst auch nicht zu vergessen; allein welche nichtswürdige Geschmacklosigkeit herrscht nicht in den Erzeugnissen der erstgenannten Künste! Einige technische Fertigkeiten mochten sie allenfalls erlangen; aber bei der Komposition der Gemälde wie der Skulpturen war ihnen überall ihre Unwissenheit im Wege, und sie brachten Dinge hervor, die an Abgeschmacktheit nicht ihresgleichen finden. Wer alte Gemälde betrachtet hat, besonders solche, die aus Mönchshänden hervorgingen, wird mir recht geben. Von den unendlich vielen Beispielen mönchischer Geschmacklosigkeit und Borniertheit, wie sie sich in Gemälden äußert, nur zwei. In Erfurt befand sich – oder befindet sich vielleicht noch – ein Gemälde, welches die Transsubstantiation verherrlichen soll. Die vier Evangelien werfen kleine Papierchen mit den Worten: «Das ist mein Leib» in eine Handmühle; die vier großen Kirchenlehrer halten einen Kelch unter, und das Jesulein fährt geschroten aus der Mühle in den Kelch! An einem anderen Orte befindet sich eine Darstellung von dem Opfer Abrahams. Isaak kniet kläglich auf dem Holzstoß, und sein Vater setzt ihm eine – Pistole auf die Brust. Der

Hahn ist gespannt, und man sieht, der fromme Erzvater will eben abdrücken; man zittert, aber oben in den Wolken schwebt schon der Erretter, ein Engel, der so geschickt aus seiner Höhe herunterp…, daß er dadurch das Pulver auf der Pfanne naß macht! Den Mönchen verdanken wir auch die Schauspiele, rufen die Klosterfreunde. – Nun, auf diesen Ruhm werden die frommen Männer, denen die Schauspiele ein Greuel sind, eben nicht sehr stolz sein, aber die Sache hat ihre Richtigkeit. Unsere Schauspiele gingen allmählich aus den sogenannten Mysterien hervor, welche in den Klöstern aufgeführt wurden; aber Shakespeare, Lessing, Schiller und Konsorten haben sie vollkommen verpfuscht! In diesen Klosterschauspielen erreicht die Mönchsdummheit ihren Gipfelpunkt, und wer einmal recht von Herzen lachen will, der suche sich dergleichen Machwerke zu verschaffen, und wer es nicht kann, der lese das vortreffliche Werk von Karl Julius Weber «Die Möncherei». Der treffliche Mann ist jetzt tot, aber wenn er sich noch um die Erde bekümmert, so wird er sich gewiß darüber freuen, daß ich mir in diesem Büchelchen seine fabelhafte Belesenheit zunutze gemacht habe. Ein Lieblingsthema der Mönche scheint die Schöpfung gewesen zu sein, denn sie wurde sehr oft dargestellt, und höchst erbaulich ist es, wenn Gott, der im Schlafrock, mit Brille und Perücke erscheint, von Adam auf den Knien darum gebeten wird – erschaffen zu werden. Noch spaßhafter sind die Passionsschauspiele. In einem dreiaktigen, welches 1782 unter dem Titel «Die Sündflut» in Ingolstadt aufgeführt wurde, klagt Gottvater über das sündige Leben der Menschen:

Ist das o Mensch! das Leben dein!
Der Henker soll Gottvater sein,
Es tut mich bis in' Tod verdrießen,
Daß ich euch Schweng'l hab' machen müssen –

Neptun und Äolus bieten nun Gott ihre Dienste an, das sündige Geschlecht zu vertilgen, und ersterer sagt höchst ärgerlich:

Tut länger Ihr so barmherzig sein,
So schlagens uns noch in d' Fressen 'nein,
Ein Exempel müßt Ihr statuieren,
Sonst tun's einem noch ins Haus hofieren.

Endlich ist die Arche fertig und zum Abfahren bereit. Der Engel trinkt mit Noah eine Flasche Wein, dieser geht endlich in die Arche, der Engel schiebt den Riegel vor, und nun geht das Donnerwetter, das Regnen und der Sturm los, daß die Menschen nur so in der Luft umherfliegen.

Als endlich die Geschichte zu Ende ist und Noah opfert, spricht Gott:

Potz Element, was riecht so süß,
Das ist zu meiner Ehre gewiß.
Zum Zeichen, wie ich dir gewogen,
Nimm um den Hals den Regenbogen.

Fama posaunt dies nach allen vier Winden in einer herrlichen Arie aus:

Das bleibt der Welt nun immer kund,
Geschlossen ist der Gnadenbund,
Pum, Pum, Pimpidipum, Puml

In einer Passionskomödie, die in einem schwäbischen Kloster aufgeführt wurde, tritt Judas zu den versammelten Pharisäern:

Judas: Gelobt sei Jesus Christ! Ihr lieben Herrn!
Pharisäer: In Ewigkeit! Judas, was ist dein Begehr'n?
Judas: Ich will euch verraten Jesum Christ,
Der für uns am Kreuz gestorben ist.

Dümmeres Zeug kann wohl nicht leicht in vier Zeilen gesagt werden!

Besonders stark in derartigen Schauspielen waren

die Herren Jesuiten, wenn sie sich auch solchen offenbaren Dummheiten mehr enthielten. Ein sehr schönes und originelles Stück ist des Paters Sauter «Genius der Liebe», und ein Theaterdirektor könnte heutzutage Glück damit machen, wenn er diese Oper auf die Bühne brächte! Heilige Jungfrauen (aus meinem zweiten Kapitel) bringen dem Genius Gaben der Liebe in goldenen Schalen. Der Genius singt:

Genius: Nun! was bringt mir, liebe Bräute,
Euer Galantismus heute?
St. Luzia: Herr! dir zum süßen Augenschmaus,
Stach ich mir selbst die Augen aus.
St. Euphemia: Für dich, o Herr, zur Morgengab',
Schnitt ich mir Nas' und Lefzen ab.
St. Apollonia: Viel weißer als das Elfenbein,
Siehst du hier Zähne, Jesus mein!
St. Magdalena: Ich bringe dir zum Opfer dar,
Meine schönen blonden Haar,
Nimm auch von mir verschreiten Musch
Den roten und den weißen Tusch.
Chor: Pupillen, Mammillen,
Und Zähne schneeweiß!
Jungfräuliche Haar,
Nasen und Lefzen und mehr solche War'
Steh 'n, heilige Liebe! hier alle dir preis!

Die Prozessionen sind auch eine Erfindung der Mönche, und ihr seltsamer Geschmack verwandelt sie in die abenteuerlichsten und lächerlichsten Possenspiele, die man sich denken kann. Besonders bunt und toll waren die am Karfreitage und am Fronleichnamsfeste. Alle Personen aus dem Alten und Neuen Testament erschienen im entsprechenden Kostüm – versteht sich, nach mönchischer Anordnung – im Zuge. Wie im wilden Heer wirbelte der tollste Maskenzug, Menschen und Tiere durcheinander, die Straßen entlang. Beim Mainzer Karneval sieht man nicht so abenteuerliche Figuren, und jede Gruppe sang ihr eigenes Lied, so daß dem Zuschauer schwindelig wurde. Nahm er aber nicht andächtig den Hut ab oder unterstand er sich gar zu lachen, dann konnte es ihm übel ergehen, denn die Geistlichen ermahnten selbst von den Kanzeln herab, die Spötter zu züchtigen.

Noch unter Karl Theodor predigte der Karmeliter J. Damascenus in München: «Liebe Christen, morgen ist Prozession. Ihr werdet da an vielen Fenstern Freimaurer und Freidenker sehen – Unchristen, die uns'rer spotten. Waffnet euch mit dem Eifer des Herrn, greifet nach Steinen und werfet sie nach ihnen.» Karl Theodor, anstatt den Eiferer zu bestrafen, ließ ihm sein Wohlgefallen an seinem Eifer zu erkennen geben!

Diese Prozessionen endeten gar häufig mit Liederlichkeiten und Saufereien, wenn sie nicht schon damit begannen. Engel, Apostel und Teufel soffen sich gemeinschaftlich voll, und der Bauernlümmel, der Christus vorstellte und der gewöhnlich der Dümmste war, kam meistens betrunken ans Kreuz und fing an zu extemporieren! Ein solcher Christus, den ein nicht ganz klar sehender Kriegsknecht mit der Lanze etwas zu derb in der Seite kitzelte, anstatt die mit Blut gefüllte Schweinsblase zu treffen, schrie ganz erbost: «Hol mich der Teufel, Arm und Bein schlag ich dir entzwei, wenn ich herunterkomme!» Wäre ich in Pfaffenkünsten erfahren, so müßte ich nun die Augen gen Himmel aufschlagen und mit einem frommen Seufzer diesen «Mißbrauch des Heiligsten» beklagen und an diese Erzählungen meine ernsten Betrachtungen knüpfen. Aber du lieber Himmel, ich bin kein Heiliger und muß ehrlich gestehen, daß mich diese Sachen weit mehr amüsieren als empören. Bei dem, was nachfolgt, da ist es freilich umgekehrt!

Da wir aber nun einmal bei der spaßhaften Seite der Möncherei sind, die ich bei einer Charakteristik derselben nicht unbeachtet lassen durfte, so mögen diejenigen Leser, welche sich vielleicht daran ärgern, diesen Kelch auf einmal leeren. Ich verspreche, es kurz zu machen, und möchte dieses Thema nicht weiter ausspinnen.

Wer hätte nicht schon von den berühmten Predigten des Paters Abraham a Santa Clara gehört! Sie sind erst kürzlich in einer neuen Auflage zum Amüsement der Ketzer erschienen, und darum will ich mich bei ihnen nicht lange aufhalten. Diese Predigten, die oft die originellsten und seltsamsten Vergleiche und Wendungen enthalten, hatten seinerzeit auf das Volk eine große Wirkung. Aber wer müßte nicht bei folgender Stelle lachen, womit er einst eine Predigt über den Ehebruch schloß: «Ja, ja! Es gibt so verdorbene Männer, daß sie diesem Laster nachrennen, und wenn sie zu Hause die schönsten Frauen haben! Wie gerne würden wir, was uns betrifft, die Stelle dieser Männer vertreten!»

Einer der seltsamsten Kanzelredner war der Mönch Cornelius Adrianson zu Brügge in Flandern, der in der Mitte des 16. Jahrhunderts sein Wesen trieb und auf das Volk einen bedeutenden Einfluß ausübte, indem er den Haß gegen die Reformierten zu immer helleren Flammen anfachte. Er sprach, was ihm gerade in den Mund kam, und das war denn häufig sehr – niederländisch. Einst verglich er des Himmels Süßigkeit mit – Hammelfleisch und weißen Rüben, welches Gericht er wahrscheinlich sehr gern aß. Der Rat der Stadt konnte es ihm nie recht machen, und er schimpfte über ihn ganz öffentlich von der Kanzel, so daß ihm endlich das Predigen untersagt wurde. Eine Rede gegen den Rat schloß er mit einer neuen Beschuldigung und bereitete auf diese vor mit den Worten: «Nun noch eine Klette an seinen H…!» – Diesen Pater Cornelius werden wir im nächsten Buch noch genauer kennenlernen, wenn ich von dem Mißbrauch des Beichtstuhls und von den Geißelbrüderschaften rede. Eine noch größere Wirksamkeit auf das dumme Volk als Adrianson und Abraham a Santa Clara übte der kurz vor der Revolution in Neapel verstorbene Pater Rocco aus. Dieser sagte dem Könige Ferdinand die derbsten Wahrheiten, und man durfte ihn nicht hindern, denn in seiner Hand lag das Schicksal Neapels. Alle Lazzaroni zitterten, wenn er den Mund auftat, und niemand wagte eine Miene zu verziehen, wenn er auch die lächerlichsten Dinge vorbrachte.

Einst jagte er einen Marktschreier von seiner Bühne herab, trat an seine Stelle, hielt das Kreuz in die Höhe und rief mit einer Donnerstimme: «Dies ist der wahre Policinello!» Alles zitterte, und nun hielt er den Ehebrecherinnen eine furchtbare Strafpredigt über den Text: Und Alexanders Bucephalus ließ niemand aufsitzen als seinen Herrn und übertraf die Menschen an Tugend. «Ich will sehen», sprach er, «ob eure Sünden euch leid sind. Wem es mit der Buße ernst ist, der hebe die Hand in die Höhe.» – Alle Hände fuhren in die Höhe. – «Nun heiliger Michael, der du mit deinem Flammenschwerte am Throne des Ewigen stehest, haue alle die Hände ab, die sich in Heuchelei erheben», – und alle Hände sanken wie mit einem Schlage wieder herunter. Nun aber begann Rocco erst recht zu donnern und schloß seine Predigt mit der Erzählung eines Traumes, dessen Inhalt anstandshalber sich nicht gut mitteilen läßt.

Die katholische Kirche zählt unter ihren Mönchspredigern so viele originelle Leute, daß ich nur einige wenige anführen kann. – Ein Kapuziner hatte sich von einem anderen eine Passionspredigt machen lassen. Sie schloß: «Und Christus verschied.» Dieser Schluß schien dem Pater doch gar zu dürftig, und er fügte noch schnell hinzu: «Nun, Gott sei dem armen Sünder gnädig!» Der Liebling des Würzburger Publikums am Ende des vorigen Jahrhunderts und der größte Feind der Aufklärung war der 80jährige Kapuziner Pater Winter. Eine Rosenkranzpredigt schloß er einst mit folgender Frage: «Wer sind die Neuerer?» – sehr lange spannende Pause – «Esel sind sie, Amen!»

Eines der originellsten Predigertalente war aber wohl der sogenannte Wiesenpater zu Ismaning in Bayern, der gerade vor hundert Jahren lebte. Seine Rosenkranzpredigt: Der heilige Rosenkranz überg'waltigt d' Höllenschanz, und seine Schwanzpredigt, die bewirken sollte, daß die Bauernburschen sich nicht mehr Sauschwanz schimpfen, sondern beim Namen nannten, sind höchst komisch; das Nonplusultra ist aber folgende Stelle: «Warum, meine Christen, ist gewachsen dem Hund sein Schwanzerl? Dem Hund sein Schwanzerl ist gewachsen, damit er wedle und wackle, daß ihm nicht fahren die Mucken ins Loch. Wir Geistlichen sind aber die wahren Schwänzerl, wir müssen wedeln und wackeln, damit nicht fahren die Seelen der gläubigen Christen ins Loch des Teufels!» Wenn nun auch einzelne Spötter über solche Mönchspredigten lachten, so waren sie doch von Wirkung auf das Volk und dem Bildungsgrade desselben angemessen. Wäre dies nicht der Fall gewesen, so hätte sich Luther gewiß nicht dazu hergegeben, in ähnlicher Art zu predigen. Hätten die Mönche weiter nichts getan, als schlechte Schauspiele aufgeführt und verrückte Predigten gehalten, nun, dann könnte man ihnen ihr Dasein allenfalls verzeihen; allein sie vergifteten das Volk, indem sie ihm Laster einimpften, die in den

Klostermauern entstanden und dort die größten Schandtaten und Niederträchtigkeiten hervorbrachten, die in der «Welt» sicher sehr selten vorkommen, und dann mit dem Tode oder mit den entehrendsten Strafen bestraft werden. Wo die Mönche zu Hause sind, da gibt es fast kein Bürgerund Bauernhaus, wo nicht ein Pater der Hausfreund ist. Kommt der heilige Mann, dann lecken ihm die Alten die Hände, und die Kinder liegen auf den Knien, bis er seinen Segen erteilt hat. Das Beste wird nun dem geehrten Gaste vorgesetzt, und wenn die Leute auch zu arm sind, sich selbst ein Glas Wein zu gönnen, so ist doch gewiß eins für den heiligen Mann bereit. Er läßt es sich gut schmecken, denn die armen Leute würden es ja für Verachtung auslegen, wenn er ihre Gaben verschmähte! Welch Gesicht schneidet er aber, wenn das gewöhnliche Glas Wein oder seine Lieblingsspeise fehlen!

«Was die Töchter der Lust den Wüstlingen der Welt, das waren die Mönche den Betschwestern und den Stillen im Lande», denn diese Herren haben Tugenden, welche Frauen zu schätzen wissen, und sind – verschwiegen. Vor einem solchen heiligen Manne brauchen sie sich ihrer Sündhaftigkeit nicht zu schämen, denn die Beichte zwingt sie ja, die geheimsten Sünden zu sagen. Diese Beichte wird daher von den Mönchen sehr heilig gehalten. Denjenigen, der das Beichtgeheimnis verletzt, treffen die schrecklichsten Strafen und selbst von den weltlichen Gerichten, und das ist ganz in der Ordnung. – Das Gericht in Toulouse ließ 1579 einen Priester enthaupten, welcher einen ihm in der Beichte anvertrauten Mord der Behörde anzeigte. Der Mörder blieb unbestraft. Man gerät in Verlegenheit, wie man über dieses Urteil urteilen soll! Mönche sind aber nicht allein sehr liebevolle, sondern auch höchst bequeme Hausfreunde. Mag ein junger Bursch ein junges Mädchen gern, dann braucht er sich nur an seinen Herrn Pater zu wenden, dann wird sich schon die Sache machen. Mit der kleinen Sünde wird es sich ja schon finden, denn der fromme Herr hat einen Überfluß an Absolution, und wenn man noch so oft sündigte, eine Beichte – und man ist wieder rein wie ein neugeborenes Kind! Man glaube daher ja nicht, daß die Beichte dazu beiträgt, die Sittlichkeit zu fördern – wie einige Herren in Preußen gern glauben machen möchten –, die Scham ist bald überwunden, die Kirchenstrafen sind leicht getragen, und so wird die Beichte vielmehr ein Grund zur größeren Sittenlosigkeit! Die Folgen des Zölibats zeigten sich bei den Mönchen auf eine noch widerlichere Weise als bei den Weltgeistlichen, die durch ihren Verkehr mit den Menschen doch noch Gelegenheit fanden, den Geschlechtstrieb auf eine natürliche Art zu befriedigen. Die strenge Zucht in vielen Klöstern erschwerte dies aber den Mönchen sehr, und so nahmen denn bei ihnen unnatürliche Laster auf eine schaudererregende Weise überhand.

Die asketische Lebensweise, die schwächende Diät und der häufige Genuß der Fische trugen sehr viel dazu bei, den «Fleischesteufel» mehr gegen die Mönche als gegen andere Menschenkinder aufzureizen; und ich sehe eigentlich nicht ein, warum nicht statt des Zölibatsgesetzes ein anderes gegeben wurde, welches alle Knaben, die sich dem Klosterleben widmeten, zur Kastration verurteilt. Dann würden sie Ruhe haben und nicht durch fleischliche Anfechtungen in ihren frommen Betrachtungen gestört werden.

Übrigens ist dieser Gedanke kein Originalgedanke; es gab schon längst vor mir Leute, welche ihn praktisch ausführten. Der Ritter Bressani de la Ronveraye, empört über die skandalöse Prozession, welche zur Feier der Bluthochzeit in Rom veranstaltet wurde, gelobte, alle

Mönche zu kombabisieren, die ihm in die Hände fielen. Wie ein Indianer die Skalpe seiner Feinde, so trug der grimmige Ritter die für die Erfüllung seines Gelübdes zeugenden Trophäen an seinem Wehrgehänge. – Iphauer Bauern, welche das Kloster Birkling in der Grafschaft Kastell zerstörten, nahmen mit aufgegriffenen Mönchen dieselbe Operation vor. Die in den Klöstern herrschende Sittenlosigkeit übertrifft die kühnste Phantasie. Um die Folgen derselben zu verbergen, wurden sehr häufig die Mittelchen der Klosterapotheke in Anspruch genommen, und manches gefallene Mädchen blieb durch ihre Hilfe in den Augen der Welt eine Jungfer; aber auch mancher Ehemann verschwand durch sie.

Ammann – die Geschichte spielt also noch in unserer Zeit – kennt einen Pater, der einem Mädchen in Rapperswyl, das von ihm schwanger gewesen sein soll, einen Trank zum Abtreiben gab. Der Vorgesetzte war davon genau unterrichtet; aber er hielt es «zur Ehre der Geistlichkeit» nicht für angemessen, davon viel Aufhebens zu machen. Mönche und Nonnen lebten in der innigsten Vertraulichkeit und schienen der Meinung, daß sie nur dazu geschaffen wären, sich einander zu ergänzen. Bebel wollte ein Nonnenkloster kennen, in welchem nur eine keusche Nonne gewesen – die nämlich noch kein Kind gehabt hatte.

Das Kinderbekommen war die Schattenseite des Nonnenlebens, aber die frommen Bestialinnen wußten sich zu helfen. Das Mittel war sehr einfach, sie brachten die Kinder um. Bei Abbrechung des Klosters Mariakron fand man «in den heimlichen Gemächern und sonst – Kinderköpfe, auch wohl ganze Körperlein versteckt und vergraben», und der Bischof Ulrich von Augsburg erzählt, daß Gregor, der auch sehr für das Zölibat eingenommen gewesen, davon zurückgekommen sei, als einst aus einem

Klosterteiche 6.000 Kinderköpfe herausgefischt wurden. Diese Zahl wird aber wohl einem Irrtum ihren Ursprung verdanken, ähnlich dem, welcher die 11.000 heiligen Jungfrauen hervorbrachte. Als Kaiser Joseph einmal Wiedehopfnester ausnahm, fragte er einst einen Prior: «Wie stark sind sie?» – «200, Eure Majestät.» – «Wie?» – «Ja, Eure Majestät, wir haben aber auch vier Nonnenklöster zu versehen.» – Der Kaiser drehte dem offenherzigen Prior den Rücken, um ihm sein Lachen zu verbergen. Die Äbtissinnen waren aber auch auf das freundlichste für ihre Freunde, die Mönche, besorgt. Kranke Nonnen wurden nicht aufgenommen, ja nicht einmal solche, die einen übelriechenden Atem hatten. Was dieser aber der Heiligkeit für Hindernisse in den Weg legt, kann ich nicht wohl begreifen, für die Unheiligkeit ist er aber allerdings höchst unbequem und bei Eheleuten, wenn ich nicht irre, ein Grund zur Scheidung.

Nichts ist possierlicher – erzählt Ammann –, als wenn sich die Nonnen die körperlichen Gebrechen ihrer geliebten Patres vorwerfen; dies erinnert an andere Häuser, die keineswegs der Keuschheit geweiht sind, und viele Geschichtsschreiber aus der Zeit der päpstlichen «babylonischen Gefangenschaft» sagen auch wirklich geradezu: «Von Nonnen kann man aus Scham gar nicht sprechen; ihre Klöster sind H...häuser, und ein Mädchen, das den Schleier nimmt, tut dasselbe, als ob sie sich für eine H... erkläre.» Schon die Synode zu Rouen (um 650) sah sich genötigt, das Gesetz zu erlassen, daß Nonnen, die mit Geistlichen oder Laien Unzucht getrieben, durchgeprügelt und ins Gefängnis geworfen werden sollten. Robert von Abrisset, ein sehr heiliger Mann, brachte die Nächte bei Nonnen zu, um seine Stärke zu prüfen in der – Tugend der Enthaltsamkeit. Sehr vernünftig war es von ihm, daß er sich zu dieser Probe immer die allerschönsten Nonnen aussuchte. Siegte er, dann war die Sache um so verdienstlicher, und unterlag er, nun, dann lohnte es doch auch der Mühe.

Bebel, den ich schon mehrmals nannte, ist sehr reich an spaßhaften Anekdoten von Mönchen und Nonnen. Zwei mögen hier einen Platz finden.

Ein Mönch, der in einem Nonnenkloster einkehrte, wurde von den Nonnen auf das freundlichste aufgenommen und bewirtet. Er sprach so viel von Tugendsinn, Gottesfurcht und Züchtigkeit, daß ihn die Nonnen für ein Muster der Enthaltsamkeit hielten und ihm sogar in ihrem eigenen Schlafsaal ein Bett anwiesen. Mitten in der Nacht fing der Mönch plötzlich an zu schreien: Ich mag nicht, ich mag nicht! Man kann sich denken, wie die Nönnchen die Ohren spitzten und wie sie herbeiliefen, um sich nach der Ursache des sehr verdächtig klingenden Ausrufs zu erkundigen. Der Schalk erzählte ihnen nun, daß ihm eine Stimme vom Himmel befohlen habe, sich zu der jüngsten Nonne ins Bette zu legen, denn sie beide wären dazu ausersehen, einen Bischof hervorzubringen; er aber wolle nicht. Die frommen Nonnen waren hocherfreut, wußten ihn zum Gehorsam gegen Gottes Stimme zu bekehren und führten ihn endlich an das Bette der glücklichen Schwester. Als diese einiges Bedenken fand, erklärten sich sogleich alle übrigen bereit, ihre Stelle zu vertreten, so daß sie sich bestimmen ließ und den Mönch zu sich nahm. – Das Resultat war aber – eine Tochter! Diese konnte freilich nicht Bischof werden, und als man nun den Mönch zur Rede stellte, schob er den mißratenen Bischof darauf, daß die Nonne nicht freiwillig gekommen wäre. Einen ähnlichen Streich spielte den Nonnen der Pförtner ihres Klosters, welcher den sonderbaren Namen Omnis mundus führte. Wahrend einer Nacht kroch er in die Feueresse und brüllte durch ein Rohr in den Kamin ihres Schlafsaals: «O ihr Nonnen, hört das Wort Gottes!» Die Nonnen zitterten und zagten; als sie aber in der anderen Nacht wieder dieselbe Stimme hörten, fielen sie alle nieder, denn sie meinten, ein Engel spräche zu ihnen, und sangen: «O Engel Gottes, verkünde uns deinen Willen!»

Die Antwort ließ nicht lange auf sich warten: «Haec est voluntas Domini ut Omnis mundus inclinet vel supponat vos!» – Was bedeutet dieser Orakelspruch? fragten sich die Nonnen und kamen bald dahin überein, Gott wolle, daß der Pförtner Omnis mundus bei ihnen schlafe, woraus wohl ein Bischof oder gar ein Papst entstehen sollte. Der schlaue Pförtner wurde gerufen. Er fügte sich, und die Äbtissin, welche zuerst mit ihm allein blieb, sang beim Hinausgehen: «Wie sehr freut mich das, was mir gesagt worden ist.» Nun kam die Priorin an die Reihe; diese sang: «Herr Gott, dich loben wir!» Die dritte Schwester: «Der Gerechte wird sich im Herren freuen», und die vierte: «Lasset uns alle fröhlich sein.» Aber nun hatte das Latein des Pförtners ein Ende, und als er davonlief, schrien ihm die übrigen Nonnen nach: «Wann erhalten wir denn nun den Ablaß?»

Aber nicht immer kam ein reisender Mönch, und nicht jedes Nonnenkloster hatte einen brauchbaren Pförtner, aber das Verlangen nach Liebe war da und wollte gestillt sein. Viele behalfen sich so gut es ging, aber was wollte das sagen? Einige verliebten sich in Jesus und schwärmten so lange mit ihm, bis sie sich wirklich einbildeten, von ihm Besuche zu empfangen.

Die Nonne Armelle glaubte, in der Seitenwunde Christi zu wohnen, und Marie a la Coque erhielt gar von ihm die Erlaubnis, ihr Herz in das seinige zu legen. Dann bekam sie es wieder; aber Christus riet ihr, wenn sie von der Operation Seitenstechen empfinde, zur Ader zu lassen!

Andere, die nicht so schwärmerisch waren, beschäftigten sich in ihren Gedanken fortwährend mit Männern, und als Abraham a St. Clara einst in einem Nonnenkloster die Beichte hörte, gestanden ihm fast alle Nonnen, daß sie – von Hosen geträumt hätten!

Der fromme Pater war nicht wenig ergrimmt. «Was? Ihr wollt Bräute Christi sein?» fuhr er sie an. «Christus hatte keine Hosen, ist euer Bräutigam ohne Hosen, und ihr denkt und träumt von Hosen? Gehet hin in das ewige Feuer, da werdet ihr Hosen sehen, glühende, feurige Hosen, die ihr werdet angreifen und damit spielen müssen» usw.

Neben ihren Träumereien von Männern, Hosen und dergleichen phantastischen Dingen verliebten sich die armen Nönnchen in Ermangelung anderer Liebesgegenstände ineinander, und ich muß gestehen, daß ich sie nicht ungern bei ihren unschuldigen Tändeleien belauschen würde, denn was Grécourt davon berichtet, erregt allerdings die Neugierde in nicht geringem Grade. Er erzählt ein Geschichtchen von zwei Nonnen, die ihre Reize bewundern und in ihrer Unschuld mit dem Rosenkranze messen:

– Eh bon Dien! dit Sophie, Qui l'aurait cru? Vous l'avez, chére amie, Plus grand que moi d'un Ave Marie! Die Nonnen waren überhaupt ein seltsames Völkchen, und der Mangel an Männern brachte bei ihnen neben den beklagenswertesten auch oft höchst komische Wirkungen hervor.

In einem flandrischen Kloster fing eine Nonne plötzlich an, in ihrem Bette höchst befremdliche Bewegungen zu machen. Das hätte am Ende nichts zu bedeuten gehabt, aber die Sache wurde ansteckend, und bald arbeiteten die Nonnen sämtlich des Nachts so heftig, daß die Bettstellen knackten. Das Übel pflanzte sich in andere Klöster fort und machte so großes Aufsehen, daß die Geistlichkeit amtlich einschritt und mit Weihkessel und Wedel in die Klöster rückte, um die Teufel aus den Nonnen auszutreiben. Wie die Sache endete, weiß ich nicht. Im 15. Jahrhundert bekam eine deutsche Nonne den Einfall, eine andere zu beißen. Dieser gefiel der Spaß und sie biß wieder eine andere, und so fort, bis das Beißen förmlich epidemisch wurde und sich mit rasender Schnelligkeit von einem Nonnenkloster zum anderen verbreitete. Bald bissen sich alle Nonnen von der Ostsee bis nach Rom!

In einem französischen Kloster wurde es unter den Nonnen Mode, wie die Katzen zu miauen, und die Sache nahm so überhand, daß es viele Skandale gab. Alle Verbote fruchteten nichts, das Miauen wurde immer ärger. Endlich erhielt eine Kompanie Soldaten den Befehl, in das Kloster zu rücken und eine der Nonnenkatzen nach der anderen über das Knie zu legen und mit Ruten zu bearbeiten, bis ihnen das Miauen verginge. Es verging ihnen aber schon von der bloßen Furcht, und die Exekution wurde überflüssig.

Diese Nonnen, besonders wenn sie alt und garstig wurden, konnten aber wahre Teufel sein, und ihr ganzer Haß traf die jungen und hübschen Schwestern. Diese wurden mit Argusaugen bewacht, und wehe ihnen, wenn sie beim Umgange mit einem Manne ertappt wurden. Dann vergaßen jene ihre Jugend und begingen oft die empörendsten Grausamkeiten. Von den unzähligen Beispielen will ich nur einige anführen.

Im Kloster Wattum verliebte sich eine Nonne in einen Mönch. Solche Liebe war selten platonisch, und diese war es auch nicht, denn die Nonne fühlte sich schwanger. Sie verbarg ihre Lage, so lange es angehen wollte, dann aber entdeckte sie sich ihren Mitschwestern. Das hatte ihr ein böser Geist geraten, denn diese stürzten über sie her und überhäuften sie mit Schmähungen und Schimpfworten. Einige rieten, die Verbrecherin zu schinden oder zu verbrennen, andere wollten, daß sie auf glühende Kohlen gelegt würde!

Nachdem sich der erste Sturm gelegt hatte, ließen sie die erfahreneren Nonnen ins Gefängnis werfen und fesseln. Hier mußte sie bei Brot und Wasser unter fortwährenden Mißhandlungen liegen. Dem Mönche war es gelungen zu entfliehen.

Als die Stunde der Niederkunft heranrückte, bat das arme Geschöpf flehentlich, man möge sie aus dem Kloster entlassen, denn ihr Geliebter habe ihr versprochen, sie mitzunehmen. Die Nonnen lockten ihr nun nach und nach heraus, daß der Mönch sie auf erhaltene Nachricht an einer bestimmten Stelle in der Nacht und in weltlichen Kleidern erwarten würde.

Diese Entdeckung war den Megären willkommen! Ein handfester Pater, begleitet von einigen anderen, begab sich, gehörig verschleiert und mit einem Knittel versehen, an den bezeichneten Ort, und – der arme Mönch wurde ergriffen und im Triumph ins Kloster geschleppt. Hier erwartete ihn und seine Geliebte ein trauriges Schicksal! Das arme Weib wurde von den Nonnen gezwungen, ihn zu entmannen! Dann wurde es wieder ins Gefängnis zurückgeschleppt.

Das arme gequälte Wesen schlief hier einst vom Fasten und Weinen ermattet ein und träumte, oder glaubte zu träumen, daß ein Bischof mit zwei Weibern zu ihr komme und daß die letzteren bald darauf wieder mit ihrem in glänzende Windeln gehüllten Kinde davongingen. Als sie wieder zu sich kam, fühlte sie sich ihrer Bürde entledigt. Die Nonnen untersuchten hierauf ihre Brüste, ihren ganzen Leib, berührten und drückten alle Teile desselben und fanden ihn weder irgendwo verletzt, noch eine Spur von einer Ermordung des Kindes. Die Geschichte wurde nun für ein

Wunder erklärt und als solches im Kloster bis auf späte Zeiten den Neugierigen erzählt. Dies trug sich in der Mitte des 12. Jahrhunderts in England zu. Doch wir brauchen nicht so weit zurückzugehen, denn noch weit ärgere Schändlichkeiten begingen die Nonnen in neuerer Zeit. – Am Ende des vorigen Jahrhunderts wurden in einem deutschen Staate die Klöster aufgehoben. Der mit der Regelung dieser Angelegenheit beauftragte Kommissarius hatte die Nonnen eines Karmeliterklosters aufgefordert, dasselbe zu verlassen. Da seinem Befehle nicht Folge geleistet wurde, so begab er sich selbst in das Kloster und wiederholte der Äbtissin und ihren geistlichen Töchtern den fürstlichen Befehl. Zugleich ließ er sich die nötigen Nachweisungen und auch das Personenverzeichnis geben. In diesem waren 21 Nonnen angegeben; aber als er die Versammelten mit den Augen zählend überlief, konnte er immer nur 20 herausbekommen. Er zählte noch einmal – dasselbe Resultat. Um sich nun unnütze Mühe zu ersparen, rief er die Personen namentlich auf, und siehe da, es fehlte die Nonne Alberta. Auf die Frage des Kommissars, warum diese nicht anwesend sei, konnte er deutlich bemerken, daß sämtliche Nonnen in große Verlegenheit gerieten und die Abtissin mit dem Beichtvater sehr seltsame Blicke wechselte. Dies veranlaßte ihn, ernstlich auf das persönliche Erscheinen der Nonne zu dringen. Die Abtissin hatte sich unterdessen gefaßt. Sie sagte, daß der gegenwärtige Zustand der Nonne Alberta ihr persönliches Erscheinen unmöglich mache, da sie gefährlich krank sei. Der Kommissar, der aber einmal mißtrauisch gemacht war und irgendeine Nichtswürdigkeit vermutete, drang darauf, zur Kranken geführt zu werden, denn er wolle sie sehen. Nach vielen Ausflüchten rückte die Abtissin endlich mit dem Geständnis heraus, daß die Abwesende in so hohem Grade wahnsinnig sei, daß sie gewiß niemanden erkennen und ein Besuch ganz nutzlos sein würde.

Das ganz eigentümliche und befremdende Benehmen der Nonnen, die blaß waren wie ein Tuch und so zitterten, daß sie sich kaum auf den Knien halten konnten, veranlaßte den Regierungsbeamten, nach den näheren Umständen der Krankheit zu forschen, und so erfuhr er denn, daß der gegenwärtige Klosterarzt gar nichts von dem Wahnsinn der Nonne wisse. Sein Vorgänger habe die Krankheit für unheilbar erklärt, und zur Wahrung der Ehre des Klosters habe man die Sache geheimgehalten. Seit acht Jahren befinde sich Alberta in dem beklagenswerten Zustande. Näheren Aufschluß wollte ihm niemand geben. Der Beamte hielt es aber für seine Pflicht, der Sache auf den Grund zu gehen, und nach ernstlichen Drohungen ließen sich endlich zwei Nonnen dazu bewegen, ihn zu Alberta zu führen.

Sie leiteten ihn treppauf, treppab durch eine Menge schmaler Gänge in eine Art von Hintergebäude, bis sie endlich wieder vor einer Treppe stehenblieben. Der Kommissar wollte hinaufsteigen, aber die Nonnen sagten ihm, daß hier die Wohnung der Nonne Alberta sei. Er entdeckte aber nichts, was nur entfernt einem Aufenthaltsort für Menschen ähnlich sah, und war starr vor Erstaunen, als die Nonnen auf einen Bretterverschlag unter der Treppe wiesen, in welchem sich selbst ein Hund unbehaglich gefühlt haben würde.

Aus diesem Verschlage trat ein großes, bleichgelbes Mädchen von etwa 35 Jahren hervor, mit bloßen Füßen und mit halbverfaulten Lumpen nur notdürftig bekleidet. Die langen schwarzen Haare flatterten unordentlich um ihren Kopf, und aus den tiefen Augenhöhlen blitzte in unheimlicher Glut ein dunkles Augenpaar, dessen Feuer weder

Leiden noch Tränen hatten erlöschen können. Die ganze Gestalt erweckte das tiefste Mitleid. Mit herzzerreißendem Gewimmer warf sich das arme Geschöpf dem Kommissar zu Füßen, umklammerte seine Knie und bat, sie doch nicht wieder so entsetzlich zu geißeln. Als sie aber die teilnehmende Miene des tieferschütterten Mannes sah, bat sie um Rettung und Befreiung. Ihre Reden waren abgerissen und verwirrt, und man sah, daß die langen Leiden den Geist dieses kräftigen Mädchens gestört hatten. Sie wurde sogleich in das Refektorium gebracht, wohin sie nur ungern folgte, denn der Anblick ihrer weiblichen Henker konnte sie nicht ermutigen. – Der Kommissar befahl sogleich, daß ihr reinliche Kleidung und ein gutes Bett gegeben würde, und verließ am anderen Tage in der heftigsten Entrüstung das Kloster, nachdem er die Nonnen mit den schwersten Strafen für die geringste Mißhandlung an Alberta bedroht hatte. Bald darauf begab sich der Vizepräsident des damaligen Landeskollegiums, Graf Th…, mit dem Kommissar in das Kloster. Die Lage des armen Mädchens hatte sich aber leider wieder verändert und der Wahnsinn die Oberhand gewonnen. Sie sprach ohne Zusammenhang und gebrauchte eine Menge unflätiger Worte. Die Oberin und die Nonnen konnten ihre hämische Schadenfreude nicht unterdrücken.

Aber der Präsident, der dieses bemerkte, hielt den entarteten Weibern eine Predigt, wie sie dieselbe wohl noch niemals von einem ihrer gefälligen Patres gehört haben mochten und die darum auch einen tiefen Eindruck machte. Dann stieg er mit Alberta in einen bereitgehaltenen Mietwagen und brachte sie in zweckmäßige Pflege. Diese hatte auch einen guten Erfolg. Die körperliche Gesundheit kam wieder; aber nun zeigte sich an ihr die Hysterie, welche wohl der Hauptgrund ihres Wahnsinns gewesen sein mochte, in einem furchtbaren Grade; ja, ihre Begierde nach

Befriedigung des Geschlechtstriebes ging so weit, daß sie die sich ihr nähernden Männer mit Gewalt anpackte.

In den lichten Zwischenräumen gab sie Aufschluß über ihre Geschichte. Sie war in W-zb-g (Es geschieht nicht aus Schonung, daß ich die Namen nicht ausschreibe, sondern deshalb, weil die Quelle, der ich diese Geschichte entnehme, sie nicht anders angibt.), mitten im schönen Franken, geboren, wo ihr Vater ein ziemlich bedeutender Weinhändler war. In seinem Hause waren die Pfaffen willkommene Gäste, und besonders hatten sich die barfüßigen Karmeliter aus dem Kloster der Stadt darin eingenistet. Alberta wurde bald eine auffallende Schönheit; wie es aber besonders schönen Mädchen gar oft zu gehen pflegt, hatte sie keine Neigung zur Häuslichkeit und ließ sich lieber von den Herren den Hof machen. Bald spann sie ein Liebesverhältnis an, welches durch den Reiz des Geheimnisses noch anziehender wurde und damit endete, daß sie ihre Jungfräulichkeit einbüßte.

Ihre Eltern, welche noch mehrere Kinder hatten, waren mit ihr sehr unzufrieden und wären sie gern aus dem Haus los gewesen. Unter solchen Verhältnissen fand der Vorschlag der Karmeliter, Alberta in ein Kloster zu schicken, bei ihnen bald Anklang. Alberta, leichtsinnig und bigott dabei, ließ sich durch Schmeicheleien und Drohungen bewegen, ihre Einwilligung zu geben, und wurde in ein Kloster nach N-brg gebracht.

Man empfing sie dort freundlich und behandelte sie auch während des Probejahres recht gut, denn der Vater hatte versprochen, das seiner Tochter zukommende Vermögen an das Kloster zu zahlen.

Als sie aber das Gelübde abgelegt hatte und sich die Auszahlung des versprochenen Geldes verzögerte, ja sogar die Aussicht bevorstand, daß dieselbe niemals geschehen würde, da mußte es Alberta büßen, welche von den Nonnen schon wegen ihrer Schönheit und ihres Ekels vor allen weiblichen Beschäftigungen gehaßt wurde. Mit dem Zustand dieses Mädchens ging unterdessen eine traurige Veränderung vor. Das einsame Leben in der Zelle und der Mangel an teilnehmenden Umgebungen war Veranlassung, daß sie fortwährend an ihren Geliebten dachte, von welchem sie Mönchskniffe getrennt hatten. Die Phantasie weilt so gern bei vergangenen Freuden, besonders in trauriger Einsamkeit! Diese Phantasien nahmen aber bald eine für ihre Gesundheit bedenkliche Richtung. Sie hatte vom Baum der Erkenntnis gegessen, und die veränderte Lebensweise trug sehr viel dazu bei, ihre Sinnlichkeit aufzuregen.

Die Karmeliternonnen dürfen kein Fleisch essen, und ihre Nahrung besteht größtenteils aus stark gewürzten Mehlspeisen und Fischen, welche das Blut erhitzen und der Keuschheit nichts weniger als zuträglich sind. Alberta suchte ihre empörten Sinne durch Mittel zu besänftigen, welche gerade das Gegenteil bewirkten, und wurde dadurch in solchen Zustand versetzt, daß sie sich endlich genötigt sah, sich dem Klosterarzt zu entdecken. Es war dazu fast zu spät, denn die Hysterie hatte sich beinahe zur Mannstollheit (Nymphomanie) ausgebildet. Vielleicht wurden die Andeutungen des höchst achtbaren Arztes mißverstanden, vielleicht reizte auch das Pikante der Sache den Vorstand des männlichen Karmeliterhospitiums, kurz, er und die Oberin kamen dahin überein, daß er es versuchen sollte, die Nonne zu kurieren. Er mußte der Oberin aber bald gestehen, daß er dieser Kur nicht gewachsen sei, und riet nun, es mit der Geißel und häufigem Fasten zu probieren.

Aber das hieß nur Öl ins Feuer gießen. Die arme Nonne ging bei diesem Kampfe mit ihren Sinnen fast unter, und die Oberin, anstatt aufs neue ärztliche Hilfe herbeizurufen, beschloß, sie von allen lebenden Wesen zu entfernen, damit der Ruf des Klosters nicht leide. Nun brachte man sie in den abscheulichen Verschlag unter der Treppe, gab ihr nicht einmal notdürftige Nahrung und Kleidung und ließ sie täglich von boshaften Nonnen geißeln, so daß durch die schlechte Behandlung, welche sie acht Jahre lang zu erdulden hatte, ihre Krankheit in Wahnsinn überging. – Alberta wurde nicht wieder geheilt; sie endete ihr Leben in einem Irrenhause. Von der Lieblosigkeit, mit welcher Kranke überhaupt in den Klöstern behandelt werden, davon hat uns der schon mehrmals erwähnte ehemalige Guardian Ammann folgendes Beispiel erzählt: – Im Kloster Solothurn litt P. Theophil an einem ungeheuren Leistenbruch so schmerzhaft, daß er verzweifelte. Man legte ihn in einem Zimmer neben der Küche auf einen Strohsack und ließ ihn da zappeln. Niemand besuchte ihn als der Klosterknecht, der ihm dreimal täglich das Essen zutrug. Ich habe in den letzten Jahren seines Lebens nie einen Arzt bei ihm gesehen. Seine Unterleibsbeschwerden, das erschreckliche Elend und die gänzliche Verlassenheit mögen ihm sein martervolles Leben unerträglich gemacht haben. «An einem Tage vor dem Mittagessen, um 10.30 Uhr, war ich noch bei ihm und fand ihn äußerst schwermütig; es ist aber gewiß, daß er um 11 Uhr noch lebte. Um 11.30 Uhr wollte der Klosterknabe die Speisegeschirre bei P. Theophil abholen und fand ihn an der Zimmerdecke aufgeknüpft – leblos. Als wir die Anzeige von diesem Unglück hörten, sprangen wir alle vom Tische auf; ich war der erste bei ihm und wollte mit einem Messer das Handtuch zerschneiden, an dem er hing, aber P. Guardian Raimund untersagte mir dies, weil es schade um das Handtuch sei. Man ging lieber langsam zu Werke, weil man keine Rettung des Unglücklichen versuchen wollte. Seine Hände und Füße waren noch ganz warm, und ich verlangte, daß man auf der Stelle einen Arzt herhole, damit man die möglichsten Anstalten zum Wiedererwecken des vielleicht noch nicht Entseelten treffe. Allein P. Raimund tobte und verbot die Herbeirufung eines Arztes aufs strengste, weil es ein erschreckliches Ärgernis absetze, wenn es unter die Weltlichen käme, es habe sich ein Kapuziner erhängt. Keine Bürste wurde zum Reiben seines Leibes angewandt, sondern man legte den Leichnam ohne weiteres auf einen Totensarg und machte bekannt, P. Theophil sei an einem Schlagflusse (Apoplexie) gestorben.» – Ein anderes Beispiel, wie schnell die Pfaffen diejenigen zu expedieren wissen, die ihnen unbequem oder gefährlich werden, erzählt Raffaele Ciocci. Don Alberico Amatori, Bibliothekar im Kloster Santa Croce di Gerusalemme zu Rom, war durch das Lesen der Bibel von vielen Irrtümern und Mißbräuchen der römischen Kirche überzeugt worden. Er und 15 ihm gleichgesinnte Mönche, darunter Raffaele Ciocci, umschrieben eine Eingabe an den Ordensgeneral Nicardi Tassini, in welcher sie um Einräumung eines eigenen Klosters baten, wo sie nach ihrer Überzeugung leben könnten.

Alle diese Mönche schienen mit dem Charakter ihrer Mutter Kirche sehr schlecht bekannt zu sein, da sie einfältig genug waren zu glauben, daß sie auch nur im entferntesten daran denken könne, ihre Wünsche zu erfüllen. Der unerhörte Vorschlag erregte allgemeines Entsetzen. Amatori wurde, vor ein Tribunal gefordert, und mit Entrüstung vernahmen die geistlichen Herren, daß er à la Luther die Bibel zur Grundlage des ganzen Kirchenwesens machen wolle. Man gebot ihm Schweigen, um die Sache nicht öffentlich werden zu lassen, und faßte im geheimen einen Entschluß über das Schicksal der ketzerischen Mönche.

Der Mönch Stramucci wurde ins Kloster San Severino in den Sümpfen geschickt, wo er infolge der ungesunden Luft oder durch anderes Zutun nach Verlauf weniger Monate von einem starken Manne in ein Gerippe verwandelt war. Don Andrea Gigli wurde nach Rom berufen. Er war damals sehr gesund; allein er nahm täglich mehr ab, und nach zwei Monaten wurde er eines Morgens tot im Bette gefunden. – Don Eugenio Ghioni blieb in Rom; aber nach vier Monaten starb auch er, erst 31 Jahre alt. – Don Marian Gabrielli, ein blühender Jüngling, starb ebenfalls. Alle diese Krankheiten nannte man Auszehrung! – Der Abt Bucciarelli, ein Mann von herkulischer Gestalt, starb nach kurzer Krankheit von nur drei Tagen. Der Abt Berti hatte nach zwei Monaten einen «Fieberanfall» und starb nach einer Krankheit von zehn Tagen. – Don Antonio Baldini bekam nach Verlauf von 34 Tagen furchtbare Krämpfe und starb. – Die übrigen sechs kämpften monatelang zwischen Leben und Tod. Nur Don Alberico und Ciocci blieben lange Zeit von dem geheimnisvollen Todesengel unberührt.

Aber die Rache zögerte nur, sie schlief nicht. Eines Abends nach dem Essen bekam Ciocci schreckliche Krämpfe im Magen und ein furchtbares Brennen in Brust und Gurgel. In einigen Minuten war er schwarzgelb im Gesicht, und vor den Mund trat ihm Schaum. Die herbeilaufenden Mönche schrien, daß er besessen sei, und versuchten nun ihren abgeschmackten Hokuspokus mit Weihwasser und Reliquien, wodurch der Kranke, welcher diesen Unsinn verabscheute, nur geärgert wurde. Endlich kam ein Arzt, aber nicht der gewöhnliche, sondern, wie man sagte, der nächste, den man habe finden können. Er gab Ciocci eine Arznei, wodurch aber die Schmerzen sogleich noch bedeutend vermehrt wurden. Ciocci bestand nun darauf, daß man den gewöhnlichen Klosterarzt holen solle, der sein Freund war, und da man wahrscheinlich hoffte, daß er zu spät kommen werde, schaffte man ihn auch herbei. Nachdem derselbe sich etwas orientiert hatte, betrachtete er die vom ersten Arzt gegebene Arznei, von der noch einige Tropfen im Glase waren, und voll Zorn und Entsetzen warf er sie nach der Untersuchung mit einem bedeutungsvollen «Aha!» zum Fenster hinaus. – Durch die zweckmäßigen Mittel, welche der wackere Mann anwendete, wurde Ciocci gerettet. In demselben Kloster wurde eines Tages der Novizenlehrer Pacifico Bartocci, der sich durch seine Strenge verhaßt gemacht hatte, im Innenhof des Klosters von unbekannter Hand mit einem Steine an der linken Schläfe getroffen, daß er infolge der erhaltenen Verletzung zehn Tage darauf starb. – Man bemerkte wohl, daß hier nicht vom Mittelalter, sondern von dem letzten Jahrzehnt die Rede ist, daß diese Nichtswürdigkeiten höchstens vor vier, fünf Jahren stattfanden!

Ich würde die mir gesteckten Grenzen zu sehr überschreiten müssen, wenn ich auch nur einen Teil der mir noch bekannten, in Klöstern begangenen Schandtaten anführen wollte, deshalb übergehe ich auch die sehr interessante Geschichte des Urban Grandier, der durch die nichtswürdigsten Schikanen auf den Scheiterhaufen gebracht wurde, weil er die Begierden einer Äbtissin und ihrer Nonnen zu Londun nicht befriedigen wollte. Einer unserer besten Romanschriftsteller, Wilibald Alexis, hat diese Geschichte zu einem Roman verarbeitet. Ein in den Klöstern gebräuchliches Sprichwort sagt: «Man kommt zusammen, ohne sich zu kennen, man lebt miteinander, ohne sich zu lieben, und stirbt, ohne beweint zu werden.» Ein unter solchen Verhältnissen bestehendes Zusammenleben mußte den besseren unter den Mönchen zur Hölle werden, und mancher arme Pater, den seine bigotten Eltern dem Klosterleben in früher Jugend geopfert hatten, sprach mit heißen Tränen den Wunsch aus, daß ihn die Mutter bei der Geburt doch lieber ersäuft als in ein Kloster geschickt haben möchte! Zur Zeit, als das Klosterleben in seiner höchsten Blüte war, etwa im elften Jahrhundert, herrschte unter den Menschen eine wahre Wut, ins Kloster zu gehen. Nur als Mönch glaubte man der Seligkeit gewiß zu sein. Hermann, Herzog von Zähringen, schlich sich in Bauernkleidung vom Fürstenstuhle ins Kloster zu Clugny und diente demselben als Schweinehirt bis an sein Lebensende, wo erst sein Stand bekannt wurde. Der Mann eignete sich ganz gewiß besser zum Schweinehirten als zum regierenden Fürsten, und es war schön von ihm, daß er seinen Beruf erkannte.

Doch nicht alle trieb Andacht und Demut ins Kloster; viele suchten in demselben weiter nichts als ein faules, liederliches Leben, was sie denn auch im reichen Maße fanden. Das Gelübde der Keuschheit, welches den Laien immer als das schrecklichste erschien, betrachtete man in sehr vielen Klöstern nur als eine leere Form, und Saul, der Abt des Klosters zur heiligen Maria im Bistum Mondenado in Spanien, verwandelte dasselbe geradezu in ein Bordell.

Sogar das Konkubinat, ja selbst die Ehe, waren unter den Mönchen nicht selten. Im zehnten Jahrhundert lebten in manchen Klöstern die Äbte und sämtliche Mönche im Konkubinat oder in förmlicher Ehe und statteten ihre Söhne und Töchter mit Klostergütern aus. Unter Abt Hadamar von Fulda waren die meisten Mönche verheiratet. Doch wir brauchen nicht so weit ins graue Mittelalter hinaufzusteigen. Dergleichen Fälle kamen noch in neuerer Zeit vor. Im Jahre 1563 fand man in vielen Klöstern Niederösterreichs Eheweiber, Konkubinen und Kinder der Mönche, und noch vor einigen Jahren hielt der Prälat Augustin Bloch in der Schweiz ein allerliebstes Kammermädchen, welches als Student verkleidet war. Doch ich wollte es diesen

Klosterherren gern verzeihen, wenn sie ihre Schätzchen hinter den heiligen Mauern sorgsam verbargen; davon hatte die Welt eben keinen Schaden. Aber mehr Unheil richteten sie an, wenn sie ihre Verführungskünste außerhalb derselben wirken ließen; denn um dies zu können, mußten sie die Grundsätze lockern, kurz, die sinnlichen Ausschweifungen als höchst unbedeutende kleine Verirrungen hinstellen, welche kaum eine Sünde zu nennen wären, besonders wenn sie mit einem Pater begangen würden. So leicht nun die Mönche geschlechtliche Verirrungen nahmen, so streng waren sie, wenn jemand das Fasten gebrochen hatte, und es ist empörend, wenn wir lesen, daß die reiche Abtei St. Claude in Burgund im Jahre 1629 einem gewissen Guillon den Kopf abschlagen ließ, weil der arme Mann während einer Hungersnot zur Fastenzeit sich ein Stück Pferdefleisch vom Schindanger geholt hatte! Starb ein Abt, so waren die liederlichen Mönche darauf bedacht, einen solchen an seine Stelle zu setzen, von dem sie nicht besorgen durften, daß er sie in ihrer Lebensart störe. Die Wahl traf daher nicht selten das allerliederlichste Subjekt des ganzen Klosters. Der schon früher erwähnte Johann Busch erzählt, daß die Mönche eines Klosters nach dem Tode des Abtes zur Wahl eines andern schritten, der dem Verstorbenen an Tugenden gleiche. Die meisten Stimmen hatte ein Pater, der nicht anwesend war, sondern während der Wahl in der Schenke saß und soff. Da man ihn von diesem angenehmen Orte nicht hinweglocken konnte, so ging eine Deputation der Mönche dorthin, um ihm das Ergebnis der Wahl zu verkündigen. Erst nach langen Bitten ließ er sich bewegen, die neue Würde anzunehmen. Als es geschehen war, wurde ein großes Gastmahl gehalten, bei dem alle Mönche mit ihren Konkubinen sich volltranken. Diese heiligen Männer fanden aber den Lohn für ihr schändliches Leben. Während sie so betrunken waren, daß sie nichts sahen und hörten, kam Feuer aus, und die ganze feiste Gesellschaft verbrannte bei lebendigem Leibe. Obwohl nun die Mönche unzählige gefällige Nonnen hatten – in Deutschland gab es allein gegen 200.000 –, so waren sie doch besonders lüstern nach den Kindern der Welt. Oft geraten sie dadurch freilich in arge Verlegenheit, welche Spott und Hohn oder Prügel zur Folge hat. Der Abt des Klosters zu Guldholm bei Schleswig hatte ein Liebchen in der Stadt, bei welchem er oftmals die Nacht zuzubringen pflegte. Gewöhnlich nahm er des besseren Scheins wegen einen vertrauten Pater mit. Dieser wurde ihm endlich unbequem, und er ließ den Beglciter zu Hause. Dies verdroß denselben, und echt mönchisch dachte er sogleich auf Rache.

Als nun der Abt wieder einmal die Nacht bei seiner Geliebten zubrachte, weckte der boshafte Mönch das ganze Kloster und rief: Dominus noster Abbas mortuus est in anima. Die Mönche deuteten dies auf den leiblichen Tod des Abtes, und das war es eben, was der Pater wollte. Alsbald zog man mitten in der Nacht mit Fackeln, Kreuz und Fahne an den bezeichneten Ort, um die Leiche des Abtes abzuholen, und war nicht wenig überrascht, den frommen Herrn anstatt auf der Totenbahre bei seiner Buhlerin zu finden.

Doch ich brauche abermals nicht so weit zurückzugehen, die neuere Zeit liefert Beweise dieser Art genug, und Ammann, der 30 Jahre im Kloster war, führt deren eine Menge an.

Im Jahre 1832 pflegte ein Pater namens Amadeus jedesmal, wenn er sich unter einem frommen Vorwande entfernen konnte, die Nacht bei einem berüchtigten Frauenzimmer in Mels zuzubringen. Um den frommen Heuchler auf frischer Tat zu ertappen, lauerten ihm einst einige junge

Burschen auf und erwischten ihn richtig in den Armen der Buhlerin. Im Triumph schleppten sie ihn nach dem Kloster, und die Versetzung nach Schwyz war seine ganze Strafe.

Zwei andere Klostergeistliche, Pater Augustin, Pfarrer in Tußnang, und P. Benedikt, Pfarrer in Bettwiesen, verführten viele Frauen und gingen ganz ungescheut in ihre Häuser, unter dem Vorwande, daß sie die Sterbesakramente dorthin zu bringen hätten.

In mehreren Orten der Schweiz, wo Klöster waren, wagte sich kein Frauenzimmer am Abend auf die Straße, denn die brünstigen Pfaffen fielen sie förmlich an, und ihre Geilheit schonte selbst nicht unreife Kinder. – Pater Friedrich aus dem Kapuzinerkloster in Appenzell hatte sich, solange er noch bloßer Frater war und nicht das Kloster verlassen durfte, mit unnatürlichen Ausschweifungen beholfen; als er aber Pater wurde und mehr Freiheit hatte, verlangte er nach natürlichen.

Eines Tages zog er von Appenzell durch den Flecken Teufen in das St. Gallerland, um in einigen katholischen Gemeinden zu predigen und Beichte zu hören. Als er nicht weit von Teusen sich einem Walde näherte, lief ihm ein Mädchen nach und bat ihn um ein Heiligenbildchen, wie die Kinder überall, wenn sie einen Kapuziner sehen, zu tun pflegen.

Pater Friedrich zog ein gemaltes Bildchen aus seiner Kapuze, zeigte es dem Mädchen und versprach es ihm zu schenken, wenn es weiter mit ihm kommen wolle. Auf diese Weise lockte er das unschuldige Kind in den Wald. Sobald er dasselbe in ein Gebüsch gebracht hatte, verübte er an ihm die schauderhafteste Notzucht. Das kleine Mädchen schrie um Hilfe, und sein Vater, der seine Stimme hörte und erkannte, eilte auf das schnellste herbei und ertappte den geilen Pfaffen bei der Tat. Er behielt Mäßigung genug, dem Mönche nicht auf der Stelle den verdienten Lohn zu geben, machte aber sogleich Anzeige von der scheußlichen Handlung des Paters. Dieser wurde festgenommen und nach Trogen gebracht, wo man die Sache gerichtlich untersuchte. Es ergab sich, daß das arme Kind geschändet und bedeutend verletzt war. Höchst merkwürdig sind die seltsamen Ansichten, welche den Pater zu diesem Verbrechen leiteten, die aber fast von allen Mönchen in den Klöstern geteilt werden. Er glaubte, die Reformierten wären alle so schlecht, daß sie nichts für Sünde hielten, und daß bei ihnen alles erlaubt sei, weil sie nicht beichten müssen! Daher meinte er denn, in den Augen derselben kein Verbrechen zu begehen, wenn er ein reformiertes Kind notzüchtige! Der Pater wäre zur öffentlichen Ausstellung an den Pranger und zum Staupenschlag oder zu einer ungeheuren Geldbuße verurteilt worden, wenn sich der damalige Landamtmann, Joseph Anton Bischofberger, des Schurken nicht auf das angelegentlichste angenommen hätte. Er kam also ohne die verdiente Strafe davon. Diese Pfaffenliederlichkeit ekelt mich und wahrscheinlich auch die Leser an; allein der Vollständigkeit wegen muß ich doch noch einige Worte über die in den Klöstern herrschenden unnatürlichen Laster sagen, welche traurige Folgen des schändlichen Zölibats sind. Ammann behauptet, daß unter 200 Kapuzinern wenigstens 150 Onanisten sind! Er ist darüber ein kompetenter Richter, denn nur ein Kapuziner kann diese so genau kennen, wie es bei ihm der Fall ist.

Im Kloster Fischingen trieb ein gewisser Pater Berchthold sein Wesen, dessen hauptsächliches Geschäft es zu sein schien, Klosterschüler und junge Mönche zu verführen. Absichtlich hörte er die Beichte nicht in einem öffentlichen Beichtstuhl, sondern in einem dunklen Winkel, und viele Knaben, die ihm hier beichteten, klagten, daß er sie habe verführen wollen; allein der Guardian nahm davon nicht die mindeste Notiz. Berchthold wurde natürlich immer dreister und trieb sein abscheuliches Handwerk so ungescheut, daß man doch endlich gezwungen war, ihn auf seine Zelle zu beschränken und zu versetzen. Als Ammann eben die Gelübde abgelegt hatte, schlich dieser Knabenschänder auch in der Nacht zu ihm, setzte sich auf sein Bett, holte eine Flasche Schnaps und einiges Gebäck hervor und begann, ihm von seinen Siegen über die Frauen zu erzählen. Als Ammann ihn bat, von etwas anderem zu reden oder seine Zelle zu verlassen, sagte er: «Ja, es ist eitel, von solchen guten Bissen zu reden, die wir einmal nicht haben können. Doch können wir einander auch Freude machen.» – Ammann wurde endlich genötigt, durch Klopfen an der dünnen Seitenwand der Zelle Hilfe herbeizurufen, worauf ihn der Verführer verließ. An die Stelle dieses sauberen P. Berchthold kam P. Joseph aus Freiburg. Dieser war noch ärger als sein Vorgänger, indem er sich nicht allein durch das oben bezeichnete Laster, sondern auch noch durch seine verschmitzte Heuchelei und raffinierte Bosheit auszeichnete. Dieser Schandbube wurde niemals bestraft, sondern nur versetzt, wodurch nur Veranlassung gegeben wurde, daß sich seine abscheuliche Wirksamkeit immer mehr verbreitete.

In Sursen hatte dieser P. Joseph einen bildschönen Jüngling sehr entkräftet, daß derselbe unter den schrecklichsten Schmerzen starb und noch auf dem Sterbebette seinen Verführer und Mörder verfluchte. Dieses unnatürliche Laster ist bei Mönchen und selbst bei weltlichen katholischen Geistlichen in der Schweiz sehr gewöhnlich, und im Jahre 1835 wurden zwei derselben, Professor Schär und Kaplan Eisenring, im Städtchen Wyl wegen Sodomiterei zur Untersuchung gezogen und später zu

Zuchthaus verurteilt. Es gelang ihnen aber, in das Ausland zu entfliehen.

Das Verhör ergab die abscheulichsten Tatsachen, und das Publikum wollte anfangs gar nicht glauben, daß diese Männer, welche Stifter und Bezirkspräsidenten des katholischen Vereins waren, solche Schandtaten begangen haben konnten. – Sie wurden durch Ammann selbst angeklagt, der sich dadurch viele Feinde machte. Diese Untersuchung hatte noch eine andere Entdeckung zur Folge. Ein 16jähriger Knabe kam zu Ammann und erklärte ihm, daß der Prior der Karthause zu Itlingen im Thurgau mit ihm noch weit schändlichere Dinge getrieben, als sie Schär und Eisenring zur Last gelegt wurden. Er habe, durch den Prior beschwichtigt, nicht geglaubt, eine so große Sünde zu begehen, aber jetzt sei ihm die Sache klar, da jene beiden dafür zu Zuchthaus verurteilt wären. Ähnliche Tatsachen würden an das Tageslicht kommen, wenn wir einmal von den Klöstern an derer Länder so genaue und offenherzige Schilderungen erhielten, wie sie uns Ammann und Raffaele Ciocci von der Schweiz und von Rom geliefert haben. Es ist durchaus kein Grund vorhanden anzunehmen, daß die Mönche in anderen Gegenden sittenreiner sind, denn – dieselben Ursachen erzeugen meistens auch dieselben Wirkungen, höchstens mit einigen, in der Hauptsache nichts ändernden Variationen.

Und solchen Männern sollen wir unsere Kinder zur Erziehung und zum Unterricht anvertrauen? – Nein, die Regierungen, die das verlangen, können unmöglich von der moralischen Beschaffenheit der Pfaffen unterrichtet sein.

Für die Fürsten zeigt sich jetzt die beste Gelegenheit, sich Popularität zu erwerben. Millionen vernünftiger Katholiken schauen mit gespannter Aufmerksamkeit «nach oben» und erwarten mit Sehnsucht, daß von dort herab das

Streben der neuen Reformatoren legalisiert werde, um sich für sie zu erklären.

Der Zufall will es, daß ich dieses Buch, in einem kleinen Erker in Zwickau sitzend, beende, von dem herab Luther zu den auf dem Markte versammelten Volke zu reden pflegte.

Angeregt durch den Zauber, welcher diesen historisch denkwürdigen Ort umschwebt, schließe ich mit einem Wunsche im Sinne Luthers: Möge dieses Büchelein Nutzen stiften, denn dies war der Zweck, weswegen ich es schrieb.